図解 即 戦力

はじめて実務する人にも
カラーで見やすく親切！

契約書

の読み方と作成が

これ
1冊で

しっかり
わかる本

丸の内総合法律事務所　弁護士
太田大三
編著

堀口佐耶香　尾臺知弘　高橋香菜 著

技術評論社

ご注意：ご購入・ご利用の前に必ずお読みください

■ **免責**

本書に記載された内容は、情報の提供のみを目的としています。したがって、本書を用いた運用は、必ずお客様自身の責任と判断によって行ってください。これらの情報の運用の結果について、技術評論社および著者または監修者は、いかなる責任も負いません。

・内容をわかりやすくするために、記載された文言等は、法令通りでない表記の場合があります。

・本書に記載された情報は、特に断りのない限り、2023年12月末日現在での情報を元にしています。
　情報は予告なく変更される場合があります。

以上の注意事項をご承諾いただいた上で、本書をご利用願います。これらの注意事項をお読み頂かずにお問い合わせ頂いても、技術評論社および著者または監修者は対処しかねます。あらかじめご承知おきください。

■ **商標、登録商標について**

本書中に記載されている会社名、団体名、製品名、サービス名などは、それぞれの会社・団体の商標、登録商標、商品名です。なお、本文中に ™ マーク、 ® マークは明記しておりません。

はじめに

　現代社会において、私たちが企業の一員としていかなる業務に就いていたとしても、契約書の内容のチェックや締結済みの契約書を読むことが必要となる場面が必ずあるでしょう。また、個人として生活するにあたっても、車や不動産を購入したり、スポーツクラブに入会するなど、さまざまな機会に契約書を締結する場面に遭遇することになります。

　このように私たちは、日常的に、契約書をつくったり、読んだりすることが必要になります。

　そこで本書では、契約書の読み方と作成について、わかりやすく、基礎から説明しています。

　本書は、3つのパートによって構成されています。

　Part1では、契約とは何か、契約書とは何か、といった初歩的なところから、契約書の形式的な事柄について、説明しています。また、最近よく用いられることとなった電子契約についても説明しています。

　Part2では、契約書の読み方・つくり方の基本として、契約と法律との関係や、契約書の一般的な構成、契約書でよく用いられる代表的な条項などについて、横断的にご説明しています。

　Part3では、売買契約書・建物賃貸借契約書といった代表的な契約書からライセンス契約書や秘密保持契約書といった契約書まで、各種の契約の書式例を挙げて、その内容について説明しています。

　なお、ボリュームの関係から、契約書の実務についてすべてを説明できているものではありません。もっとも、契約書の実務にはじめて接する方がいらっしゃることも想定して、契約書の実務における知識を基礎から網羅するとともに、読者の皆様が目にしたり、締結したりすることの多い契約類型について、可能な限り書式を呈示して説明しています。本書が、皆様にとって、少しでもお役にたつものであることを執筆者一同、心より祈念しております。

2023年12月

丸の内総合法律事務所　執筆者一同

CONTENTS

PART1 ── 契約書の基礎知識

Chapter 1
「契約」「契約書」とは何か

Chapter 2
一般的な契約書の様式

Chapter 3

特殊な契約書と契約の履行を強制する手段

PART2

契約書の読み方・つくり方の基本

Chapter 4

契約書の内容①履行すべき事項に関する条項

Chapter 5

契約書の内容② トラブルに備える条項

Chapter 6

契約書の内容③ 共通する一般条項

ケース別、契約書の読み方・つくり方

契約書式例集

本書の使い方

本書の構成

本書は、基本的に見開き2ページ単位の解説と、関連する図解や表で1つの節を構成しています。まず左ページの解説を読み、その後に、右ページの図解や表を確認すると理解が深まります。

POINT：本文で解説している内容の要点を簡潔にまとめています。

本文の内容を図解やイラストでさらにわかりやすく解説しています。

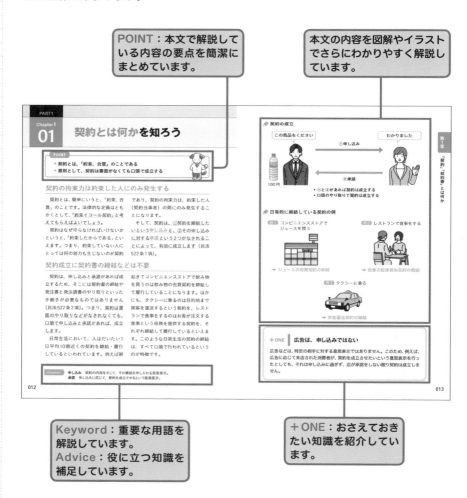

Keyword：重要な用語を解説しています。
Advice：役に立つ知識を補足しています。

+ONE：おさえておきたい知識を紹介しています。

PART3は、代表的な契約書の書式例を掲載しています。まずはその契約がどういうものかを理解し、次に法律の知識と注意点を確認し、その後、具体例を参考にして自らの事情に合わせて書類を作成してください。

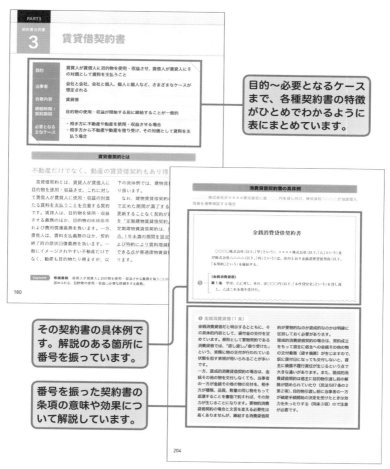

目的～必要となるケースまで、各種契約書の特徴がひとめでわかるように表にまとめています。

その契約書の具体例です。解説のある箇所に番号を振っています。

番号を振った契約書の条項の意味や効果について解説しています。

ダウンロード書類

PART3で紹介している書式例は本書のサポートページからダウンロードできますので、有効活用してください。

●ダウンロードURL
https://gihyo.jp/book/2024/978-4-297-13897-4/support

PART 1

契約書の
基礎知識

Chapter1

「契約」「契約書」
とは何か

第1章では、「契約」「契約書」とは何かといった基本の
「き」から説明を始めます。契約書がなくても契約は成立
します。では、なぜビジネスでは広く契約書が用いられ
るのか、その成り立ちと両者の関係を理解しましょう。
契約が成立する条件や時期、契約交渉を打ち切った場合、
契約書の文言の解釈についても解説していきます。

契約とは何かを知ろう

> **POINT**
> ● 契約とは、「約束、合意」のことである
> ● 原則として、契約は書面がなくても口頭で成立する

契約の拘束力は約束した人にのみ発生する

契約とは、簡単にいうと、「約束、合意」のことです。法律的な定義はともかくとして、「約束イコール契約」と考えてもらえばよいでしょう。

契約はなぜ守らなければいけないかというと、「約束したからである」といえます。つまり、約束していない人にとっては何の効力も生じないのが契約であり、契約の拘束力は、約束した人（契約当事者）の間にのみ発生することになります。

そして、契約は、①契約を締結したいという申し込みと、②その申し込みに対する承諾という2つがなされることによって、有効に成立します（民法522条1項）。

契約成立に契約書の締結などは不要

契約は、申し込みと承諾があれば成立するため、そこには契約書の締結や発注書と発注請書のやり取りといった手続きが必要なものではありません（民法522条2項）。つまり、契約は書面のやり取りなどがなされなくても、口頭で申し込みと承諾があれば、成立します。

日常生活において、人はだいたい1日平均10個近くの契約を締結・履行しているといわれています。例えば朝起きてコンビニエンスストアで飲み物を買うのは飲み物の売買契約を締結して履行していることになります。ほかにも、タクシーに乗るのは目的地まで旅客を運送するという契約を、レストランで食事をするのはお客が注文する食事という役務を提供する契約を、それぞれ締結して履行しているといえます。このような日常生活の契約の締結は、すべて口頭で行われているというのが特徴です。

Keyword 　**申し込み**　契約の内容を示して、その締結を申し入れる意思表示。
　　　　　　承諾　申し込みに応じて、契約を成立させるという意思表示。

✎ 契約の成立

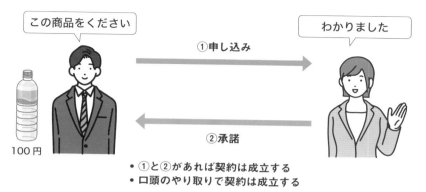

この商品をください

① 申し込み

わかりました

② 承諾

100 円

- ①と②があれば契約は成立する
- 口頭のやり取りで契約は成立する

✎ 日常的に締結している契約の例

例1 コンビニエンスストアで
ジュースを買う

➡ ジュースの売買契約の締結

例2 レストランで食事をする

➡ 食事の役務提供契約の締結

例3 タクシーに乗る

➡ 旅客運送契約の締結

＋ONE ┃ 広告は、申し込みではない

広告などは、特定の相手に対する意思表示ではありません。このため、例えば、広告に応じて来店された消費者が、契約を成立させたいという意思表示を行ったとしても、それは申し込みに過ぎず、店が承諾をしない限り契約は成立しません。

契約の成立時期

契約は、合意がなされた時に成立する

　申し込みと承諾で契約は成立するため、承諾がなされた時期が、契約の成立時期になります。

　このため、例えば契約が成立して取引が開始された後に、当事者間で契約書をつくるという場合など、契約の成立時期が契約書を締結した時期と必ずしも一致するとは限りません。

商談の途中には契約は成立しない

　消費者としてお店で物を購入するような場合には、通常、申し込みと承諾はそれぞれ一回ずつで契約が成立します。

　一方、企業間で取引を行う場合には、一回ずつの申し込みと承諾で契約が成立することは少なく、何度も望む条件等をやり取りすることになります。

　例えば、ある会社が取引先に対して、「ある商品を1個100円で10個売ってください」と申し込みをしたとします。これに対して取引先は、「1個120円ならいいです」と答えたとします。このような場合、ある商品を10個売ることについては承諾していますが、実際には申し込みの内容の一部を変えて承諾をしています。このような「一部を変えた承諾」は、新たな申し込みと考えます。

　これに対して「では、1個105円ならどうでしょう」とさらに答えたとすれば、これもまた一部を変えた承諾として新たな申し込みとなります。

　もちろん、取引先との交渉は、商品の代金についてのみ行われるものではなく、商品の仕様や納期など、さまざまな条件について行われることが通常です。これらの交渉においても、双方から申し込みがなされることになります。そして、最後に「この条件でいきましょう」「わかりました」といって、双方の意思が合致した時点が、契約の成立時期になります。

◈ 契約はいつ成立するのか

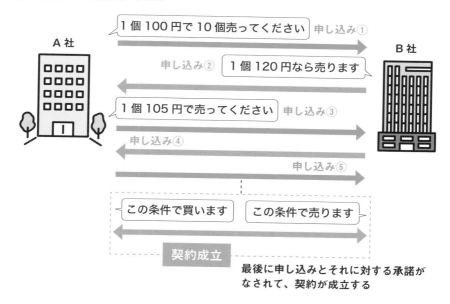

◈ 承諾はいつまでになされる必要があるか

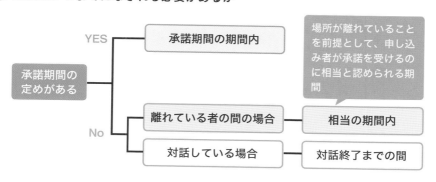

＋ONE｜最終的に合意に至らない場合には？

お互いの申し込みの内容に合意できず、新たな申し込みを続けた結果、合意には至らず、契約は成立しないということもあります。このような場合であっても、「契約締結上の過失の理論」（1-04参照）によって、契約交渉を一方的に打ち切った当事者が、相手方が被った損害を賠償する義務を負う場合があります。

一方的な意思表示だけで契約は成立するのか

申し込みを受けた場合に、返事をする必要はある？

契約の申し込みを受けた場合に、承諾をしなければ、契約は成立しないというのが原則です。

したがって、契約の申し込みを受けた場合に、承諾するかしないかの返事をしないと契約は成立しません。言い換えれば、契約の申し込みを受けたとしても、契約を成立させるつもりがないのであれば、返事をせずに放置していたとしても、原則、何も問題は生じません。一方的な意思表示だけでは、契約は成立しないのです。

商法509条が適用される場合は注意

ただし、例外的に承諾をするかしないかの返事をしなければ、承諾したものとみなされる場合があります。それが、商法509条が適用される場合です。

商法509条1項は、商人が（ア）、平常取引をする者から（イ）、その営業の部類に属する契約の申し込みを受けたとき（ウ）には、遅滞なく契約の申し込みに対する諾否の通知を発しなければならない、と定めています。その上で同条2項において、商人が前項の通知を発することを怠ったときはその申し込みを承諾したものとみなす、と定めています。

このため、商法509条1項の要件、具体的には、前記ア、イおよびウの3要件に該当する場合には、契約の申し込みを受けた側は、当該申し込みを承諾する意向を持っていない場合には、遅滞なく承諾しない旨の返事をする必要があります。承諾するかしないかの返事を遅滞なくしなければ、承諾したこととみなされてしまうからです。

例えば、ある会社において、自らが製造、販売している商品について、従前から取引を行っている会社から、購入の申し込みを受けた場合が、これに該当します。

Keyword　**商人**　自己の名をもって、商行為をすることを業とする者をいう。株式会社などの会社はすべて商人である。

商法509条の適用

●通常の場合

この商品をください

申し込みのみ

✕
契約不成立

申し込みのみで承諾がない場合は、契約は成立しない

●商法509条が適用される場合

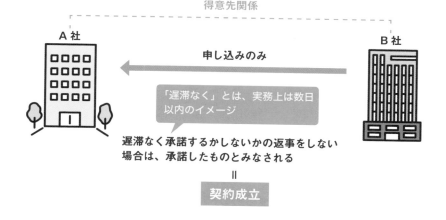

得意先関係

A社　　　　　　　　　　　　　　　B社

申し込みのみ

「遅滞なく」とは、実務上は数日
以内のイメージ

遅滞なく承諾するかしないかの返事をしない
場合は、承諾したものとみなされる
＝
契約成立

+ONE ┃ **商法509条とは別のルールを合意する**

商法509条が適用される場合に、常に承諾をするかしないかの返事をしなければならないのは、煩瑣なことといえます。このため、取引基本契約書を締結する場合には、当事者間において商法509条とは別のルール（例えば、発注書と発注請書がなければ契約は成立しないというルール）を合意する旨を定めておくことがあります（170ページ参照）。

契約交渉を打ち切った場合

- 契約交渉を途中で打ち切るのは、通常は何ら問題ない
- 極めて例外的に、損害賠償責任を負担することがある

商談の結果、合意に至らないこともある

契約を締結すべく商談を行っていたが、最終的に、当事者の意思が合致しなかったような場合には、契約は成立しません。

このようなことは通常あり得ることであって、契約交渉の結果として、契約を成立させるに至らなかったとしても、どちらの当事者も何らの制裁も課されることはないのが原則です。

信義則に反する行為をした場合には？

もっとも、極めて例外的な場合ですが、契約は成立していないにもかかわらず、当事者の一方が損害賠償責任を負うことがあります。

例えば、明日、契約書を締結して取引を開始しようとしていたとき、相手方からいきなり理由もなく契約締結をやめたいといわれ、予定していた手続き等をすべて中止せざるを得なくなったケースを考えてみましょう。この場合に、相手方に対して何も請求できないというのは、ひどい結論になります。

一般的に、契約関係に入ろうとする契約交渉中の段階では、相手方に対して、信義則に照らして許されないと評価されるような行動をとってはならない、という義務を負担していると考えられています。このため、契約関係に入ろうとする一方の当事者がその契約の締結の前段階において、例えば突如として契約交渉を理由なく打ち切ることによって、相手方当事者の期待を著しく損ねるなど信義則に照らして許されないと評価するような行動をとった場合には、相手方当事者が被った損害につき損害賠償責任を負うことがあるという理論が確立されています。このような理論は、契約締結上の過失の理論と呼ばれています。

Keyword **信義則** 信義に従って権利を行使し、義務を履行すべきという原則。簡単にいえば、相手の信頼を理由なく裏切るような行動をとってはならないという原則。

◆ 民法1条

> **（基本原則）**
> **第1条** 私権は、公共の福祉に適合しなければならない。
> 2 権利の行使及び義務の履行は、信義に従い誠実に行わなければならない。
> 3 権利の濫用は、これを許さない。

◆ 契約締結上の過失の理論

> 契約関係に入ろうとする（契約交渉中の）一方の当事者が、当該契約の締結の前段階において、当該契約を締結するか否かに関する判断に影響を及ぼすべき情報を相手方に提供しなかった場合や、突如として契約交渉を理由なく打ち切ることにより相手方の期待を著しく損ねるなど、信義則に照らして許されないと評価されるような行動をとった場合には、上記一方当事者は、相手方が当該契約を締結したことにより被った損害につき、（不法行為による）損害賠償責任を負う

◆ 不法行為のイメージ

①故意・過失による
加害行為

②
①の加害
行為により
損害発生

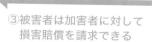
③被害者は加害者に対して
損害賠償を請求できる

＋ONE 契約締結上の過失の理論の適用範囲

あくまで信義則に基づく理論であるため、この理論が適用されて損害賠償義務を負担するのは、極めて例外的な場合だけです。実務上は、契約締結のための商談がかなり進み、契約が締結されることが確実視されるような段階にならない限り、契約締結上の過失の理論が適用されることは難しいといえます。

Chapter 1
05 契約書とは何かを知ろう

- 契約書とは、契約の証拠書面のことである
- 契約の証拠となる書面はすべて契約書と評価される

証拠がなくても契約は成立する

契約書とは、原則として契約の存在や内容を証する書面のことをいいます。すなわち契約の証拠書面＝契約書、というものです。

契約（＝合意、約束）とは、目に見えない概念です。このため、この契約を見えるように証拠化したのが、契約書なのです。

したがって、契約書を締結していなくても、契約は、申し込みと承諾があれば、成立します。契約書の締結は、契約の成立とは無関係です（1-01参照）。

契約書は民間事業者の知恵で生まれた道具

契約書といわれて、私たちが具体的にイメージするのは、題名に○○契約書と書いてあり、その下に前文があって、その後にいろいろな条項が記されていて、最後に日付と記名押印がなされるものではないかと思います。

しかし、契約書とは、必ずしもこのような形式を備えたものだけではなく、およそ契約の証拠となり得る書面であれば、契約書と評価できることになります。例えば、次節で説明するように、契約書という題名ではない書面であっても、契約の証拠となるものであれば、すべて契約書と評価されます。

なぜなら、当事者間で拘束力を有する契約が目に見えない概念であることから、後にさまざまなトラブルを引き起こすおそれがあるため、このようなトラブルを回避しようとして民間事業者の知恵として生まれた道具が、契約書というものであるからです。このため、契約の証拠書面である契約書について、ある形式を備えてなければならないということが、法律によって決められているものでもありません。契約が成立したことや、その成立した契約の内容を証明することができる書面はすべて契約書であって、その形式は問わないということになります。

✎ 契約書がなぜ使われるようになったのか (イメージ)

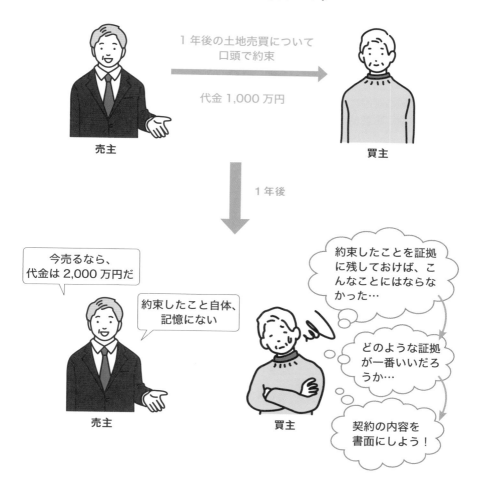

＋ONE | **契約書がないことによるトラブル**

契約書がないことによるトラブルとしては、大きく、そもそも契約が成立しているかどうかが確認できないことによるトラブルや、成立した契約がいかなる内容であるのかが確認できないことによるトラブルの2つがあります。契約書を締結することによって、契約の成立と、その内容の2点について、後に確認できるようになります (1-08参照)。

契約書以外は、契約の証拠になり得ないのか

契約書以外にも、契約の証拠は存在する

契約の証拠になり得るものは、契約書だけではありません。

証拠について限定はなく、どんなものでも契約の証拠になり得ます。例えば発注書と発注請書も、2つ合わせれば、契約書と同じく契約の証拠になります。また、メールやファックスなどもそれぞれが申し込みまたは承諾の意思表示を証明することによって、契約の証拠になり得ます。さらに口頭の契約について議事録のようなものを残して双方がその議事録を確認しているものも、契約の証拠になり得ます。

したがって、契約書がなければ、契約の存在や内容を証明できない、ということにはなりません。

契約書が一番使われている理由は？

それにもかかわらず、実際の実務においては、現在、契約書という書面がもっとも使われています。これはなぜなのでしょうか。

契約書が使われているのは、人々が一番便利と考えているからです。今後は、技術の進歩にしたがって、契約書に代わるような契約の証拠、例えばインターネットを使った電子契約のしくみが、取って代わってよく使われるかもしれません。しかし、現在では、少なくとも契約の証拠としては一番優位性があるので、多くの人が契約書を使っているのです。

例えば電子メールと比較して契約書が優れている点はなんでしょうか。電子メールは、通常、担当者同士でやり取りします。しかし、会社同士の契約の場合には、会社としての意思表示ができる人同士でやり取りがなされているかが重要になります。契約書であれば、会社としての意思表示を行う権限がある人が記名押印をすることによって、これを証拠上、明らかにできることになります。

◆ 契約の証拠になり得るもの

● 申し込みまたは承諾のいずれかの
証拠となり得るもの

手紙等の書面
（発注書または発注請書など）

電子メール

FAX

● 申し込みと承諾の双方（合意の証拠）
となり得るもの

契約書 　　　議事録

録音・録画データ

◆ 契約書がその他の証拠と比較して優れている点

保存性	・紙に記載した文字は、長期間、劣化することがない ・電磁的記録と比較して、消滅しにくい
一覧性	・電子メール、FAX 等と比較して、誰と誰との間の契約であるのか、その契約の内容はいかなるものであるのか、について一覧性がある
明確性	・議事録や録音データと比較して、契約内容の詳細な点まで明確性をもった形で、証拠として残すことが可能
容易性	・証拠を作成し、また、作成された証拠の内容を確認するのに、特別の機械等が不要であって容易である

＋ONE ┃ 電子契約 （電磁的記録による契約）

最近では、書面での契約書ではなく、電子契約（電磁的記録の形で、契約を締結し、証拠とするしくみ）が多くの企業において用いられるようになっています。現時点では、書面での契約書が多数を占めていますが、近い将来においては、電子契約が書面の契約書に取って代わる時代が来るかもしれません。

07 契約と契約書の関係

POINT

- 原則、契約書と契約の成立または有効性は無関係
- 例外として、契約書が有効性に関係する場合がある

契約書は、通常ビジネスの場面にだけ用いられる

契約書は契約の証拠である以上、契約書を締結していないとしても、契約が不成立になるものではありません。

契約が成立しているかどうかは、申し込みと承諾が適切になされたかどうかによって決まります。

実際、世の中で締結されているほとんどの契約（例えば、日常的に締結されているスーパーやコンビニエンスストアにおける売買契約など）は、契約書などの証拠は作成されていません。契約書は、通常ビジネスにおいて契約を締結する場合に限って用いられているのです。

例外として、契約の有効性に関係する場合がある

契約書の作成・締結は、契約の成立・不成立だけではなく、契約の有効性とも無関係なのが原則です。ただし、極めて例外的ですが、法律上書面によらなければ契約の効力が発生しない契約というのが存在します。実務において出てくる主なものは、右ページ上表のとおりです。

その1つに、例えば「当事者間の紛争についてどの裁判所で審理するか」という管轄合意があります。契約書を締結する際に、毎回なぜ管轄合意の条項を設けるのかという理由の1つは、契約書という書面にしないと効力を発しない合意だからです。せっかく当事者間で合意した内容の契約書をつくるのなら、二度手間にならないように入れておこうということです。

書面による契約が必要な契約類型の中には、契約書という書面を締結すれば足りる契約類型もあれば、公正証書という公証人が作成する証書によってなされる必要がある契約類型もあります。前者の例は、通常の保証契約、定期借地契約などです。後者の例は、主たる債務が事業用融資である場合に個人が保証人となる契約（2020年4月より公証人による保証意思確認手続きを経て、公正証書の作成が効力発生のために必要）、事業用定期借地契約などです。

◆ 効力発生のために書面による契約が必要な主な契約類型

保証契約	誰かの保証人になるということに合意する契約
定期借地契約、事業用定期借地契約等	不動産の賃貸借契約のうち、借地借家法が全面的に適用されることのない特別の契約
管轄合意	契約当事者間の紛争について、どこの裁判所で審理するかという合意

◆ 公証人による保証意思確認手続き

❶ 公証役場に行く

保証人になる場合、保証契約の前に公証役場に出向いて、保証意思確認の手続きを行うことが原則です。保証意思確認手続きが終わると、保証意思宣明公正証書が公証人によって作成されます。保証意思宣明公正証書は、保証契約締結の日の前1カ月以内に作成されている必要があります。

❷ 保証意思の確認

公証人から以下の点について確認されます。
〈主な確認事項〉
・（保証人になろうとする人が）保証意思を有しているのか
・保証をしようとしている主債務の具体的な内容を認識しているか
・保証をすることで自らが代わりに支払いなどをしなければならなくなるという大きなリスクを負担するものであることを理解しているか
・主債務者の財産・収支の状況等について主債務者からどのような情報の提供を受けたか
・保証人になろうと思った動機・経緯など

出典：法務省作成のパンフレットをもとに作成（https://www.moj.go.jp/content/001399956.pdf）

＋ONE ｜ 保証契約も電子契約でできる

保証契約は、書面でしなければ効力を有さないこととされていますが（民法446条2項）、電磁的記録によってされたときには、書面によってなされたものとみなして、効力を有する旨の条項が定められています（同条3項）。

ビジネスの場面で 契約書をつくる意味

合意形成の道具として用いるという意味

ビジネスの場面で、契約書をつくることの一番大きな意味は、証拠を残すことですが、それ以外にも契約書をつくる意味はあります。

まず、合意の形成・確認のための道具として契約書を用いるという意味です。

口頭の契約の場合、詳細な契約の内容まで、はっきりと合意することは極めて困難です。一方、書面による契約の場合は、曖昧さを排除した文章が記載された書面を用いることによって、詳細な契約内容について契約書の作成過程で確認・合意することができます。

もう1つが、契約を締結する権限を有する者の意思を確認することができるという意味です。契約を締結する当事者が法人(会社)の場合、実際に契約締結に至るまでのさまざまな交渉を担当するのは、法人(会社)の従業員ですが、従業員が、法人(会社)を代表して契約を締結する権限を有していない場合も多く見られます。

しかし、契約書の締結の際に、署名または記名押印をする者を、法人(会社)を代表して契約を締結する権限を有している者とすることにより、その権限者において契約を締結するという意思を確認する機会を設けることができるのです。

信用性を確保するという意味

また、契約書を締結することによって、いざ裁判になった場合の信用性を確保することができます。経験則に基づく裁判所の判断においては、通常、ちゃんとした会社であれば、合理的な理由もなく重要な契約を締結する際に契約書を締結しないなどあり得ないと判断することが多く見られます。

このため、後の万が一の裁判に備えておくためには、契約書を締結しておくことで、信用性を確保することができます。

契約書をつくる意味

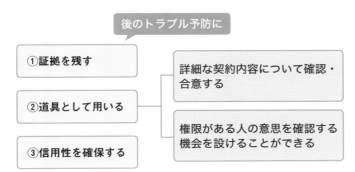

後のトラブル予防に

- ①証拠を残す
- ②道具として用いる
- ③信用性を確保する

- 詳細な契約内容について確認・合意する
- 権限がある人の意思を確認する機会を設けることができる

口頭の契約で詳細な内容を合意できるか

A社　　　　　B社

① 納期に遅れたら多大な損害が当社に生じてしまいます

② 承知しました。万が一そのような事態が生じたら誠実に対応します

③ 助かります。よろしくお願いいたします

損害が生じた場合、B社が負担してくれるんだな

A社の認識

認識の相違

損害が生じた場合、誠実に話し合って損害の一部をB社が補てんすることを検討しよう

B社の認識

契約書の文言の解釈

契約書は、後の担当者が使う

契約書は契約の証拠です。この証拠をいつ誰が使うのかといえば、今ではなく将来において、会社であれば多くの場合には後任の担当者であり、当時どんな契約が締結されているのかを確認するために使います。もちろん、自分が記憶の薄れた将来になって確認するために使うということもあります。

事情を知らない人のために、契約書はつくられる

このように契約書は、当時の事情を知らない、または、覚えていない人が読むことが想定されています。このため、契約書の文言は、事情を知らない人が読んで、意味がわかるものであるということを前提としてつくられているはずです。したがって、契約書の文言は、その文言上、素直に読む場合の意味として読むのが原則です。法律的ないい方をすれば、「社会通念等を前提に、その文言上、一番自然に解釈される」ということになります。

また、契約書外の事情、例えば契約書を締結する前の口頭のやり取りなどは、契約内容の認定においては、原則としてほとんど考慮されません。契約書に記載されている文言だけで解釈されるのが原則です。契約書外の事情を考慮しないといけないのであれば、契約書を証拠として残しておく意味がないからです。

ただし、契約書の文言を自然に解釈することが難しい場合、例えば契約書の文言が不明確な場合とか、契約書の文言をそのまま自然に解釈すると極めて不合理な結果になるような場合には、その他の事情が考慮されることもあります（例えば、明らかな誤記がある場合がこれに該当します）。しかし、契約書外の事情はあくまで補完的に考慮されるものであり、例外的な取り扱いであることに留意しておく必要があります。

契約書の解釈

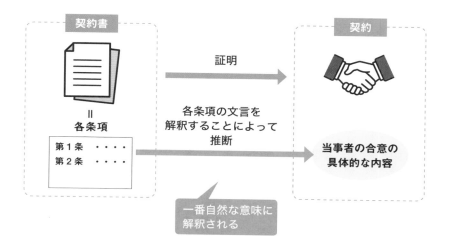

文言外の事情が考慮される誤記の例

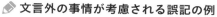

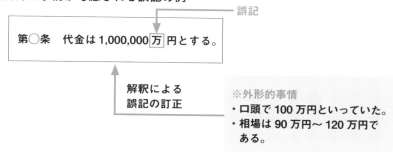

＋ONE　　合理的意思解釈という方法

契約書に記載されている内容が、一見すると、その意味が明瞭ではない場合には、合理的意思解釈という方法がとられることがあります。これは、契約を締結した当時のさまざまな事情（当事者の目的、契約を行うに至った経緯、慣習など）を考慮して、合理的に当事者の意思の内容を明らかにするという解釈方法です。

用語の使い方にも注意しよう

契約書では正しい用語の選択が必要

　契約内容を明確にするために契約書を作成したとしても、契約書に自ら想定した内容が正しく反映できていなければ意味がありません。そのため、契約書上、正しい用語を用いることが重要といえます。

　よく使われる用語として、次のようなものがあります。

●数量的な限定のために用いられる用語

「以上」「以下」	基準点となる数量を含める	例)「1,000 円以上／以下」 ※「1,000 円」は含まれる
「未満」「満たない」「超える」	基準点となる数量を含めない	例)「1,000 円未満／ 1,000 円を超える」 ※「1,000 円」は含まれない

●時間的な限定のために用いられる用語

「以前」「以後」「以降」	基準点となる日数を含める	例)「2 月 9 日以前／以後／以降」 ※「2 月 9 日」は含まれる
「前」「後」	基準点となる日数を含めない	例)「2 月 9 日前／後」 ※「2 月 9 日」は含まれない

「及び」と「並びに」の使い方

　契約書上、並列する語句を用いる際、「及び」と「並びに」の使い方に悩む人も少なくないと思います。

　この点、接続する語句が2つである場合には、「及び」で結びます（「A及びB」）。接続する語句が3つ以上である場合には、最後の2つの語句だけ「及び」で結び、それより前の接続は読点で結びます（「A、B及びC」「A、B、C及びD」）。また、並列する語句に意味上の区別がある場合には、小さな意味の接続に「及び」を用い、大きな意味の接続に「並びに」を用います（AとBが意味を共通し、これらとCを接続する場合には、「A及びB並びにC」）。

　「及び」「並びに」を正しく使えていない場合、誤った解釈を招き、トラブルを生じさせることもありますので、留意しましょう。

Chapter 2

一般的な契約書の様式

第2章では、一般的な契約書の様式について解説します。
契約書の題名、日付、当事者の表示、前文、原本の通数、
収入印紙、署名と記名、実印と認め印といった、普段は
当たり前のように契約書で目にしていても、なぜそうな
っているのかをきちんと理解していなかったことを、法
律的な視点で整理して説明します。

契約書の題名

「●●契約書」という題名でなくてもOK

　契約書の題名は、どのようなものであっても、契約書となり得ます。「念書」「覚書」「協定書」「確認書」「合意書」「示談書」などの題名であっても、契約書という題名をつけたものと変わりはないのが原則です。極端にいえば、題名が記載されていなくてもかまいません。契約の証拠書面であれば、すべて契約書ということになります。

　また題名によって、契約書間で適用関係や優劣が決まるわけでもありません。なぜなら、契約書が効力を発揮するのではなく、あくまで契約書が証明するところの契約が効力を発揮するものであるからです。例えば、覚書と合意書のどちらが優先するかといえば、覚書が証明する契約と、合意書が証明する契約という契約同士の優劣が問題になります。そして、最終的には後に締結された契約の内容が（相互に矛盾する事柄については）優先することになります。

　なお「仮契約書」という契約書がありますが、「仮」という題名が付けられていても、契約の成立の証明力がないわけでも、証明する契約が効力を有さないわけでもありません。「この契約は法的拘束力を有さない」旨が記載されていない限り、通常の契約書と変わりがありません。

「●●契約書」の「●●」という記載の意味は？

　「売買」契約書や「賃貸借」契約書など、契約の種類を題名に記載する場合があります。

　ただし、この記載は必要不可欠なものではありません。また、題名に「売買」や「賃貸借」という契約の種類を記載したからといって、実際に契約書が証明する契約の種類がそのとおりになるわけではありません。契約当事者が、●●契約であると認識しているというだけであって、実際にいかなる種類の契約が成立しているのかは、合意内容から客観的に判断されます。

◆ 契約書の題名の記載例

> 題名が、単に「契約書」や「覚書」でも効力は変わらず、書体（フォント）を変更する必要もない

売買契約書

　○○○○株式会社（以下、「売主」という。）と××××株式会社（以下、「買主」という。）とは、次のとおり土地売買契約を締結する。

（目的）
第1条　売主は、別紙物件目録記載の土地（以下、併せて「本件土地」という。）を買主に対して売り渡し、買主は本件土地上に医療施設等を建築する目的で売主から本件土地を買い受ける。

（売買代金）
第2条　本件土地の売買代金は、金○○○○○○○円（消費税別）とする。
　　　　なお、本条に定める売買代金は、実測調査の結果、別紙物件目録記載の登記簿謄本に表示された面積と比較して増減が生じたとしても、変更されないものとする。

（売買代金の支払時期）
第3条　・・・・・・・・・・・・・・・・・・・・・・・・

+ONE　**題名のよくある傾向**

題名は自由に付けられるとはいえ、長年の商習慣から定型化していることがほとんどです。実際に締結されている契約書の題名のうち、「協定書」は大きな事項を合意する場合に、「覚書」はすでに何らかの契約が成立している場合に付加的な事柄を合意する場合に、それぞれ用いられやすいという傾向はあります。しかし、この傾向に反した題名を付けたとしても、何ら問題が生じるものではありません。

Chapter 2
02　契約書の日付

POINT
- 書面に記載する日付は、本来は書面の作成日付である
- 契約書の作成日付が誤っていても、特に問題にはならない

本来、日付は契約書の作成日付を記載すべき

契約書の記載として、当事者が記載したいと考える日付は、右ページ下表の3つのいずれかとなります。

本来、契約書に記載すべき日付は、Aの契約書を実際に作成・締結した日です。

もっとも、実際に契約書に記載されている日付は、Bの契約書の証する契約が成立した日、または、Cの契約書の証する契約の効力発生日であることが多いです。その理由は、取引開始後に契約書を作成・締結することも多いものの、取引開始時点から契約書が作成・締結された外形を残しておきたいという要請があるからと考えられます。

契約書の作成日付とは異なる日付が記載されていたら？

BまたはCの日付を契約書に記載している場合、実際に契約書を作成・締結した日とは異なる日付が記載されていることになります。ただし、このように誤った日付の記載がなされていたとしても、それ自体で、契約書が契約を証明する証拠能力を失ったり、この契約書が証明する契約が無効になったりはしません。単に当事者において、作成日付が間違っている契約書を作成・締結したという事実が残るに過ぎません。

実務上は、特に意識して何らかの付記等がない限り、通常は、契約書に記載された日付は、Aのみならず、BおよびCのいずれにも解釈され得ます。

なお、契約書に記載する日付とは別に、契約書に確定日付を付与することができます。具体的には、公証役場に請求し、公証人が締結された契約書に確定日付印を押印することによって、契約書に確定日付が付与されます。これにより、締結された契約書が、少なくともその確定日付印が押印された日付に存在したことが公に証明されることになります。ただし、確定日付はあくまで「日付」を確定するものであって、契約書の内容等を証明するものではありません。

◆ 契約書の日付の記載例

（合意管轄裁判所）
第14条　本契約に関連して生ずる売主と買主間のすべての紛争、請求および反対請求については、東京地方裁判所を専属的な第一審の管轄裁判所とする。

　　　以上を証するため、売主及び買主は本契約書を2通作成し、それぞれ1通ずつ保有・保管するものとする。

令和〇〇年〇〇月〇〇日

> 契約書の日付は、通常、書面の最初ではなく、最後の記名押印欄のすぐ上に記載されることが多い。その理由は、記名押印が完了した日を記載することが、本来の日付の意味であるため

売主　・・・・・・・・・・・・・・・

買主　・・・・・・・・・・・・・・・

> 実務上は、実際に記名押印が完了した日とは異なる日付が記載されていることも多いです。

◆ 契約書に記載したいと考える日付

A	契約書を実際に作成・締結した日
B	契約書の証するところの契約が成立した日
C	契約書の証するところの契約の効力を発生させる日

＋ONE　契約の有効期間を定める条項との関係

契約の有効期間を定める条項として、「本契約の有効期間は、本契約締結日から●年間とする。」という条項が定められる場合があります。
このような条項を定めた場合の「本契約締結日」とは、契約書における日付を意味するものと解釈されることが一般的です。

契約書の当事者の表示

契約当事者の名前だけでは、不十分

契約書には、契約当事者が記名押印または署名をするのが、一般的な契約書の形式です。

この記名押印または署名をする際の契約の当事者の表示は、個人の場合には名前だけではなく住所を記載するのが一般的なルールです。同姓同名の人がいた場合に、契約当事者を特定するために住所を記載します。したがって、必ずしも住民票上の住所でなければならないというものではなく、実際の居住地の住所でも大丈夫です。

同様に法人の場合においても、法人名だけでなく特定のために住所の記載が必要となりますが、これも同じ名前の法人の中で契約当事者を特定するためです。よって、商業登記簿上の本店所在地でなく、法人の事務所などがある場所の住所でもよいことになっています。

会社が当事者の場合、記名押印者または署名者は？

契約当事者が会社（法人）の場合には、会社のために実際に記名押印または署名を行う者の表示も必要となります。この表示は、名前だけではなく、その役職名を記載することが通常です。どのような立場の者が記名押印または署名したかを明らかにするためです。

そして、会社として当該契約を締結するという意思表示を行う権限がある者がこれを行うことが望まれます。

株式会社が契約当事者の場合、取締役会が設置されている株式会社であれば代表取締役が、取締役会が設置されていない株式会社の場合には取締役が、記名押印または署名することができます。もっとも、常に（代表）取締役でなければならないわけではありません。契約当事者である株式会社において、それ以外の役職員に対して当該契約を締結する権限が付与されていれば、その役職員が契約書に記名押印または署名することで問題はありません。

✏️ 契約書の当事者の表示の記載例

（合意管轄裁判所）

第 14 条　本契約に関連して生ずる売主と買主間のすべての紛争、請求および反対請求については、東京地方裁判所を専属的な第一審の管轄裁判所とする。

　　以上を証するため、売主及び買主は本契約書を 2 通作成し、それぞれ 1 通ずつ保有・保管するものとする。

令和○○年○○月○○日

> 当事者の表示では、住所の記載が必要。会社の場合、記名押印者の役職名と名前を記載する

売主　東京都千代田区丸の内○−○−○
　　　○○○○ 株 式 会 社
　　　代表取締役社長　××××　　　印

買主　東京都千代田区丸の内●−●−●
　　　×××× 株 式 会 社
　　　常務取締役　　△△△△　　　印

商業登記簿上の本店所在地である必要はないですが、まったく関係がない住所を記載した場合には特定できないことになります。

＋ONE ┃ 契約当事者に支店名や工場名を表示した場合

契約書の当事者の表示において、会社名に続けて支店名や工場名などを表示している契約書を見ることがあります。

しかし、このような表示をしたとしても、表示されている支店や工場のみに契約の効力が生じるものではなく、会社全体に契約の効力が生じることに留意しておく必要があります。

契約書の前文

> **POINT**
> ● 日本の契約書では、数行の前文が記載されることが多い
> ● 前文は、契約書本文の解釈の指針となることがある

契約書の前文とは

契約書の題名のすぐ後に、「〇〇株式会社と××株式会社は、●●契約を締結する」といった文章が記載されている部分があります。その後に「第1条」から始まる契約書の本体部分が記載されます。このように題名のすぐ後で、本体たる契約書の条項の前に記載されている文章は、「前文」と呼ばれています。

前文は、契約書における必要的記載事項ではありません。このため、題名の後にすぐに「第1条 ………」というように、契約書の本体である条項を記載しはじめてもかまいません。ただ実際には日本の多くの契約書において、前文を記載していることが通常です。

前文には、どのようなことを記載する？

前文における代表的な記載事項は右ページ下表に記載のとおりです。このうち、実務的に重要な点は、誰が契約当事者であって、この契約当事者にどのような略語を用いるか、という点になります。

誰が契約当事者であるのかという記載は、契約書末尾における記名押印または署名する契約当事者の記載と同一であることが必要です。また、略語については、「甲」「乙」「丙」「丁」を用いることが一般的です。

契約書の前文に記載されていること

は、契約の合意内容そのものではないため、前文と本体たる各条項との間でどちらが優先するかといえば、契約の本体たる各条項が優先することになります。もっとも、各条項の記載内容を解釈するにあたって、契約の前文に記載されている内容が解釈の1つの指針となることはあり得るため、注意が必要です。

一般に日本の契約書において、この前文の部分はそれほど長い文章ではなく、通常は数行程度の文章が記載されています。

✎ 契約書の前文の記載例

第2章 一般的な契約書の様式

> 記載例では、契約当事者、当事者の略語、契約の種類が記載されている。略語は、「甲」「乙」といった表記を用いることも多い

土地売買契約書

契約当事者 ──

○○○○株式会社（以下、「売主」という。）と××××株式会社（以下、「買主」という。）とは、次のとおり土地売買契約を締結する。

当事者の略語 ──　　　　　契約の種類 ──

（目的）

第1条　売主は、別紙物件目録記載の土地（以下、併せて「本件土地」という。）を買主に対して売り渡し、買主は本件土地上に医療施設等を建築する目的で売主から本件土地を買い受ける。

（売買代金）

第2条　本件土地の売買代金は、金○○○○○○○円（消費税別）とする。
　　なお、本条に定める売買代金は、実測調査の結果、別紙物件目録記載の登記簿謄本に表示された面積と比較して増減が生じたとしても、変更されないものとする。

✎ 前文に記載されることが多い事項

ア	誰と誰との合意か
イ	当事者について「甲」「乙」などの略称を用いること
ウ	契約の目的・要旨
エ	関連する契約が複数存在する場合における、それらの契約相互間の（優先）関係

> 日本の契約書は、英文の契約書のように、契約の締結に至るまでの目的、経緯、背景などを詳細に記載することはほとんどありません。

05 契約書の原本の通数

- 契約書は何通作成してもよいが、通常は当事者の数だけ
- 後文で、契約書を何通作成したかを記載することもある

当事者の数だけ作成するのが一般的

契約書を作成・締結するにあたり、その原本を何通つくるのかについての決まりはありません。何通つくろうとも当事者の自由となります。

もっとも通常は契約当事者が、それぞれ1つの原本を持っていたいと思うことから、契約当事者の数だけ原本をつくるのが一般的です。例えば二当事者間の契約書であれば、契約書の原本を2通つくることになります。ただし次節で説明するように、契約書を作成・締結した場合に印紙税がかかるこ

ともあり、節税のために原本は1通として、それ以外はコピーで対応するというやり方が実務で取られることもあります（例えば、同じ内容の契約書を多数の相手方と締結する場合や、印紙税の額が高額となる不動産の売買契約書を締結する場合など）。ただし、契約書の原本が1通しかない場合には、その原本が紛失等した際には、契約の内容が後に証明できなくなるリスクがあることに留意しておきましょう。

何通作成したかを記載する必要はあるか

契約書の各条項の記載の後の部分（作成日付や記名押印の前の部分）に、この契約が成立したことを証明するために「契約書を何通作成し、各自記名押印の上、それぞれが保有保管する」といった記載が設けられることがあります。この記載部分のことを契約書の後文と呼ぶこともあります。後に紛争が生じた場合に、誰が原本を保有しているのかが問題となる場合が考えられ

るため、記載されることがあるものです。また、記名押印なのか署名なのかについても明らかにする趣旨があるといわれています。

もっとも、この契約書の通数の記載は、前文と同様に必要的な記載事項ではありません。実務においては、この後文が記載されていない契約書も見られます。

契約書の後文の記載例

（合意管轄裁判所）

第 14 条　本契約に関連して生ずる売主と買主間のすべての紛争、請求および反対請求については、東京地方裁判所を専属的な第一審の管轄裁判所とする。

　　以上を証するため、売主及び買主は本契約書を 2 通作成し、各自記名押印の上、各 1 通を保有・保管するものとする。

> 後文の記載事項は、当事者の合意内容として、当事者に義務を課しているものではない。このため、契約書を紛失等したとしても、「保有・保管する義務」に違反していると評価されるものではない

令和○○年○○月○○日

　　　　売主　　東京都千代田区丸の内○－○－○
　　　　　　　　○　○　○　○　株　式　会　社
　　　　　　　　代表取締役社長　×　×　×　×　　　　印
　　　　買主　　東京都千代田区丸の内●－●－●
　　　　　　　　×　×　×　×　株　式　会　社
　　　　　　　　常務取締役　　　△　△　△　△　　　　印

後文は必要的記載事項ではないため、記載されていない契約書も多く見られます。

＋ONE　契約書を紛失したり、汚してしまった場合

契約書は契約の証拠書面ですので、原則として、契約書を紛失したからといって、契約が無効になったり、消滅したりするものではありません。

仮に、当事者間で締結済みの契約書を紛失したり、汚してしまった場合に、全当事者の協力が得られるのであれば、新たに契約書を作成し直すことも、当然可能です。

契約書に収入印紙を貼る理由

印紙税法によって納税義務が課されている

契約書や領収書といった一定の書面に収入印紙を貼る場合があることは、よく知られています。ではこの収入印紙は何のために貼る必要があるのでしょうか。

それは、印紙税法という法律によって、一定の契約書については、印紙税という税金を納付する義務が課されているからです。具体的には、印紙税法の別表に定められている種類の契約書には、その別表に記載の印紙税が課税されます。この印紙税の納税方法は印紙税法に定められています。それが国が発行する収入印紙を購入し、その収入印紙を契約書の紙（台紙）に貼り付けて、消印をするという方法です。なお、印紙税は原本の作成に課税されるため、締結した契約書のコピーをつくっても、それには課税されません。

収入印紙を貼らなかった場合には？

印紙税が必要な契約書に収入印紙を貼らなかった場合には、税金を納めていないということになります。

しかし収入印紙を貼っていない場合であっても、その契約書の契約の成立や内容を証明する証拠能力がなかったり、または証明する契約が無効となったりすることはありません。

なお、契約書に収入印紙を貼っていないときには、本来納付すべき印紙税の額＋その2倍分（すなわち3倍分）の過怠税が課せられます。また収入印紙を貼っていて消印をしていなかったときは印紙税の額と同額分の過怠税が課せられます。

印紙税は、契約書などの書面を作成したことに課される税金のため、いわゆる電子契約の場合には、書面が作成されていないので、印紙税は課税されません。

Keyword　**過怠税**　課税文書作成時までに印紙税を納付しなかった場合に課せられる税のこと。

契約書の印紙税額（令和5年4月現在）

❶第1号文書

1. **不動産、鉱業権、無体財産権**[注1]**、船舶もしくは航空機または営業の譲渡に関する契約書**
   （例）不動産売買契約書、不動産交換契約書、不動産売渡証書など

2. **地上権または土地の賃借権の設定または譲渡に関する契約書**
   （例）土地賃貸借契約書、土地賃料変更契約書など

3. **消費貸借に関する契約書**
   （例）金銭借用証書、金銭消費貸借契約書など

4. **運送に関する契約書**[注2]
   （例）運送契約書、貨物運送引受書など

記載された契約金額 （1通また1冊につき）	印紙税額	軽減後の印紙税額[注3] （平成9年4月1日〜令和6年3月31日まで）
1万円未満	非課税	非課税
10万円以下	200円	200円
50万円以下	400円	200円
100万円以下	1,000円	500円
500万円以下	2,000円	1,000円
1千万円以下	1万円	5,000円
5千万円以下	2万円	1万円
1億円以下	6万円	3万円
5億円以下	10万円	6万円
10億円以下	20万円	16万円
50億円以下	40万円	32万円
50億円を超えるもの	60万円	48万円
契約金額の記載のないもの	200円	200円

（注1）無体財産権とは、特許権、実用新案権、商標権、意匠権、回路配置利用権、育成者権、商号および著作権をいいます。

（注2）運送に関する契約書には、傭船契約書を含み、乗車券、乗船券、航空券および送り状は含まれません。

（注3）文書の種類の1に該当する「不動産の譲渡に関する契約書」のうち、平成9年4月1日〜令和6年3月31日までの間に作成されるものについては、契約書の作成年月日および記載された契約金額に応じ、印紙税額が軽減されています。

❷第2号文書

請負^(注1)に関する契約書

（例）工事請負契約書、工事注文請書、物品加工注文請書、広告契約書、
映画俳優専属契約書、請負金額変更契約書など

記載された契約金額 （1 通また 1 冊につき）	印紙税額	軽減後の印紙税額^(注2) （平成 9 年 4 月 1 日〜 令和 6 年 3 月 31 日まで）
1 万円未満	非課税	非課税
100 万円以下	200 円	200 円
200 万円以下	400 円	200 円
300 万円以下	1,000 円	500 円
500 万円以下	2,000 円	1,000 円
1 千万円以下	1 万円	5,000 円
5 千万円以下	2 万円	1 万円
1 億円以下	6 万円	3 万円
5 億円以下	10 万円	6 万円
10 億円以下	20 万円	16 万円
50 億円以下	40 万円	32 万円
50 億円を超えるもの	60 万円	48 万円
契約金額の記載のないもの	200 円	200 円

（注 1）請負には、職業野球の選手、映画（演劇）の俳優（監督・演出家・プロデューサー）、プロボク
サー、プロレスラー、音楽家、舞踊家、テレビジョン放送の演技者（演出家、プロデューサー）
が、その者としての役務の提供を約することを内容とする契約を含みます。
（注 2）上記の「請負に関する契約書」のうち、建設業法 2 条 1 項に規定する建設工事の請負に係る契
約に基づき作成されるもので、平成 9 年 4 月 1 日から令和 6 年 3 月 31 日までの間に作成され
るものについては、契約書の作成年月日および記載された契約金額に応じ、印紙税額が軽減さ
れています。

❸第5号文書

合併契約書または吸収分割契約書もしくは新設分割計画書

記載された契約金額 （1 通また 1 冊につき）	印紙税額
一律	4 万円

（注）1　会社法または保険業法に規定する合併契約を証する文書に限ります。
　　　2　会社法に規定する吸収分割契約または新設分割計画を証する文書に限ります。

❹第7号文書

継続的取引の基本となる契約書

（例）売買取引基本契約書、特約店契約書、代理店契約書、
業務委託契約書、銀行取引約定書など

記載された契約金額 （1 通また 1 冊につき）	印紙税額
一律	4,000 円

（注）契約期間が 3 カ月以内で、かつ、更新の定めのないものは除きます。

❺第 12 号文書

信託行為に関する契約書

記載された契約金額 （1 通また 1 冊につき）	印紙税額
一律	200 円

（注）信託証書を含みます。

❻第 13 号文書

債務の保証に関する契約書

記載された契約金額 （1 通また 1 冊につき）	印紙税額
一律	200 円
身元保証ニ関スル法律に定める 身元保証に関する契約書	非課税

（注）主たる債務の契約書に併記するものは除きます。

❼第 14 号文書

金銭または有価証券の寄託に関する契約書

記載された契約金額 （1 通また 1 冊につき）	印紙税額
一律	200 円

❽第 15 号文書

債権譲渡または債務引受けに関する契約書

記載された契約金額 （1 通また 1 冊につき）	印紙税額
1 万円未満	非課税
1 万円以上	200 円
契約金額の記載のないもの	200 円

出典：国税庁 web サイト「印紙税額の一覧表」（https://www.nta.go.jp/publication/
pamph/inshi/pdf/zeigaku_ichiran_r0204.pdf）をもとに作成

印紙が必要な文書は契約書に限られるものではありません。上記以外
については、印紙税法別表第一で確認できます。

収入印紙の費用は 誰が負担するのか

> **POINT**
> ● 契約書の作成者＝契約当事者が連帯して納税義務を負う
> ● 最終的な負担者を当事者間の合意で決定することは可能

印紙税は、書面の作成者に課税される

収入印紙の費用を誰が負担するのかについて、印紙税法上は「印紙税は書面の作成者に課税される」と定められています。このため契約書であれば、契約書を作成・締結する契約当事者が納税者になります。例えば二当事者間の契約書であれば、印紙税は二当事者に課税されます。具体的には、二当事者が連帯して印紙税を納める義務を負担することになります。

なお印紙税は、契約書の原本を作成したことに課税される税金であるため、原本を複数作成した場合には、その作成した通数分だけ、課税されます。

負担者を当事者で決定できるか

では、連帯して納税義務を負担する当事者間で、どちらか一方が印紙税を負担することを合意により決定できるでしょうか。

契約はあくまで契約当事者間にだけ拘束力を有するものです。契約当事者間で、印紙税はどちらか一方が負担しますということを合意したとしても、それは印紙税を課税する国には何らの効力を有しません。したがって、国から印紙税納付を求められた場合に、合意では負担しない側の当事者が国に対して納税する義務を免れることはできません。

ただし、当事者間において、国に対して納税した印紙税について、最終的にどちらが負担するのかについて、当事者間で合意することはまったく問題ありません。右ページに記載されているような条項は、あくまで当事者間の最終的な負担を定めるという効力を有するものと理解する必要があります。

なお、印紙税法は、連帯して納税義務を負担する当事者間で特段の合意がない場合の、当事者間の負担割合について定めてはいません。もっとも、実務上は、当事者の負担割合は平等になるように取り扱う（二当事者間の契約書の場合には折半する）ことが多いといえます。

◆ 収入印紙の最終的な負担について、当事者間で定める条項例

土地売買契約書

○○○○株式会社（以下、「売主」という。）と××××株式会社（以下、「買主」という。）とは、次のとおり土地売買契約を締結する。

（目的）

第1条 売主は、別紙物件目録記載の土地（以下、併せて「本件土地」という。）を買主に対して売り渡し、買主は本件土地上に医療施設等を建築する目的で売主から本件土地を買い受ける。

〜〜〜〜〜〜〜〜〜〜〜〜〜〜〜〜〜〜〜〜〜〜〜〜〜〜〜〜〜〜

（印紙代）

第13条 本契約書に貼付する印紙代の費用は、買主が全て負担するものとする。

> 収入印紙の最終的な負担を当事者間で定める条項を設けたとしても、売主は、国から納税を求められたら、印紙税を納税しなければならない

（合意管轄裁判所）

第14条 本契約に関連して生ずる売主と買主間のすべての紛争、請求および反対請求については、東京地方裁判所を専属的な第一審の管轄裁判所とする。

> 納税しない場合には、過怠税（42ページ参照）が課されます。

＋ONE｜契約書を海外で作成した場合

印紙税法は、日本の国内法です。このため、印紙税法が適用される範囲は日本国内に限られます。具体的には、日本国内で契約書が作成・締結された場合に印紙税が課税されることになり、海外で契約書が作成・締結された場合には印紙税は課税されないことになります。

署名と記名の違い

署名と記名の違いは？

署名とは名義人自らが、手書きで自らの氏名を記載することをいいます。手書きがすべて署名となるものではなく、自分で自分の名前を記載することが署名です。

記名とは名義人以外の者が手書きで他人の名前を署名すること、およびタイプその他の方法により氏名を記載することをいいます。簡単にいえば、署名以外で名前が書かれたものはすべて記名と考えてかまいません。プリンターで名前が印刷されたものも記名ですし、名前が記載された書面をコピーしたものも記名です。ゴム印を押した結果として名前が記載されているものも記名です。

記名押印とはいかなる制度なのか

日本では、「署名＋押印」は制度としては存在しておらず、「記名押印」という制度として存在しています。

この記名押印という制度は、簡単にいえば、記名について署名と同じ効力を持たせるために、押印を行うというものです。「署名＝記名押印」です。

ここでいう「押印」とは、印鑑を押すことを意味し、指に朱肉をつけて紙に押しつけたもの（いわゆる拇印）は、記名押印における「押印」とは認められません。指は印鑑ではないからです。このため、印鑑を持っていない場合には、拇印ではなく、署名をしてもらえ

ば足りるということになります。

また、印鑑を実際に紙に押しつけたものだけが記名押印となるため、記名押印をした紙をカラーコピーしたり、印刷したりした場合は、記名押印にはなりません。

右ページの図表のとおり、文書に作成名義人の署名または記名押印がなされている場合には、その文書は作成名義人によって作成されたものと推定されます。また押印に作成名義人の印鑑が使われた場合には、作成名義人の意思による適法な記名押印がなされたと推定されます（二段の推定）。

◆ 二段の推定

契約書の記名押印欄の印影に作成名義人の印鑑が使われている

一段階目
私文書の作成名義人の印影が、当該名義人の印章によって顕出された事実が確定された場合には、反証のない限り、当該印影は本人の意思に基づいて顕出されたものと事実上推定する（最高裁昭和39年5月12日判決）

一段階目の推定
その印影は作成名義人の意思で押された

・**作成名義人の印鑑が押されている**
・**作成名義人の署名がなされている**

二段階目
私文書は、本人又はその代理人の署名又は押印があるときは、真正に成立したものと推定する（民事訴訟法228条4項）

二段階目の推定
その文書は作成名義人によって作成された

文書の真正な成立

作成名義人とは、作成者として名前が記載されている者をいいます。

＋ONE ┃ 署名と記名押印

従前、日本の法律は、署名を原則として定めつつ、記名押印を例外的な方法として位置づけていました（手形法など）。もっとも、実務においては、圧倒的に記名押印が利用されています。このため、最近の法律においては、「署名又は記名押印」という表現をもって、記名押印についても明確に1つの方法として位置づけています（会社法など）。

09 実印と認め印の違い

> **POINT**
> ● 実印は、公的に印鑑登録をしている印鑑のこと
> ● 認め印は、実印以外の印鑑のこと

実印とは？　認め印とは？

　公的に印鑑登録をしている印鑑のことを実印といいます。個人であれば市役所や区役所で印鑑の登録ができます。また会社の代表者の印鑑については、法務局へ代表者印として届出をして登録ができます。一方、認め印とは、実印以外の印鑑のことをいいます。代表者印以外の社長印も認め印です。

実印と認め印とで、法的効力は違うのか

　実印を押印した場合も認め印を押印した場合も、記名押印における「押印」としての効力が生じます。したがって、契約書の記名押印欄における押印が実印でも認め印でも、特に契約書として契約を証明する証拠能力に違いは生じません。もちろん、契約書が証明する契約の効力にも違いは生じません。

　では、なぜ実印という制度が設けられ、利用されているのでしょうか。これは、押されている印鑑が「その人の印鑑」であることを公的に証明することができるという点に実印制度のメリットがあるからです。契約書における記名押印を考えた場合、「押印」とは、①「その人の印鑑」が、②その人の意思によって押されている、という2点が満たされている必要があります。そして、実印は認め印と異なり、①の「その人の印鑑」であることを公的に証明することができるのです。

　一方、認め印であったとしても、印鑑が「その人」によって他の文書の記名押印に用いられている場合など、「その人の印鑑」であることが明らかなときには、実印を押印した場合と同じになります。このため、通常、契約書の記名押印は、実印でなければならないという実務にはなっていません。

　そして、「その人の印鑑」が押印されていれば、その人の意思によって押印されており、さらにその人が作成した文書であることが推定されます（前ページ）。

法務局への代表者印の届出書の記載例

●株式会社の場合（印鑑提出者本人による届出）

印鑑（改印）届書

※ 太枠の中に書いてください。

（地方）法務局　　　支局・出張所　　　令和○年 ○月 ○日 届出

（注1）（届出日は鮮明に押印してください。）	商号・名称	**株式会社××商事**
	本店・主たる事務所	**東京都千代田区丸の内○-○-○**
印鑑提出者	資格	代表取締役・取締役・代表理事 理事・（　　　　　　　）
	氏名	**山田太郎**
	生年月日	大・⑱・平・西暦 ○○年○○月○○日生
	会社法人等番号	0101-xx-xxxxxx

提出する印鑑を押す

新設の際は記載は不要

わかっている場合に記載する

☑ 印鑑カードは引き継がない。
（注2）□ 印鑑カードを引き継ぐ。
　　印鑑カード番号　xxxx-xxxxxxx
　　前任者　山田一郎

届出人（注3）　☑ 印鑑提出者本人　□ 代理人
※ 代理人は押印不要

住所	**東京都新宿区△△町○-○-○**
氏名 フリガナ ヤマダ　タロウ	**山田太郎**

委任状

私は、(住所)

　（氏名）

を代理人と定め，□印鑑(改印) の届出，□添付書面の原本還付請求及び受領
の権限を委任します。

　　　　年　　　月　　　日

　住所

　氏名　　　　　　　　　　　　　　　印　市区町村に登録した印鑑

（注3）の印

□　市区町村長作成の印鑑証明書は，登記申請書に添付のものを援用する。（注4）

（注1）　印鑑の大きさは，辺の長さが1cmを超え，3cm以内の正方形の中に収まるものでなければなりません。

（注2）　印鑑カードを前任者から引き継ぐことができます。該当する□にレ印をつけ，カードを引き継いだ場合には，その印鑑カードの番号・前任者の氏名を記載してください。

（注3）　本人が届け出るときは，本人の住所・氏名を記載し，**市区町村に登録済みの印鑑**を押印してください。代理人が届け出るときは，代理人の住所・氏名を記載（押印不要）し，委任状に所要事項を記載し（該当する□にレ印をつける），本人の住所・氏名を記載し**市区町村に登録済みの印鑑**を押印してください。なお，本人の住所・氏名が登記簿上の代表者の住所・氏名と一致しない場合には，代表者の住所又は氏名の変更の登記をする必要があります。

（注4）　この届書には作成後3か月以内の**本人の印鑑証明書を添付してください**。登記申請書に添付した印鑑証明書を援用する場合（登記の申請と同時に印鑑を届け出た場合に限る。）は，□にレ印をつけてください。

印鑑処理年月日					
印鑑処理番号	受　付	調　査	入　力	校　合	

（乙号・8）

※作成に当たっては、法務省ホームページ「オンラインによる印鑑の提出又は廃止の届出について（商業・法人登記）」（http://www.moj.go.jp/MINJI/minji06_00072.html）に記載してある注意事項を必ず確認してください

出典：法務局webサイト「印鑑（改印）届書」（https://www.moj.go.jp/content/001364076.pdf）をもとに作成

契約書に印鑑を押印する場面

- 契約書へ押印する場面は、記名押印のみではない
- リスクヘッジのための押印は、積極的に利用すべき

契約書に押印をする3つの場面

契約書に印鑑を押印するのは、必ずしも記名押印の場面だけではありません。大きく分けると、①契約書の形式を整える場面、②契約書の記載上、加除修正の後を残してしまう場面、③納税の場面の3つになります。

なお、これらの場面で押印に用いる印鑑は、必ずというわけではありませんが、記名押印の際に用いた印鑑と同じ印鑑を用いることが通常の実務です。

①契約書の形式を整えるための押印

1つ目が、契約書の形式を整えるために使われる押印です。この形式を整えるための押印としては、1つ目が契印という制度、2つ目が割り印という制度になります。実際の形式は右ページに記載しているとおりですが、この2種類の押印は、契約書を作成・締結する際に必ずしなければならないというものではありません。

契印・割り印は、一旦作成・締結した契約書が後に偽造されることを可能な限り防ぐという観点から、利用されている制度です。例を挙げましょう。契約書が1ページではなく複数ページにわたっている場合には、複数の紙をホチキスで留めて綴じるか、袋とじにしてテープなどで包む形で綴じることが行われます。もっともホチキスで留めて綴じた場合には、署名または記名押印がなされるページの紙は別として、それ以外の紙についてはホチキスを外して他の紙に差し替えて契約書を偽造することが物理的にはできることになります。このような場合に、すべての紙にまたがって契印をしておけば、他の紙に差し替えることができないことになります。

このため、リスクヘッジの観点から利用したほうがよいというものです。実務上は、割り印はそれほど多く用いられていませんが、契印は多くの企業において契約書を作成・締結する際に利用されています。

契約書における押印の場面

形式を整えるための押印	契印	契約書が複数枚になるときに両ページにまたがって押す
	割り印	同じ内容の契約書を複数作成した時に押す
加除修正の痕跡が残ってしまう場合の押印	訂正印	書き直し、書き加え、削除等がある箇所に押す
	捨て印	後日訂正印を押さなくてよいように事前に押しておく
納税の場面	消印	印紙税の納税方法 42ページで説明した印紙税の納税に必須

契印、割り印

●契印

袋とじ

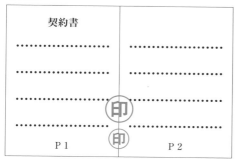

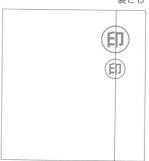

●割り印

契約書における「割り印」は複数の文書にまたがって印影が残るよう、印鑑を押す方法のことです。それらの文書が同時につくられ、同じ内容であることを示すために用いられます。

②加除修正の痕跡が残ってしまう場面の押印

2つ目は、契約書の内容を修正するにあたって、加除修正の痕跡が残っている場面で使う押印です。

例えば、プリンターで印刷した契約書の条項のある部分に、手書きで文字を追加した場合には、明らかにその修正の跡が残ることになります。この契約書に契約当事者としての記名押印だけがされている場合に、後でこの契約書を見た人にとっては、手書きで文字を追加した後に、その追加を了承した上で記名押印が行われて契約書が作成・締結されているのか、それとも記名押印して契約書が一旦作成・締結された後に、無関係な者が勝手に文字を追加したのかわかりません。

加除修正の痕跡が残っている場合には、その加除修正について契約当事者が了承しているということを、証拠上明らかにするために、その加除修正の内容を明らかにした箇所に全契約当事者が押印するのが「訂正印」です。

また、あらかじめ加除修正を行う前に、欄外に（通常は契約当事者のうち一方が）押印を行っておき、後で加除修正を行う場合にそれを了承している旨を証拠上明らかにできるようにして

おくのが「捨て印」です。もう一方の当事者は加除修正の際に押印を行います。

もっとも、現在ではこの訂正印、特に捨て印は、少なくとも契約書においては、利用することはあまり推奨されていません。

そもそもこれらの制度は、現在のようにIT技術が発達する以前、加除修正のない契約書を作成し直すことが煩瑣であった状況下において利用されていました。昔は契約書は手書きであり、挿入や削除、訂正といった痕跡を残さずに作成し直すためには、すべてを書き直す必要がありました。そこで、契約書の記載に加除修正の痕跡が残っている場合に、契約当事者がそれを了解しているという証拠をわかるようにしたものです。

IT技術が発達した現在においては、一旦印刷された契約書に手書きで修正を行う（加除修正の痕跡が残る）のと、加除修正の痕跡を残さずに印刷し直すのとでは、手間はそれほど変わりません。これらの制度は極めて限定的な場面（契約書を印刷し直す時間的な余裕がない場合など）において、利用することが求められています。

③納税のための押印

3つ目は、42ページで説明した印紙税を納税する際に、貼り付けた収入印紙とその台紙とにまたがって印鑑を押

印することによって、納税を行うという消印という方法です。

◆ 訂正印、捨て印、消印

● 訂正印

> 　　　　　　　　　　　　　　　　　　3ケ月　　　3字削除　㊞
> 第10条　本契約の有効期間は、契約締結日から 5年間　3字加入　㊞
> 　　　　とする。

● 捨て印

> 　　　　　契約書　　　㊞

● 消印

> 収入㊞
> 印紙㊞　　契約書
>
> P 2

捨て印については、そもそも、捨て印を押印した契約書を相手方に渡すことは、事実上、自由な改変を相手方に許すこととなってしまいますので、通常は、契約書においては使うことは極力避けるべき方法です。

取引先が変わったときの取扱いは

契約当事者が社名を変更した場合の取扱い

　契約書を締結した後に、契約当事者（自社や相手方の会社）が社名を変更する場合があります。また個人で契約書を締結した後に、名字が変わる場合もあります。このような場合に、変更前の氏名または社名で締結した契約書を、新たに締結し直す必要があるのでしょうか。

　この点、契約書締結時点における契約当事者の氏名や社名が、その後に変更されたとしても、契約書の締結し直しは必要ありません。契約書が証明する契約の効力は、氏名や社名変更後も継続します。氏名や社名が変更されたとしても、契約当事者は変わらないからです。

他社との合併や会社分割の場合

　契約書を締結した契約当事者が、その後に他社に吸収合併されたり、契約書の証明する契約関係を含む営業を会社分割により他社に承継させた場合は、どうでしょうか。

　本来、契約の当事者としての地位を移転して、契約関係から離脱するためには、移転先との間の合意のみならず、契約の相手方の承諾があってはじめて移転することになります。

　もっとも、他社に吸収合併されたり、その契約関係を含む営業を会社分割により他社に承継させた場合には、契約の相手方の同意を得ずして、その契約の契約上の地位が合併先または分割先に移転します。言い換えれば、合併先または分割先が契約の相手方となり、従来の相手方との間の契約関係はなくなります。このような承継は、一般承継（または包括承継）と呼ばれています。

　一般承継によって契約上の地位が移転した場合であっても、もちろん、契約書を締結し直す必要はありません。契約書で合意した内容のとおりの契約内容が、そのまま移転することになります。ただし、実務的には、これを契機として新たな契約書の締結交渉が行われる場合もあります。

Chapter3

特殊な契約書と
契約の履行を
強制する手段

第3章では、約款、定型約款、電子契約などの特殊な契
約書の様式についてまず解説します。次に、契約書を締
結しても相手が契約を履行してくれない場合に備え、履
行させる手段として知っておきたい公正証書、即決和解
といった制度について解説します。

約款とは何かを知ろう

- 約款とは、定型的な内容の取引条項をいう
- 約款の典型例として、会員規約や利用規約などがある

約款は、大量の同種取引を行うための重要なツール

契約を締結する場面や締結する契約内容は、さまざまです。1対1で締結する場合もあれば、複数の当事者で締結する場合もあります。「約款」とは、大量の同種取引を迅速かつ効率的に行うために作成された、定型的な内容の取引条項をいいます。なお、同種取引については、異なる相手であっても同一の契約内容とする場合も相手方に応じて異なる契約内容とする場合もあります。

日常生活においても、無意識に約款を目にし、あるいは約款に基づいて取引を行っているのではないでしょうか。例えば、昨今生活に不可欠な存在となっているインターネット上の通信販売サイトを利用する場合、利用にあたって会員規約や利用規約への同意を求められることがあると思います。こういった会員規約や利用規約は、一般的に約款に該当すると考えられます。

民法改正による定型約款の登場

このように約款に基づく取引は至るところで行われてきましたが、約款については、いくつか問題点が指摘されていました。例えば、①個別の条項（契約内容）を認識していないと、合意内容にならないのではないか、②契約締結後に一方の当事者が一方的に変更した内容は契約内容にならないのではないか、という点です。

そこで、2020年4月施行の民法改正において、「定型約款」の規律が新設されるに至りました。次節以降で詳しく

説明しますが、対象は「定型取引」に限定されています。定型取引とは、①ある特定の者が不特定多数の者を相手方として行う取引であって、②その内容の全部または一部が画一的であることがその双方にとって合理的なものをいいます。①は相手方の個性を重視せずに多数の取引を行うケースを抽出するための要件であり、②は定型約款を細部まで認識していない者を拘束することが許容されるケースを抽出するための要件と考えられています。

📝 同種取引において相手方が異なる場合

同種取引において相手方が異なる場合、①のように同一の契約内容とするとき
もあれば、②のように相手方に応じて異なる契約内容とするときもあるが、①
のように同一の契約内容とするときに約款を用いる

📝 インターネット上の通信販売サイトにおける会員規約

会員規約に同意して会員登録することにより、通信販売サイトを利用すること
ができるようになるところ、当該会員規約は約款に該当すると考えられる

定型約款とは何かを知ろう

定型約款に該当するもの、該当しないもの

約款について指摘されていた問題点（58ページ）を踏まえ、約款に基づく取引の法的安定性を確保するため、2020年4月施行の民法改正において、「定型約款」の規律が新設されました。「定型約款」とは、右ページ上に挙げた①②③の3つの要件を満たす約款をいい、「約款」よりも狭い概念です。

定型約款に該当する例としては、インターネット上の通信販売サイトにおける会員規約や利用規約のほか、鉄道およびバスの運送約款、電気およびガスの供給約款、保険約款など多岐多様にわたります。

一方、一般的な事業者間取引で用いられる一方当事者の準備した契約書のひな型については、相手方当事者にとっては必ずしも画一的であることが合理的といえないため、定型約款の要件②を満たさず、基本的に定型約款に該当しないとされています。結局は要件に照らし合わせて実質的に判断する必要があります。

定型約款が契約内容になるための要件とは

定型約款の要件を満たせば、相手方が個別の条項を認識しなくても必ず契約内容になるというものではありません。定型約款が契約内容になるためには、さらに、右の組入要件を満たす必要があります。❸または❹の要件を満たす場合には、個別の条項について同意したものとみなされ、定型約款がまるごと契約内容となります。ただし、次のような条項は、合意しなかったものとみなされる点に注意が必要です。

・相手方の権利を制限し、または義務を加重する条項で
・その定型取引の態様と実情、取引上の社会通念に照らして、民法1条2項に規定する基本原則（信義誠実の原則）に反して相手方の利益を一方的に害すると認められるもの

例えば、ある商品の売買契約の条項として、相手方にとって想定外かつ不要な商品の購入を義務づける抱き合わせ販売条項などが考えられます。

✏️ 定型約款の要件

❶
①ある特定の者が不特定多数の者を相手方として行う取引であること
②内容の全部または一部が画一的であることが当事者双方にとって合理的なも
❷ のであること
③（①および②を満たす）定型取引において、契約の内容とすることを目的とし
て、その特定の者により準備された条項の総体であること

❶「不特定多数の者」を相手方とするか否かは、相手方の個性を重視するか否かにより判断されます。

❷「内容の全部または一部が画一的であることが当事者双方にとって合理的」なものか否かは、多数の相手方に対して同一の内容で契約を締結するのが通常であり、かつ、相手方が交渉を行わず、定型約款準備者が準備した契約条項の総体をそのまま受け入れて契約の締結に至ることが取引通念に照らして、当事者双方にとり合理的であるか否かにより判断されます。

✏️ 定型約款が契約内容になるための要件（組入要件）

❸
定型約款を契約の内容とする旨の合意をしたときまたは定型約款を準備した者
❹
があらかじめその定型約款を契約の内容とする旨を相手方に表示していたとき

❸を満たさずとも、**❸**より緩やかとされている**❹**を満たすことで定型約款を契約内容とすることが可能となります。ただし、「表示」に該当するためには、相手方に対し、定型約款を契約内容とする旨が個別に示されていると評価できるものである必要があり、インターネット上の取引においては、契約締結画面までの間に、画面上で定型約款を認識可能な状態に置くことが求められます。
なお、定型取引を行い、または行おうとする定型約款準備者は、定型取引合意の

前や後に相当する期間内に相手方から請求があった場合には、すでに相手方に対して定型約款を記載した書面を交付し、またはこれを記録した電磁的記録を提供していたときでない限り、遅滞なく、相当な方法でその定型約款を示す必要があり（民法548条の3第1項）、これを拒んだときは、上記組入要件を満たしたとしても、個別の条項について合意したものとみなされないため（同条2項本文）、注意が必要です。

定型約款の規律
～定型約款の変更法理

- 定型約款の有利変更は、比較的広く認められている
- 効力発生時期が到来するまでに変更の周知を行う必要がある

定型約款を変更する必要性と要件

定型約款に基づく取引は、長期にわたって継続するものも少なくありませんが、法令の制定改廃や経済情勢の変動などにより、定型約款の内容を後から変更する必要が生じることも想定されます。民法の原則としては、契約内容を事後的に変更する場合、相手方の個別同意が必要なはずですが、多数に及ぶ相手方から個別同意を取得することはほとんど不可能です。そこで、右ページ上の要件を満たす場合には、個々の相手方の個別同意を得ることなく、定型約款を変更することが可能とされています（民法548条の4）。

実体的要件❶に基づく変更は、一般に「有利変更」と呼ばれています。この場合には、相手方が変更に同意することが通常といえるため、実体的要件❷に基づく変更に比して、広く変更が認められています。

客観的な合理性が必要

実体的要件❷に基づく変更には、実体的要件❶に基づく変更よりも厳格な要件が課されています。要件のうち、特に議論されるのは、「変更の必要性……その他の変更に係る事情に照らして合理的なものであるとき」です。「合理的なものである」か否かは、定型約款準備者にとって合理的といえるかではなく、客観的に合理的といえるかによって判断されます。

手続的要件の「周知」の方法としては、書面やメールによる通知、ホームページへの掲載などさまざまな方法が考えられます。実体的要件❷に基づく変更については、効力発生時期が到来するまでに周知を行う必要があります（民法548条の4第3項）。

なお、効力発生時期が到来するまでに周知が完了しなかった場合、要件不備により定型約款の変更は有効となりません。再度効力発生時期を定めたうえで、周知を行う必要があります。

◈ 定型約款の変更の要件（民法548条の4）

【実体的要件】（同条1項）

❶相手方の一般の利益に適合するとき（1項1号）

または

❷「契約をした目的に反せず」、かつ、以下の4つに照らして合理的なものであるとき（同項2号）

- ・変更の必要性
- ・変更後の内容の相当性
- ・定型約款の変更をすることがある旨の定めの有無
- ・その内容その他の変更に係る事情

【手続的要件】（同条2項）

変更の効力発生時期を定めた上で、

- （1）定型約款を変更する旨
- （2）変更後の定型約款の内容
- （3）効力発生時期

　　をインターネットの利用その他の適切な方法により周知すること

※実体的要件❷に基づく変更については、効力発生時期が到来するまでに上記周知を行う必要がある（同条3項）。

実体的要件❶に該当する例としては、サービス料などの対価を減額するケースやサービス料などの対価を増額することなくサービス内容を拡充するケースなどが考えられますが、実務上はほとんどが❷に基づいて変更されていると思われます。

❸「その他の変更に係る事情」とは、以下のとおりです。

- ・変更による不利益の程度および性質
- ・不利益の軽減措置の有無および内容
  解除権の付与
  変更の効力発生までの猶予
  期間の設定　　　　　　　　など

＋ONE｜定型約款を変更する旨の変更条項を定める意味

定型約款において、将来変更する可能性がある旨の変更条項を定めることがありますが、現行法においては、このような変更条項のみを根拠に定型約款の変更が当然に許容されるものではなく、民法548条の4の要件を満たす必要があります。

電子署名とは何かを知ろう

なりすましや情報の改ざんを防止する技術

電子署名とは、一般的に、電子的記録（電子ファイル）で、電子認証局から発行される「電子証明書」を用いて、なりすましの防止や情報の改ざんを防止する技術のことをいいます。電子署名は、①電子証明書に記載された本人が電子署名を行っており、電子文書が本人の意思に基づき作成されたものであること、②電子署名がなされて以降改ざんされていないことを証明することができるツールです。電子署名法3条に基づく電子署名が行われた場合、紙の文書に対して押印をすることと同等の効果を有するとされています。

電子署名とはこんなもの

電子署名のイメージを「ある文書の電子ファイルを作成したAさんが、その文書に電子署名を行い、Bさんに送付するケース」を例に説明します。

まず、Aさんは、電子認証局と呼ばれる信頼できる第三者が発行する「電子証明書」を取得します。その電子証明書に含まれる情報を利用し、電子ファイル（主にPDFデータなど）を暗号化する措置を行います（この措置が「電子署名」です）。

Aさんは、電子署名を行った後、Bさんに、電子署名を行った電子ファイルと電子証明書を送付します。Bさんは、Acrobat Readerなどのソフトウェアを使い、その電子署名した文書の有効性について検証を行います。その結果、有効性に問題がないと検証されれば、①当該電子データは、電子証明書を取得したAさんが電子署名を行ったこと、②電子署名をなされた時点からBさんが今見ている電子データに内容の改ざんがされていないこと、を確認することができます（検証の際に改ざんが発見されると、アラートが表示されます）。

Advice　**電子署名**　電子署名という言葉から、電子データに本人のサインの画像を貼り付けるようなイメージを持つかもしれないが、電子署名にサインの画像は必須ではない。

✒ 電子署名のイメージ

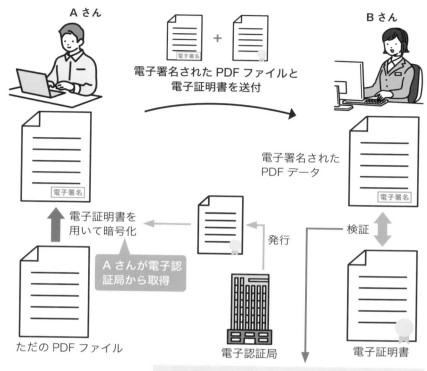

Ａさん

電子署名された PDF ファイルと
電子証明書を送付

Ｂさん

電子署名された
PDF データ

電子署名を
用いて暗号化

発行

検証

Ａさんが電子認
証局から取得

ただの PDF ファイル

電子認証局

電子証明書

有効性確認
・Ａさんが電子署名を行っていること（PDF データが
　Ａさんの意思に基づき作成されたこと）
・Ａさんの電子署名以降、改ざんされていないこと

＋ONE ┃ 電子署名の詳細について

電子署名については紙面の都合上、詳細な説明は割愛し、簡単な概要の記載に
とどめています。電子署名については、インターネット上にも、官公庁や企業
からさまざまな解説資料がでていますので、参照してください（いくつか代表
的なものを記載します）。

●デジタル庁「電子署名」　https://www.digital.go.jp/policies/digitalsign
●電子認証局会議「電子署名・電子認証とは」　https://www.c-a-c.jp/about/

Keyword　　**電子署名法**　一定の要件を満たす電子署名が行われた電子文書等が本人の意思に基づき作
成されたものと推定されること等を定めた電子署名に関する法律。

電子契約とは何かを知ろう

電子上で締結されるあらゆる契約を指す

電子契約について、法律上、決まった定義はありません。そのため、広い意味では電子上締結される契約はすべて電子契約に当たるとも考えられます。

1-01で説明したとおり、契約の締結は口頭でも可能であり、契約書を作成することは必須ではありません。そのため、Webページ、電子メールなどで契約を成立させることも可能であり、これらも一種の電子契約といえます。

もっとも、Webページや電子メールだけで契約を成立させる場合、手元にあるデータを改ざんして書き換えることが可能であり、改ざんの痕跡が残らないこともあるため、後から何が契約内容なのか不明となったり、紛争が生じるリスクがあります。このようなリスクを避ける必要が高いケースで電子契約を締結する場合、電子ファイルの改ざん等の有無を確認できる電子署名を用いることが望ましいと考えられます。

電子契約プラットフォームの普及

コロナ禍において三密防止や在宅勤務が推進されたことから、押印のために当事者が集まったり、郵送が必要な紙媒体の契約書の作成が困難となりました。そのような事情から電子契約が注目されましたが、通常、電子署名を使用する電子契約をする際には、ユーザー本人が電子認証局で電子証明書を取得することが必要であり、それには手間や専門的な知識が必要で、導入には一定のハードルがありました。

もっとも、コロナ禍以降、いわゆる電子契約プラットフォームの普及が後押しされ、特にユーザーの意を受けて電子契約プラットフォーム業者が電子証明書を取得し、電子署名を行う立会人型電子署名を行うサービスが普及するようになりました。これを利用することで、電子契約を導入する際、ユーザーは、大きな手間を要せず、かつ専門的な知識がなくても手軽に電子契約が利用しやすくなりました。

◆ 立会人型電子署名を用いた電子契約プラットフォームの例

● A さんが B さんと電子契約プラットフォームを用いて契約を締結する場合

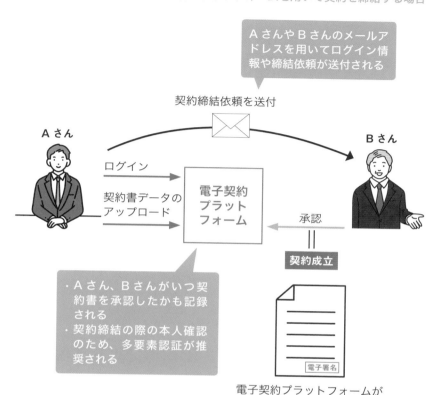

A さんや B さんのメールアドレスを用いてログイン情報や締結依頼が送付される

契約締結依頼を送付

A さん

B さん

ログイン

契約書データのアップロード

電子契約プラットフォーム

承認

契約成立

・A さん、B さんがいつ契約書を承認したかも記録される
・契約締結の際の本人確認のため、多要素認証が推奨される

電子署名

電子契約プラットフォームが電子署名

＋ONE ┃ 立会人型電子署名と多要素認証

立会人型電子署名については、電子署名法の要件を満たすために、契約締結時に、契約当事者の本人確認のための多要素認証をすることが推奨されています。多要素認証とは、パスワード認証のみならず、生体情報（指紋など）や所持情報（SMS認証、トークンによる認証など）による認証を組み合わせることです。これにより、本人が確実に、電子契約プラットフォームに電子署名の実施の指令をしたことがより強く担保されることになります。

電子契約と紙の契約書との違い

- 電子契約特有のリスクに注意が必要
- スモールスタートが効果的

紙媒体の契約との違い

電子契約を締結する場合であっても、契約書に記載する内容は、紙媒体の契約とほとんど変わりません（後文のみ修正が必要→右ページ「＋ONE」参照）。もっとも、紙媒体の契約書と、電子契約（以下では、主に電子署名がなされる電子契約プラットフォームを用いて行う電子契約を想定して記載します）には大きな違いもあります。右ページに紙媒体の契約と比べた場合の電子契約のメリット・デメリットを記載しています。電子契約は、正しく使うことができれば、紙媒体の契約書と同等の効果が得られ、また、多くの場合、紙の契約書よりも簡便に契約を締結できるというメリットがあります。

他方で、電子契約には、電子契約特有のデメリットもあります。電子契約は、まだ世の中に普及し始めたばかりで、一般人にはなじみの薄いものであり、ユーザーの理解が不十分なことから、紙の契約書では起き得なかったリスクが顕在化してしまう可能性もあります。そのような可能性にも留意して使用することが重要です。

電子契約の使い方

電子契約にはデメリットがあることも踏まえ、電子契約を使用する場合には、「スモールスタート」が有効と考えられています。

スモールスタートとは、まず重要性がそれほど高くない契約から電子契約を導入し、その操作やしくみに慣れてきたら、電子契約を締結する範囲を広げていくというやり方です。企業では、まずは秘密保持契約やグループ間で締結する契約など比較的リスクが小さい契約に限って電子契約を導入するケースが多いようです。

スモールスタートにより電子契約の利用を始めることで、電子契約の使い方に慣れていきながら、段階を踏んで電子契約を導入することが望ましいでしょう。

◆ 電子契約で契約を締結することの主なメリット・デメリット

メリット

①印紙税がかからない

紙媒体の契約書の一部で必要とされる印紙税が不要です（本書発行時点。今後取り扱い変更の可能性もあり）。

②契約書に押印するために集まったり、押印した契約書を送付しあう手間が不要

移動や送付の手間と時間が省け、オンライン上で即日契約書を締結できます。

③なりすましや改ざんを防止する機能がある

電子署名法3条（電子署名が本人の意思に基づいて成立したことを推定する規定）の要件を満たす電子契約プラットフォームサービスであれば、契約書と同様に、なりすまし防止・改ざん防止が図られています。

デメリット

①電子契約特有のしくみの理解が不十分なことによるミスの誘発

例えば、重要な契約にもかかわらず十分ななりすまし防止・改ざん防止措置がとられていない電子契約プラットフォームを利用してしまう、電子証明書の有効期限を管理していない等の紙媒体の契約書では生じなかったミスが生じることが考えられます。

②本来必要な決裁手続を経ずに契約が締結されてしまうリスク

法人の場合、会社の社印を利用するには通常決裁や申請が必要ですが、電子契約プラットフォームを利用すると、従業員の電子メール等のみで契約を比較的簡単に締結できてしまい、所定の決裁等を経ずに契約が締結されてしまうリスクがあります。

③セキュリティ上のリスク

オンライン上で行われる電子契約は、パスワードの管理やアクセス者の管理などセキュリティ対策を万全にする必要があります。それらが十分でないと、重要な契約に関する情報漏洩の危険があります。

＋ONE 電子契約と契約書の後文

契約書の後文においては通常「本契約の成立を証するため、甲及び乙は本契約書を2通作成し、それぞれ1通ずつ保有・保管するものとする。」と記載しますが、電子署名を用いる電子契約の場合は、「本契約の成立を証するため、甲及び乙は本書の電磁的記録を作成し、電子署名を施し、各自その電磁的記録を保管する。」などと記載します。

Chapter3 07 契約の履行を強制するためには

契約の履行の強制には債務名義が原則必要

　現行の法制度を前提とする限り、原則として、単に契約を締結しただけでは、その契約の履行を強制的に実現することができるわけではありません。そして、契約書はあくまで「証拠」に過ぎず、契約書があるからといって、それだけでは「強制執行」をすることは

できません。

　このため、契約の履行を強制的に実現するためには、裁判を提起して勝訴判決を得るなどの手続を行い、債務名義を取得する必要があるのが原則です。「債務名義」の代表例としては、裁判の確定した勝訴判決が挙げられます。

合意内容をそのまま「債務名義」にする方法

　合意した内容をそのまま「債務名義」にする方法としては、①公正証書の利用　②即決和解手続の2つが考えられます。

　①は、契約の内容を「公正証書」により明らかにするという手続です。公正証書とは、公証役場で公証人に作成してもらう証書です。このうち、執行証書にあたる公正証書については、この公正証書のみをもって強制執行をすることが可能です。ただし、これは金銭の支払等を目的とする請求の場合のみとなります（次節参照）。なお、公正

証書の原本は公証役場にあるので、紛失等した場合であっても、再発行をしてもらうことができます。

　②は、紛争が存在しているとき、話し合いの結果として、当事者間で紛争解決のための和解ができた場合に、その和解内容について債務名義を得る手続きです。簡易裁判所への申立てにより行うことができ、和解期日に両当事者が出頭した上、法廷で和解を成立させることになります。登記や動産引渡し、不動産明け渡しについても強制執行ができるのが特徴です（3-09）。

Keyword　**債務名義**　強制執行を行う際に前提として必要となる債権の存在等を証明する公的機関が作成した文書のこと。

契約の履行を強制するためには

①債務名義を取得する

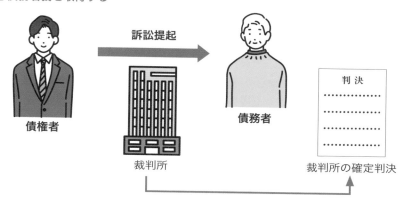

②債務名義をもって強制執行の申立てをする

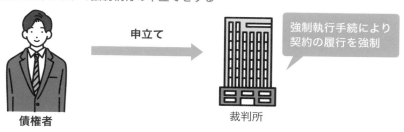

債務名義（民事執行法22条）

①確定判決
②仮執行の宣言を付した判決
③抗告によらなければ不服を申し立てることができない裁判（確定しなければその効力を生じない裁判にあっては、確定したものに限る）
④仮執行の宣言を付した損害賠償命令
⑤仮執行の宣言を付した届出債権支払命令
⑥仮執行の宣言を付した支払督促
⑦訴訟費用、和解の費用若しくは非訟事件、家事事件若しくは国際的な子の奪取の民事上の側面に関する条約の実施に関する法律第29条に規定する子の返還に関する事件の手続の費用の負担の額を定める裁判所書記官の処分又は民事執行法第42条第4項に規定する執行費用及び返還すべき金銭の額を定める裁判所書記官の処分（後者の処分にあっては、確定したものに限る。）
⑧執行証書
⑨確定した執行判決のある外国裁判所の判決
⑩確定した執行決定のある仲裁判断
⑪確定判決と同一の効力を有するもの（③に掲げる裁判を除く）

公正証書とは何かを知ろう

公正証書は合意の成立を証明するための有効な手段

公正証書とは、私人（個人や会社等の法人）からの嘱託により、公証人がその権限に基づいて作成する公文書のことをいいます。なお、公証人は、国家公務員法上の公務員ではないものの、国の公務である公証作用を担い、実質的な公務員の立場にあります。

公文書は、文書の成立に係る形式的証明力が働きます。そのため、公証人が私人の嘱託により作成した公正証書についても、反証がない限りは、完全な証拠力を有します。

したがって、ある契約の成立を証する証拠として公正証書を公証人に作成してもらうことは、合意の成立を証明するための有効な手段の1つと言えます。

強制執行を可能とする公正証書—執行証書

公正証書には、さまざまな種類がありますが、このうち、①金銭の支払等を目的とする請求についての公正証書で、②債務者が直ちに強制執行に服する旨の陳述が記載されているものを執行証書といいます（強制執行認諾文言付公正証書ともいいます）。執行証書に定めた金銭の支払等の債務不履行があった場合、債権者は、別途の債務名義を得なくとも、直ちに強制執行の申立てができることがメリットです（民事執行法22条5号）。

そのため、例えば金銭消費貸借契約上の貸主は、借主の返済能力に不安があるような場合、万が一借主が返済を怠ったときに、新たに債務名義を得ることなく強制執行をすることができるよう、あらかじめ公証人に執行証書を作成してもらうことも考えられます。

なお、執行証書は、①の「金銭の支払等を目的とする請求」についての公正証書に限定されているため、次節で説明する即決和解とは異なり、特定物の引渡し等を求める場合は作成できない点は注意が必要です。

📝 執行証書に基づく強制執行の申立て

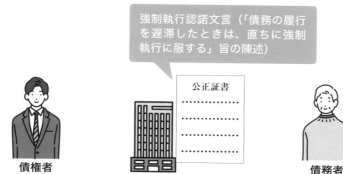

強制執行認諾文言（「債務の履行を遅滞したときは、直ちに強制執行に服する」旨の陳述）

公正証書
....
....
....
....

債権者

裁判所

債務者

申立て

強制執行手続

別途の債務名義を得なくとも、直ちに強制執行の申立てができる

📝 公正証書の種類

①法律行為に関するもの	（ⅰ）当事者間の契約に関する公正証書	土地や建物の売買、賃貸借、金銭消費貸借等の契約に関する公正証書が一般的。ほかにも機械器具のリース契約など。法令や公序良俗に反するなどの無効原因がなく、行為能力の制限による取消しの対象とならない限り、どのような内容の契約でも、公正証書を作成することができる
	（ⅱ）嘱託人による単独行為に関する公正証書	嘱託人一人の意思表示の内容を文書で明らかにする単独行為に関する公正証書。例えば、遺言公正証書や保証意思宣明公正証書など
②私権に関する事実についての公正証書（事実実験公正証書）		公証人が、自ら実験（五感の作用で認識した結果）を記述する公正証書。公証人が実際に見たり聞いたりした結果を記載した「事実実験公正証書」は、証拠を保全する機能を有し、権利に関係のある多種多様な事実を対象とする。また、人の意思表示や供述の内容もこの証書で証拠化することができる（例）・特許権者の嘱託により、特許権の侵害されている状況を記録したもの ・相続人から嘱託を受け、相続財産把握のため被相続人名義の銀行の貸金庫を開披し、その内容物を点検・確認するもの ・いわゆる尊厳死の意思表示を記載しておくもの

参照：日本公証人連合会 HP（https://www.koshonin.gr.jp/notary/ow01）

即決和解とは何かを知ろう

- 即決和解は確定判決等を得ることなく強制執行を実現できる手段の1つ
- 即決和解の方法を採るべき事案であるかの見極めは大事

提起前に申立てをして和解を行うことができる制度

即決和解（訴え提起前の和解）とは、民事上の争いのある当事者が、本案訴訟の提起前に、相手方の普通裁判籍の所在地を管轄する簡易裁判所に申立てをして、和解を行うことができる制度です（民事訴訟法275条）。即決和解は和解手続の一種であり、双方当事者の合意がある場合に和解が成立します。

和解が整わない場合に、和解期日に出頭した当事者の申立てがあるときには、裁判所は直ちに訴訟の弁論を命じます。この場合、和解の申立てをした当事者が、和解の申立てをしたときに訴えを提起したものとみなされ、本案訴訟手続に移行することとなります。

即決和解のメリット・留意点

即決和解が成立し、和解調書が作成された場合には、執行証書と同様、別に債務名義を取ることなく、強制執行を行うことができます（民事訴訟法267条）。

即決和解においては、執行証書と異なり、金銭等の支払に限られず、物の引渡しや不動産の明け渡し等についても、執行力を有する「合意の証拠」をつくることができるというメリットがあります。

実務上は、トラブルがある程度顕在化している事案において、当事者間での交渉・協議の末、一定の合意が成立

した場合などに、この合意に執行力を持たせるために即決和解手続を行うことが多いといえます。したがって、即決和解の方法は、すでに両者で一定の合意が得られている場合に検討しましょう。

なお、即決和解も和解手続の一種であるため、和解条項の検討にあたっては、この内容に基づき強制執行ができるのか、和解条項の表現にも留意する必要があります。ただし、裁判上の和解においては、裁判所も関与するので、和解条項の表現について裁判所による確認を得られることが通常です。

🖊 即決和解

①一方当事者が相手方の普通裁判籍の所在地を管轄する簡易裁判所に申立てをする

→

②和解期日に和解の内容について協議。整う場合は和解成立

→

③和解が整わず、和解期日に出頭した当事者の申立てがあれば、本案訴訟に移行

> 申立て前に当事者間で一定の合意が成立していることが多い

申立て

裁判所

和解期日

債権者　　　　　債務者

🖊 主な和解手続

①裁判外の和解		和解契約（民法 695 条）。 いわゆる民法上の和解。 和解契約を締結することで債権的な効力は生じるが、和解契約を締結するだけでは執行力を有しない
②裁判上の和解	**（ⅰ）訴訟上の和解**	本案訴訟提起後、訴訟手続内で行う和解手続。 和解が成立し、和解調書が作成された場合には執行力を有する（民事執行法 22 条 7 号）
	（ⅱ）訴訟外の和解	即決和解（民事訴訟法 275 条）。 本案訴訟の提起を前提としない、簡易的な和解手続。 和解が成立し、和解調書が作成された場合には執行力を有する（民事執行法 22 条 7 号）

＋ONE ┃ 本案訴訟手続に移行した場合の和解費用の負担

即決和解において、和解が整わず、当事者の申立てに基づき本案訴訟手続に移行した場合、和解手続に要した和解費用は、訴訟費用の一部となります（民事訴訟法275条2項）。したがって、本案訴訟の訴訟費用と同様に負担当事者が決められ、基本的には敗訴当事者が負担することになります（民事訴訟法61条）。

PART 2

契約書の
読み方・つくり方
の基本

Chapter4

契約書の内容①
履行すべき事項に
関する条項

第4章では、契約書の内容のうち、履行すべき事項に関
する条項について解説しています。まず、契約自由の原則、
任意規定と強行規定、契約書の各条項と法律との関係な
どを押さえておきましょう。次に、契約書の条項をグル
ープ分けして構成を理解します。その中で一番重要な「こ
の契約において何をするのか」を定める条項のつくり方
がわかります。

契約自由の原則とは何かを知ろう

> **POINT**
> ● 広義の契約自由の原則には、4つの原則が含まれる
> ● 4つのうちもっとも重要な原則は、契約内容の自由

広義の契約自由の原則

契約自由の原則とは、わが国における私法の一般原則の1つであり、その根拠は私的自治に求められます。広義では、以下の4つのことを意味します。

1つ目は、契約締結の自由です。契約を締結するか否かを、当事者は自由に決めることができます。

2つ目が、相手方選択の自由です。当事者は、契約をする相手方を自由に決めることができます。

3つ目が、方式の自由です。契約を締結するにあたり、原則として、いかなる方法・方式で契約を締結すること

も自由とされています。だからこそ、契約書を締結してもよいし、しなくてもよい、ということになるのです。

最後の4つ目は、契約内容の自由です。狭義の契約自由の原則ともいわれます。具体的には、契約を締結する場合に、その内容については、当事者がそれで納得できるのであればどのような内容であったとしても当事者が合意することによってその契約は有効なものとして認められる（裁判所の判断においても、最大限尊重される）という原則です。

狭義の契約自由の原則は、なぜ認められるのか

（狭義の）契約自由の原則が認められている理由は、あくまで契約の効力は、契約当事者間にしか生じないものであるため、当事者が合意するのであれば、いかなる内容の契約であっても、それに対して制約を課す必要はないからです。

この原則により、合意された契約内容が、実際にはどちらかに一方的に有利な内容であったり、常識的にはあまり考えにくい内容であったとしても、原則として効力が認められます（例外については次節参照）。

Keyword **私的自治** 私人の権利の取得や義務の負担といった事柄は、私人の自由な意思に基づいて、自律的に決定することができるという原則。

✏️ 広義の契約自由の原則と狭義の契約自由の原則

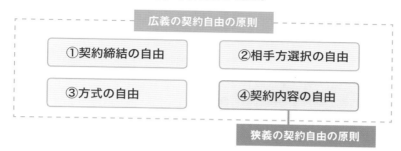

広義の契約自由の原則

| ①契約締結の自由 | ②相手方選択の自由 |
| ③方式の自由 | ④契約内容の自由 |

狭義の契約自由の原則

✏️ 契約自由の原則を定める民法の条文

（契約の締結及び内容の自由）

第521条　何人も、法令に特別の定めがある場合を除き、契約をするかどうかを自由に決定することができる。

2　契約の当事者は、法令の制限内において、契約の内容を自由に決定することができる。

（契約の成立と方式）

第522条　契約は、契約の内容を示してその締結を申し入れる意思表示（以下「申込み」という。）に対して相手方が承諾をしたときに成立する。

2　契約の成立には、法令に特別の定めがある場合を除き、書面の作成その他の方式を具備することを要しない。

✏️ 契約内容の自由の例

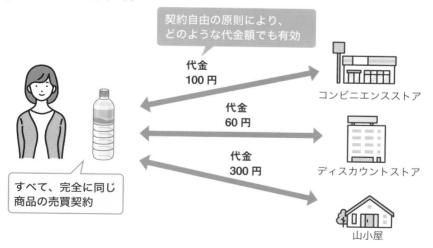

契約自由の原則により、どのような代金額でも有効

代金100円　コンビニエンスストア

代金60円　ディスカウントストア

代金300円　山小屋

すべて、完全に同じ商品の売買契約

第4章　契約書の内容①　履行すべき事項に関する条項

079

法律の規定とは異なる契約に合意した場合

- 強行規定に違反する契約は、無効
- 任意規定に違反する契約は、有効（契約が優先する）

任意規定と強行規定

（狭義の）契約自由の原則が認められることによって、当事者が法律の規定と異なる内容の契約を締結した場合には、原則として、契約の内容が法律の規定に優先することになります。

このように、当事者が合意した契約内容のほうが優先する効力を有する法律の条項を、任意規定と呼んでいます。法律の条項どおりの契約内容を定めるかどうかは、当事者の任意に委ねられ

るという意味です。

もっとも、（狭義の）契約自由の原則にも限界があり、いくら当事者間にしか効力を有しない契約であっても、法律の条項に反する内容の契約の効力は認められないという法律の条項もあります。このような法律の条項は強行規定と呼ばれています。法律の条項どおりとなることが強行される規定という意味です。

強行規定にはどのようなものがあるか

わが国における強行規定は、大きく分けて2種類に分類されます。

1つが、基本的な社会秩序に関する法律の条項です。例えば、民法に定める所有権などの物権や、抵当権などの担保物権の条項、さらに親族や相続に関する条項などが、強行規定に該当すると解されています。

もう1つが、相対的に弱い立場の当事者を保護・救済する観点から定められている法律の条項です。例えば、借地借家法の条項や、労働基準法や労働

契約法などの各種労働法の条項、さらに下請代金支払遅延等防止法の条項などのうち、いくつかの条項が強行規定であると解されています。

なお、後者については、強行規定の定めより相対的に弱い立場の契約当事者が不利になる場合のみ、当事者間の契約が無効となります（片面的強行規定）。したがって、強行規定の定めより相対的に弱い立場の契約当事者に有利となる場合は、当事者間の契約はそのまま有効となります。

✎ 任意規定と強行規定

任意規定

契約の内容が法律の規定に優先する

強行規定

法律の規定が契約の内容に優先する

基本的な社会秩序に関する法律の条項

（例）・民法に定める所有権などの物権
　　　・抵当権などの担保物権の条項
　　　・親族や相続に関する条項　など

相対的に弱い立場の当事者を保護・救済する観点から定められている法律の条項

（例）・借地借家法の条項の一部
　　　・労働基準法や労働契約法などの各種労働法の条項の一部
　　　・下請代金支払遅延等防止法の条項の一部　など

✎ 商法509条（任意規定）に優先する契約の条項例

取引基本契約書などにおいては、商法509条（16ページ参照）の適用を排除するために、以下のような条項が設けられることが多い

（個別契約の内容）

第2条　甲乙間の個別契約においては、発注日、目的物の名称、数量、単価、引渡期日、引渡場所その他必要な事項を定めるものとする。

2　個別契約は、乙が書面、FAX、メールその他の方法により注文書を甲に交付し、これに対して甲が注文請書を乙に交付することにより、成立する。

✎ 強行規定である旨が明記されている法律の条項例

①下請代金支払遅延等防止法

（下請代金の支払期日）

第2条の2　下請代金の支払期日は、親事業者が下請事業者の給付の内容について検査をするかどうかを問わず、親事業者が下請事業者の給付を受領した日（役務提供委託の場合は、下請事業者がその委託を受けた役務の提供をした日。次項において同じ。）から起算して、六十日の期間内において、かつ、できる限り短い期間内において、定められなければならない。

2　下請代金の支払期日が定められなかつたときは親事業者が下請事業者の給付を受領した日が、前項の規定に違反して下請代金の支払期日が定められたときは親事業者が下請事業者の給付を受領した日から起算して六十日を経過した日の前日が下請代金の支払期日と定められたものとみなす。

②借地借家法

（強行規定）

第9条　この節の規定に反する特約で借地権者に不利なものは、無効とする。

強行規定の例その1
～民法90条

POINT
- 民法90条は、公序良俗違反の条項を無効とする
- 実質的な憲法違反なども、公序良俗違反となる

基本的秩序に関する強行規定

強行規定に反する契約内容を当事者間で合意したとしても、その内容は効力を有しません。このため、契約書をつくったり、チェックしたりするにあたっては、少なくともどのような事柄について、強行規定が定められているのかについて、最低限の知識を持っておくことが有用となります。

ここでは、基本的秩序に関する強行規定のうち、一般的な条項である、民法90条について説明します。

公の秩序、善良の風俗に反するとは

民法90条は、法律行為が公の秩序、善良の風俗（合わせて「公序良俗」と称されます）に反するときは、無効とする旨を定めています。公序良俗に反する契約は、いくら当事者間のみに効力が生じるとしても、周りへの影響が大きいと考えられるからです。

公序とは国家秩序、良俗とは社会秩序を意味すると考えられていますが、具体的には、財産秩序を乱すもの、人倫秩序を乱すもの、自由・人権を侵害するものなどが、これに該当すると考えられています。

例えば、暴利行為に該当する合意、賭博の清算金の支払約束、愛人契約に伴う金員（金銭）の支払約束、裏口入学の支度金の返還約束などの契約が無効とされています。最近では、不正競争防止法にも商標法にも違反する商品（いわゆるコピー商品）の取引契約や、建築基準法等の法令の規定に適合しない悪質な計画に基づく建物の建築請負契約などが、無効とされた例があります。最近の裁判例については右ページ上表に記載したとおりです。

また、実質的な憲法違反なども、民法90条適用を通じて無効とされることがあります。例えば、男女不平等の定年制を定めた労働契約などは、これにより無効と解されています（右ページ下、判示参照）。

📎 民法 90 条により無効とされた最近の下級審裁判例

令和 4 年 12 月 26 日 知財高等裁判所判決	音楽事務所と実演家との間で締結された専属的マネジメント契約における、契約終了後の競業避止義務を規定する条項は無効
令和 4 年 6 月 29 日 東京簡易裁判所判決	月に数回会ってデートすることの特約を付すことで利息の利率を極めて小さくするが、特約に反したときには利率が上昇する約束のある金銭消費貸借契約は無効
令和 2 年 10 月 19 日 大阪地方裁判所判決	キャバクラ店の従業員と使用者との間の、従業員は私的交際をせず、これに違反した場合は違約金 200 万円を支払う旨の契約は無効
平成 30 年 3 月 15 日 東京高等裁判所判決	経済的取引としての合理性を著しく欠く不動産売買契約は、暴利行為に該当するので無効

📎 最高裁判所昭和 56 年 3 月 24 日判決の判示（抜粋）

　　上告会社の就業規則は男子の定年年齢を 60 歳、女子の定年年齢を 55 歳と規定しているところ、右の男女別定年制に合理性があるか否かにつき、原審は、上告会社における女子従業員の担当職種、男女従業員の勤続年数、高齢女子労働者の労働能力、定年制の一般的現状等諸般の事情を検討したうえ、上告会社においては、女子従業員の担当職務は相当広範囲にわたっていて、従業員の努力と上告会社の活用策いかんによっては貢献度を上げうる職種が数多く含まれており、女子従業員各個人の能力等の評価を離れて、その全体を上告会社に対する貢献度の上がらない従業員と断定する根拠はないこと、しかも、女子従業員について労働の質量が向上しないのに実質賃金が上昇するという不均衡が生じていると認めるべき根拠はないこと、少なくとも 60 歳前後までは、男女とも通常の職務であれば企業経営上要求される職務遂行能力に欠けるところはなく、各個人の労働能力の差異に応じた取扱がされるのは格別、一律に従業員として不適格とみて企業外へ排除するまでの理由はないことなど、上告会社の企業経営上の観点から定年年齢において女子を差別しなければならない合理的理由は認められない旨認定判断したものであり、右認定判断は、原判決挙示の証拠関係及びその説示に照らし、正当として是認することができる。そうすると、原審の確定した事実関係のもとにおいて、上告会社の就業規則中女子の定年年齢を男子より低く定めた部分は、専ら女子であることのみを理由として差別したことに帰着するものであり、性別のみによる不合理な差別を定めたものとして民法 90 条の規定により無効であると解するのが相当である（憲法 14 条 1 項、民法 1 条の 2 参照）。

強行規定の例その2
～消費者契約法

消費者契約法は、何を定めているのか

　相対的に弱い立場の当事者を保護・救済する観点からの強行規定の例としては、消費者契約法があります。

　消費者契約法は、主として、消費者と事業者間の契約（消費者契約）に関して、①事業者の不当な勧誘行為等に基づき消費者が行った契約の申し込みまたは承諾の意思表示を取り消す権利を定めるとともに、②不当な契約条項を無効とする旨を定めています。この②が消費者契約法に定める強行規定となります。

消費者契約法が定めている強行規定とは

　消費者契約法が定める主な強行規定としては、まず事業者の損害賠償責任を免除・限定する契約内容を無効としています。例えば、「事業者はいかなる場合であっても、損害賠償責任を負わない」といった条項について、事業者と消費者が合意したとしても、無効となります。

　次に、消費者が負担する損害賠償の額を予定する契約内容のうち、一定のものを無効としています。例えば、消費者が金員の支払を遅滞した場合の遅延損害金について、年14.6％の割合を超える遅延損害金を支払う旨を合意した場合であっても、その超える額については無効としています。

　実際の契約書の条項を検討する際に問題となることが多いのは、契約の解除に伴う損害賠償の予定または違約金（一般的にはキャンセル料という形で契約で定められます）についての条項です。消費者契約法は、解除の事由や時期等の区分に応じて、同種の消費者契約の解除に伴い事業者に生ずべき平均的な損害額を超える額を定めた場合には、その超える部分は無効とする旨を定めています。これにより、事業者と消費者との間で高額なキャンセル料を定めたり、消費者が支払うことを合意したとしても、平均的な損害額を越える部分は、無効とされることになります。

📝 消費者契約法に定める主な強行規定

●**事業者の損害賠償責任を免除する条項**(同法8条)

a 事業者の債務不履行による損害賠償責任を全部免除する、または当該事業者にその責任の有無を決定する権限を付する条項(1項1号)

  無効となる例 理由の如何を問わず損害賠償責任を負わない。

b 事業者の債務不履行による損害賠償責任(故意または重過失に基づくもの)の一部を免除する、または当該事業者にその責任の限度を決定する権限を付する条項(1項2号)

  無効となる例 理由の如何を問わず損害賠償責任は○○円を限度とする。

c 事業者の不法行為(消費者契約の履行に際して)による損害賠償責任を全部免除する、または当該事業者にその責任の有無を決定する権限を付する条項(1項3号)

  無効となる例 理由の如何を問わず損害賠償責任を負わない。

d 事業者の不法行為(消費者契約の履行に際して、故意または重過失に基づくもの)による損害賠償責任を一部免除する、または当該事業者にその責任の限度を決定する権限を付する条項(1項4号)

  無効となる例 理由の如何を問わず損害賠償責任は○○円を限度とする。

e 有償契約である場合に、消費者契約の目的物に種類または品質の契約不適合があるときに、当該瑕疵により消費者に生じた損害の賠償責任の全部を免除する、または当該事業者にその責任の有無を決定する権限を付する条項(2項)

  無効となる例 契約不適合に基づく損害賠償責任は一切負担しない。

f 事業者の債務不履行(当該事業者、その代表者またはその使用する者の故意または重大な過失によるものを除く。)または消費者契約における事業者の債務の履行に際してされた当該事業者の不法行為(当該事業者、その代表者またはその使用する者の故意または重大な過失によるものを除く。)により消費者に生じた損害を賠償する責任の一部を免除する消費者契約の条項であって、当該条項において事業者、その代表者またはその使用する者の重大な過失を除く過失による行為にのみ適用されることを明らかにしていない条項(3項)

  無効となる例 法令に違反しない限り、損害賠償は○○円を上限とする。

●**消費者が支払う損害賠償の額を予定する条項等**(同法9条)

g ある条項のうち、解除に伴う損害賠償の予定または違約金が「当該条項において設定された解除の事由、時期等の区分に応じ」「当該消費者契約と同種の消費者契約の解除に伴い当該事業者に生ずべき平均的な損害額を超えるときは」「当該超える額」について定めている部分(1項)

h ある条項のうち、支払期日までに支払わない場合における損害賠償の予定または違約金が、「その日数に応じ」「当該支払期日に支払うべき額から当該支払期日に支払うべき額のうち既に支払われた額を控除した額に年14.6%の割合を乗じて計算した額を超えるときは」「当該超える額」について定めている部分(2項)

契約書に記載すべき内容は どのようなものがあるか

何も定めなければ、法律の任意規定のとおりとなる

契約内容について定めている法律の条項のうち、ほとんどが任意規定であり、強行規定は極めて少数です。法律の条項として任意規定がある場合には、その事柄について、特に当事者間で任意規定とは異なる内容の合意をしない限り、任意規定どおりとなります。このため、契約書の条項を具体的に検討するにあたっては、（あえてその条項を定めずに）任意規定のままのほうがよい場合もあります。

ある事柄について任意規定があるかないか、任意規定がある場合にいかなる内容を定めているのかによって、契約書にいかなる内容を定めるべきかが左右されます。

契約書には何を定めるべきなのか

契約に定めるべき意味がある事柄とは、任意規定とは異なる事柄か、法律の条項が何ら定めていない事柄になります（右ページ上図❷❸）。

法律の条項どおりでよい事柄であれば、特に契約書に記載することに意味はありません（❹）。例えば、私たちがお店で野菜を購入するとき、ふつうは「野菜を表示価格で売買する」こと以外は特に何ら合意していません。それ以外は法律の規定どおりでよいという契約をしていることになります。

しかし、ビジネスでは、法律の条項とは異なる内容や、法律に規定がない事柄を当事者間で合意しておきたい場合があります。それが、わざわざ契約書に記載すべき内容なのです。

実際の契約書の各条項をめぐる交渉は、それぞれの当事者が、法律の規定よりも有利な条項を定めようとして条項案を互いに提示することが多くみられます（第一段階）。そして、各当事者が相手方の提示案を受諾できない場合には、その事柄については法律の規定どおりとする意味で、その事柄について定めた条項は契約書に設けない（案から削除する）ことが行われることもよくあります（第二段階）。

◆ 契約書の各条項と法律との関係

1 強行規定に違反する契約書
の条項　→　無意味（書いても書かなくても
法律どおりとなる）

2 法律の規定（任意規定）と
は異なることが契約書に書
かれている場合

3 法律の規定が定めていない
ことについて、契約書に書
かれている場合

→　当該契約書の記載事項が意味
を持つ

4 法律の規定と同じことにつ
いて、契約書に書いた場合　→　「確認的な意味」を有するに過ぎ
ない

◆ 契約の条項をめぐる交渉の流れ

第一段階　法律の規定どおりよりも、有利になるように交渉する
（法律の規定よりも有利な内容の条項を契約書に記載する）

第二段階　せめて、法律の規定どおりになるように交渉する
（法律の規定よりも不利な規定は契約書案から削除する）

最終的な着地点は、当事者間
の力関係などのさまざまな事
情によって決定されます。

各種契約書における条項の基本的な構成

契約書に記載する各条項の順序にはルールがある

契約書に慣れていない人にとって、最初に疑問に思うことは、契約書の各条項は、どのような考え方に基づいて、どのような順序で並んでいるのかということです。

契約書は、作成するか否かも当事者の自由であることからすれば、各条項をどのような順序で記載するのか、と

いうことについても何ら法律上の決まりはありません。

もっとも、契約書は必ず相手方との間で作成・締結するものです。このため実際は、一定の考え方、ルールのもとで各条項が記載されていることが通常です。

各条項を記載する一般的な順序

各条項は、右ページの図にあるように、3種類に分けて、その順序で記載していくという考え方が一般的です。

まず、❶「この契約において何をするのか」（当事者の履行すべき内容）を定めている部分の各条項を、契約書の最初に記載します。契約の種類によって、記載すべき内容が大きく異なるところであり、契約書において一番重要な条項のグループであるといってもいいでしょう。

次に記載するのが、❷契約当事者間のトラブルを予防したり、トラブルが生じたときに備えるための各条項です。

実際にトラブルが生じることを予測してこれに対応する条項を設けておくことは極めて重要です。契約の効力に関する条項や、契約の履行に何らかの問題が生じた場合に備える条項などが記載されます。

最後に記載するのが、❸（狭義の）一般条項と呼ばれる各条項です。（狭義の）一般条項の部分は、どの種類の契約であっても、ほぼ同じような内容が毎回定められることが多いです。

このうちもっとも大切な❶「何をするのか」の部分の書き方について、次節から詳しく説明していきます。

✒️ **契約書に記載する各条項の順序**

契約の種類によって
大きく異なる

❶ **この契約において何をするのか（当事者の履行すべき内容）の部分**
- 当該契約における基本的・中心的な条項
- 当該契約において付随的に合意されることが多い条項

※全体の条項の中で、約半分前後の分量を占める場合が多い

▼

多くの契約に共通して
検討すべき事柄

❷ **トラブルを予防したり、トラブルに備える部分**
- 契約の効力の存続に関する条項
- 契約（の履行）に問題が生じた場合の条項

※全体の条項の中で、3～4割前後の割合を占める場合が多い

▼

当事者は、おおむね
1つのタイプを準備
しておけば足りる

❸ **（狭義の）一般条項**　（どの契約においても、同じような内容が定められる部分）
- 代表例として、権利義務等の譲渡を禁じる条項（6-04）や、合意管轄を定める条項（6-02）といった条項などがある

※全体の条項の中で、1～2割前後の割合を占める場合が多い

上記の構成・順序で、契約書の条項
が記載されているイメージを持つと
わかりやすいでしょう。

土地売買契約書

　○○○○株式会社（以下、「売主」という。）と××××株式会社（以下、「買主」という。）とは、次のとおり土地売買契約を締結する。

> 「この契約において何をするのか」（当事者の履行すべき内容）の部分の各条項

（目的）
第1条　売主は、別紙物件目録記載の土地（以下、併せて「本件土地」という。）を買主に対して売り渡し、買主は本件土地上に医療施設等を建築する目的で売主から本件土地を買い受ける。

（売買代金）
第2条　本件土地の売買代金は、金○○○○○○○円（消費税別）とする。
　　　　なお、本条に定める売買代金は、実測調査の結果、別紙物件目録記載の登記簿謄本に表示された面積と比較して増減が生じたとしても、変更されないものとする。

（売買代金の支払時期）
第3条　買主は、売主に対し、第2条に定める売買代金を、次のとおり支払う。
　　　①　買主は、売主に対し、初回金として、本売買契約書締結時に、金○○○○○○○円を売主の指定する銀行口座宛に振り込む方法により支払う。なおこの初回金は、③の残代金支払時に、売買代金の一部に充当するものとし、利息を付さない。
　　　②　買主は、売主に対し、中間金として、令和□□年◇◇月末日限り、金○○○○○○円を売主の指定する銀行口座宛に振り込む方法により支払う。なおこの中間金は、③の残代金支払時に、売買代金の一部に充当するものとし、利息を付さない。
　　　③　買主は、売主に対し、売買代金の残代金として、令和○○年◇◇月末日限り、第5条に定める所有権移転登記申請手続に必要な一切の書類の交付及び第6条に定める本件土地の引渡しを受けるのと引き換えに、金○○○○○○○円を売主の指定する銀行口座宛に振り込む方法により支払う。

（所有権の移転）
第4条　本件土地の所有権は、第3条③に定める売買代金の残代金の支払時に売主から買主に移転する。

（所有権移転登記）
第5条　売主は、買主に対し、第3条③に定める売買代金の残代金の支払を受けるのと引き換えに、本件土地について所有権移転登記申請手続を行うために必要な一切の書類を交付する。

（引渡時期）
第6条　売主は、買主に対し、第3条③に定める売買代金の残代金の支払を受けるのと引き換えに、本件土地を引き渡す。

> トラブルを予防したり、トラブルに備える部分の各条項

（保証）
第7条　売主は、買主に対し、第6条に定める本件土地の引渡時点において、本件土地に瑕疵（物理的な瑕疵のみならず法的な負担・制限・瑕疵を含むが、次条に

定める土壌汚染を含まない）が存在しないことを保証する。

2. 前項に違反する事実があった場合には、売主は買主に対し、買主に生じた損害を賠償する。

（土壌汚染にかかる契約不適合責任）

第8条　本件土地に法令、環境省令又は環境省告示の定める基準を超える土壌汚染が発見された場合には、買主が売主に対してその旨を第6条に定める引渡の日から2年間の間に通知した場合に限り、売主は、買主に対し、契約不適合責任を負う。

（危険負担）

第9条　本契約締結後、第6条に定める引渡の日までに、天災地変又は不可抗力によって、本件土地の全部又は一部が毀損又は滅失した場合には、その損失は売主の負担とする。

（遅延損害金）

第10条　買主は、本契約に基づいて売主に対して支払うべき金員の支払を怠った場合には、支払うべき日から支払い済みまで年14.6パーセントの割合による遅延損害金を支払う。

2. 売主が第6条に定める引渡の日までに本件土地を引き渡さない場合には、第6条に定める引渡の日から引渡が完了する日まで、1日あたり金○○○○○○円の遅延損害金を売主は買主に対して支払う。

（契約の解除）

第11条　売主又は買主が本契約に違反した場合には、相手方は催告なしに本契約を解除することができる。

2. 前項に基づいて本契約が解除された場合には、義務を履行しなかった売主又は買主は、契約解除に伴う違約金として売買代金の10パーセントに相当する金員を相手方に支払わなければならない。但し、売主が義務を履行しなかった場合には、売主は買主から既に受領済みの金員を買主に返還の上で違約金として売買代金の10パーセントに相当する金員を速やかに買主に支払うものとし、買主が義務を履行しなかった場合には、買主は既に支払済みの金員と違約金との差額を速やかに売主に支払うものとする。

3. 売主又は買主は、第1項の解除に伴う損害が違約金を上回る場合であっても、違約金を超える部分については請求することができない。

> （狭義の）一般条項の部分の各条項

（契約上の地位又は権利義務の譲渡等）

第12条　売主及び買主は、相手方当事者の書面による事前の承諾を得ない限り、本契約上の地位又は本契約に基づく権利義務を直接又は間接を問わず、第三者に譲渡、質入、処分又は移転してはならない。

（印紙代）

第13条　本契約書に貼付する印紙代の費用は、買主が全て負担するものとする。

（合意管轄裁判所）

第14条　本契約に関連して生ずる売主と買主間のすべての紛争、請求および反対請求については、東京地方裁判所を専属的な第一審の管轄裁判所とする。

「何をするのか」についての条項

「何をするのか」の条項が、一番重要な条項

契約書の始めに位置する「この契約において何をするのか」(当事者の履行すべき内容)についての条項は、各契約において一番重要な部分です。

例えば土地の売買契約であれば、売主は土地を「渡す」という条項を記載することになり、買主は対価である売買代金を支払うという条項を記載することになります。

また、土地を実際に引き渡す前にどちらかの当事者が測量を行い、その結果(判明した実際の土地の面積)によって、売買代金を変動させるという条項を記載することもあります。

契約自由の原則により、契約当事者は合意することによって、履行すべき内容につきどのような内容であっても有効に定めることが可能です。このため、契約書の各条項を作成するにあたり、極めて自由度の高い部分が、「この契約において何をするのか」の条項ということになります。

条項において一番重要な点は、明確性

当事者がそれぞれ履行すべき内容を定めるにあたっては、多義的な解釈を許すことのないよう、明確に定めておく必要があります。契約書が証拠であり、後に使用することも考慮した上で、誰が読んでも同じ判断ができる書き方が求められます。当事者がいかなる行為を履行すべきなのか(履行すべき義務を負担しているのか)、また、後に実際にそれを履行しているのか(債務不履行がないのか)を判断できるように

するためです。

なお実際の契約書においては、ここに多義的に解釈できる表現を用いている場合もなくはありません。契約書の締結の経緯等によっては、あえて多義的な表現にすることもあり得ます。しかし、そのような条項を合意することは、後の紛争を生じさせるリスクも高く、望ましいことではないことに注意が必要です。

✏️「何をするのか」の条項イメージ（例）

売買契約の場合

ア　前提となる条項（契約の目的や、売買目的物を特定する条項）

イ　売主側の履行すべき事項に関する条項
- ・引渡に関する条項（引渡後の検査に関する条項を含む）
- ・権利の移転に関する条項
- ・登記・登録手続に関する条項
- ・その他（引渡前の測量など）

ウ　買主側の履行すべき事項に関する条項
- ・対価を定める条項
- ・対価の支払に関する条項
- ・引渡時の検査、検収に関する条項

など

業務委託契約の場合

ア　受託者側の履行すべき事項に関する条項
- ・委託業務の内容を特定する条項
- ・委託業務の遂行に関する条項
- ・委託業務を遂行する際の費用の負担に関する条項

イ　委託者側の履行すべき事項に関する条項
- ・対価を定める条項
- ・対価の支払に関する条項
- ・委託業務の遂行後の検査・検収に関する条項

ウ　その他
- ・知的財産権の取扱いについて
- ・プロジェクトマネジメントに関する条項

など

契約自由の原則により、強行規定に違反しない限り（80ページ）、それぞれの当事者に行わせたい行為を自由に定めることができます。

「何をするのか」についての条項のつくり方

簡単なつくり方は「5要素」でつくること

契約書の条項の「書き方」について、こう書かなければならない、というルールがあるわけではなく、前節で説明したように明確に記載してあれば何も問題はありません。

ただし、明確に記載するための1つの方法として、右ページに記載されているような5要素ごとにつくっていく方法があります。

主体の選択における3つのルール

この5要素で条項をつくるにあたり、一番重要なことは、主体の選択です。この主体の選択にあたっては、3つのルールを守ることが重要です。

1つ目は、主体は必ず契約当事者である必要があることです。契約は契約当事者の間でのみ効力を有するものですので、契約において契約当事者ではない第三者が「●●をする」と記載しても、何の効力も発生し得ないことになります。

2つ目は、できる限り主体を単独で条項をつくることです。例えば、売買契約の履行の場面では、通常、目的物の引渡しと代金の支払いが同時に行われます。このような場合には、売主は買主に対して目的物を引渡すという条項と、買主は売主に対して代金を支払うという条項を、それぞれ作成することを意味します。理由は、主体を複数にして条項をつくろうとすると、その詳細についてどちらが責任をもって履行するのかを明確に記載することが困難となるからです。

3つ目は、可能な限り義務者を主体とすることです。言い換えれば、条項は、受け身の文章ではなく、能動態の文章で記載するということです。

なお、「〜する」という文言において、「〜しなければならない」とか「〜する義務がある」という表現にする必要はありません。契約書の条項として、「〜する」と記載すれば、〜する債務を負担することになります。

✏️ 「何をするのか」の条項を簡単につくるための5要素

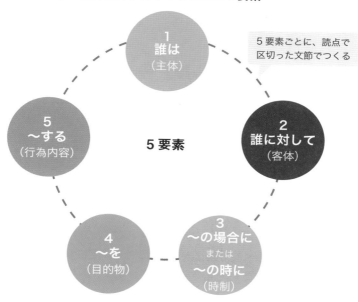

5要素ごとに、読点で区切った文節でつくる

● 5要素で構成されている条項例

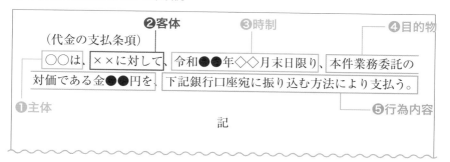

❷客体　　❸時制　　❹目的物

（代金の支払条項）

○○は、××に対して、令和●●年◇◇月末日限り、本件業務委託の対価である金●●円を、下記銀行口座宛に振り込む方法により支払う。

❶主体　　❺行為内容

記

日本語の表現として、5要素の順序が変わっても問題はありません。ただし、受動態で条項をつくることは望ましくありません。

対価（代金）に関する条項のつくり方

対価（代金）の支払条項とは

「何をするのか」の条項のうち、一番契約書でよく用いられているのが対価（代金）を支払うという条項です。一般的に対価（代金）に関する条項は、「対価がいくらである」ということを明記する条項と、その対価をいつどのように支払うのかという条項の2つに分かれます。このうち後者の条項が、契約書においてもっとも多く用いられています。右ページに記載されているのが、この対価の支払条項の代表的な例になります。

この条項も、読点で区切られた文節ごとに、5要素で構成されています。

対価（代金）の支払条項を契約書に定める意味

この対価の支払条項は、通常、法律の規定（任意規定）とは異なる内容を定めている条項です（87ページ上図❷）。

まず、支払期日を定めている点があります。仮にこのような条項を設けない場合には、法律上は原則として契約締結時に対価（代金）の支払義務が発生することになります。ビジネスにおいては、通常は対価（代金）は後払いにすることが多いため、契約書でそれとは異なる内容を定めている条項となります。

第2に、銀行口座宛に振り込む方法により支払う旨を定めている点です。

民法は、金員の支払いは持参払い、すなわち相手方の住所地に現金を持って行くなどして支払うことを原則として定めています（持参債務の原則。民法484条1項）。しかし現在のビジネス実務においては、通常、銀行口座への振込の方法がとられていることから、事業者間の契約では通常、法律の規定とは異なる支払い方法を定めています。

なお民法は、支払いに要する費用（例えば、銀行口座への振込費用）について、支払いをする者が負担するという原則を定めています（民法485条）。ただし、支払いを受ける側が負担することを合意することも可能です。

✎ 対価（代金）に関する条項の構成

```
対価（代金）に関する条項 ─┬─ ①対価は●●円である旨を明記する条項
                          │
                          └─ ②対価を、いつ、どのように支払うのか
                             を定める条項（支払条項）
```

②の対価（代金）の支払条項の代表例

> ○○は、××に対し、第●●条に定める売買代金全額を、令和●●年◇◇月末日限り、××の指定する銀行口座宛に振り込む方法により支払う。

上記の代表例の記載に加えて、どちらかが振込費用を負担することを定めておくこともある。もっとも、振込費用は、特段の定めがない限り、法律の規定（民法485条）により、振込者（支払を行う者）が負担することとなる

✎ 対価（代金）の支払いに関する民法の定め

（弁済の場所及び時間）

第484条 弁済をすべき場所について別段の意思表示がないときは、特定物の引渡しは債権発生の時にその物が存在した場所において、その他の弁済は債権者の現在の住所において、それぞれしなければならない。

2 法令又は慣習により取引時間の定めがあるときは、その取引時間内に限り、弁済をし、又は弁済の請求をすることができる。

（弁済の費用）

第485条 弁済の費用について別段の意思表示がないときは、その費用は、債務者の負担とする。ただし、債権者が住所の移転その他の行為によって弁済の費用を増加させたときは、その増加額は、債権者の負担とする。

「物を渡す」条項のつくり方

- 目的物を「渡す」条項には3種類ある
- 3種類すべてが必要ではないこともある

「目的物を渡す」ことに関する条項

　「何をするのか」の条項のうち、対価の支払条項の次によく契約書で用いられているのが目的物を「渡す」ことに関する条項です。代表例として、売買契約の売買目的物や業務委託契約における成果物等を相手方に渡すことに関する条項などが挙げられます。

　目的物を渡す条項は、右ページに記載しているとおり、3種類あります。この3種類の条項についてはそれぞれについて、独立した条項として設けていることが通常です。

　1つ目が目的物の実際の引渡し（占有の移転）をするという条項です。

　2つ目が、目的物に関する権利（通常は所有権）を相手方に移転するという条項です。

　3つ目が、登記や登録における移転手続を行うことに関する条項です。

常に3種類の条項が必要となるわけではない

　この3種類の条項は、目的物を渡すという条項が必要な場合に、常にすべてが必要となるものではありません。例えば、土地の売買契約の場合には、通常、実際の引渡し（占有の移転）、所有権の移転、登記の移転手続のすべてが行われることから、この3種類の条項すべてが必要となります。しかし、商品の売買契約の場合には、通常は登記手続を行わないため、実際の引渡し（占有の移転）と所有権の移転の2種類の条項で足りることになります。また、特許権の売買契約であれば、引渡しは行われませんので、権利の移転と登録の移転手続という2種類の条項で足りることになります。

　それぞれの条項の具体例は、右ページに記載しているとおりです。これらの条項も原則として、5要素（95ページ）で構成されていることがわかります。なお、動産の実際の引渡しに関する条項においては、引渡し場所も定めることが通常です。

✏️ 目的物を「渡す」ことに関する条項例

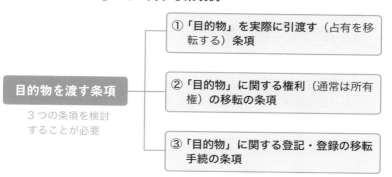

目的物を渡す条項

3つの条項を検討
することが必要

① 「目的物」を実際に引渡す（占有を移転する）条項

② 「目的物」に関する権利（通常は所有権）の移転の条項

③ 「目的物」に関する登記・登録の移転手続の条項

① 「目的物」を実際に引き渡す（占有を移転する）条項の記載例

〈例1〉

> ○○は、××に対し、平成○○年●●月末日限り、本件土地を引き渡す。

〈例2〉

> ●●は、▲▲に対し、令和○○年◆◆月末日限り、本件機械を下記納品場所にて納品することにより引き渡す。

② 「目的物」に関する権利（通常は所有権）の移転の条項の記載例

〈例1〉

> ○○は、××に対し、引渡時をもって、●●の所有権を移転する。

〈例2〉

> ●●の所有権は、引渡時をもって、○○から××に移転する。

③ 「目的物」に関する登記・登録の移転手続の条項

〈例1〉

> ○○は、××に対し、令和○○年××月末日限り、本契約に定める売買契約を原因とする○○から××に対する本件土地の所有権移転登記手続を行う。

〈例2〉

> ○○は、××に対し、令和○○年××月末日限り、本契約に定める売買契約を原因とする○○から××に対する本件土地の所有権移転登記申請手続を行うために必要な一切の書類を交付する。

「●●をする」という条項のつくり方

「何をするのか」という条項における明確性

「何をするのか」という条項は、4-09の対価の支払の条項や、4-10の物を渡すという条項以外にも、契約書において多く使われます。特に、何か仕事を行ってもらうことを委託し、代わりに対価を支払うという業務委託型の契約の契約書においては、受託者側が「何をするのか」の条項が数多く設けられます。

対価の支払や物を渡すという定型的な行為と異なり、業務委託契約において受託者側が遂行すべきさまざまな業務の内容といった事柄を、明確に契約書に記載することは困難です。しかし、業務委託契約の実務においては、当事者が履行すべき具体的業務の内容について認識に齟齬があることによるトラブルや、当事者が実際に履行した内容が契約違反（債務不履行）になるか否かが争いになるトラブルが数多く発生しています。このような契約では、業務を可能な限り明確にしておくことがトラブル回避のために極めて重要です。

別紙を用いる条項のつくり方

5要素で条項をつくるといっても、履行すべき内容が複雑な場合は、1つの条項でわかりやすく記載することは困難です。そこで、別紙に記載する方法を用いた条項をつくることが一般的です。

例えば、ビルの清掃業務を履行する義務を負担している場合、清掃業務の具体的な手順を記載した業務手順書やマニュアル等を別紙とした上で、「乙は、甲に対し、別紙業務手順書に記載されている日時及び内容のとおり、清掃業務を遂行する」という条項を作成すれば明確化できます。

別紙が複数になるときには、「別紙1」「別紙A」といった記載をして特定します。また別紙は、契約書の一部を構成するものですから、契約書に綴じ込むことになります。忘れやすいので、注意が必要です。

複雑な履行内容を別紙にする条項の記載例

〈記載例 1〉

> **（委託業務の遂行）**
> **第●条** 乙は、甲に対し、令和○年○月○日（以下、「納入日」という）までに別紙仕様書記載の●●●●システムの開発業務を完成させ、別紙成果物リスト記載の必要なソフトウェアその他の本件業務より生ずる成果物（以下、「本件成果物」という）を甲の保有・管理する●●●機器において適切な作動が可能な状態で引き渡す。

〈記載例 2〉

> **（委託業務の遂行）**
> **第●条** 乙は、甲に対し、別紙●●記載の各日時において、別紙業務手順書に記載したとおりの業務を遂行する。

すべてを 5 要素のみで記載することはできないとしても、仕様書、リスト、業務手順書などを別紙として用いることによって、可能な限り、行う対象の業務等の特定を行うことが重要です。

条項をつくるにあたり検討すべき事項

- ・具体的な業務等の内容
- ・提出すべき成果物の内容、提出時期
- ・報告を行う内容、報告時期
- ・具体的に業務等を行う場所
- ・業務等を行う際の費用の負担　　　　　　　　　　　　　　　　　など

新民法の施行日前の契約の取扱い

経過措置に関する基本的な考え方

　新民法は2020年4月1日に施行されましたが、施行日前に締結された契約やすでに発生していた債務については、新民法と旧民法のどちらが適用されるのでしょうか。

　当事者としては、法律行為や意思表示をした時点で存在・通用している法令が適用されると考えるのが一般的です。新民法の施行日前に締結された契約やすでに発生していた債務についても新民法が適用されるとすると、当事者の予測を害することとなり、適切ではありません。

　そこで、新民法の経過措置（法令の制定改廃に際し、既存の法令に基づく社会生活に混乱が生じないよう、一定期間に限って既存の法令の適用を認める措置）においては、新民法の施行日前に締結された契約やすでに発生していた債権債務には、旧民法が適用されるとの基本的な考え方が採用されています。ただし、例外的に新民法の適用範囲が拡張される場面もあり、結局はケースバイケースのため、個別の事案に応じて附則（平成29年6月2日法律第44号）を確認しながら対応する必要があります。

新民法の施行日前に締結された契約の更新

　新民法の施行日前に締結された契約が施行日後に更新された場合、当事者の合意による更新であれば、更新後の契約には新民法が適用されると解釈されています。これは、更新の時点で当事者に新民法が適用されることに対する期待があるといえるからです。これに対し、借地借家法26条に基づく「法定更新」については、当事者の合意に基づかないことから、当事者に新民法が適用されることに対する期待があるとはいえず、更新後の契約にも旧民法が適用されると解釈されています。これら以外にも、更新の場面はさまざまのため、「当事者が新民法または旧民法のいずれが適用されると期待しているか」などの観点から判断することとなります。

Chapter5

契約書の内容②
トラブルに備える条項

第5章では、契約書においてトラブルに備える条項について解説しています。トラブルに備える条項は重要で、さまざまな契約書で見ることが多いものです。契約期間や中途解約など契約の効力の存続に関する条項と、履行に問題が生じた場合に備える条項について説明します。

効力の存続や履行に問題が生じた場合に備える条項

契約におけるトラブルに備える条項は大きく2種類

4-06で説明したとおり、「何をするのか」の部分の後には、トラブルを予防したり、トラブルが発生した場合に備える部分が契約書に記載されるのが通常です。具体的には、契約の効力の存続に関する条項と契約の履行に問題が生じた場合に備える条項です。

これらの条項は、契約の種類を問わず、さまざまな種類の契約書において見ることが多い条項です。もっとも、その定め方にはさまざまな書き方があり、定めたくないと考える場合もあります。このため、狭義の一般条項とは異なり、契約の種類やその内容等を踏まえて、トラブルに備える条項を定める必要があるのか、定めるとしていかなる内容の条項を定めるべきか、という点を毎回検討する必要があります。

トラブルに備える条項の典型例

契約の効力の存続に関する条項には、契約期間（有効期間）に関する条項と、契約の効力を一定の場合に消滅させることに関する条項があります。契約期間（有効期間）に関する条項は、一回きりの履行を前提とした契約（例えば、不動産の売買契約など）では通常は定められませんが、継続的な履行を想定した契約（賃貸借契約や販売委託契約など）においては定められることが通常です。なお、合わせて途中で終了させる中途解約に関する条項を定めることもあります。

契約の履行に問題が生じた場合に備える条項には、債務履行の担保に関する条項や、目的物に何らかの問題がある場合にどのような責任を負うのかという契約不適合に関する条項や目的物について供給側が保証をする条項などがあります。また、契約当事者ではない第三者からクレーム等がなされたり、第三者の知的財産権を侵害している旨の連絡が来た場合に関する条項を定めておく場合もあります。

継続的な売買契約におけるトラブルに備える条項イメージ（一例）

ア　契約の効力の存続に関する条項

・契約期間（有効期間）を定める条項
・中途解約を定める条項
・反社会的勢力の排除に関する条項
・契約終了時の措置を定める条項

イ　契約の履行に問題が生じた場合に備える条項

・売買目的物の引渡しが遅延した場合の条項
・売買代金の期限の利益の喪失を定める条項
・売買代金の履行の担保に関する条項
・売買目的物に関して売主が保証をする条項
・売買目的物により第三者が損害を負ったとの請求等がなされた場合の条項
・売買目的物が第三者の知的財産権を侵害している場合の条項
・当事者間の損害賠償に関する条項

●契約終了時の措置について定めている条項例

> **第●条（契約終了時の措置）**
> 　理由の如何を問わず、本契約が終了した場合には、売主は買主から提供を受けた仕様書その他の資料及び買主から無償で支給を受けた支給品等を遅滞なく返却しなければならない。

●売買目的物に関して売主が保証をする条項例

> **第●条（品質保証）**
> 　売主は、売買目的物について、買主の指示・指定する仕様に合致しており、かつ、買主の指示・指定する品質及び性能を満足していることを保証する。また売主は、売買目的物が、その使途に応じて適用される法令、条例、JIS規格その他の公の規格（必ずしも法令により満たすことが求められるもののみならず、当該目的物につき一般的に満たしていることが求められる規格等を含む）を満たしていることを保証する。
> 2　売主が前項に違反したことにより、買主に損害が生じた場合には、売主はその損害を賠償する。

●売買目的物が第三者の知的財産権を侵害している場合に関する条項例

> **第●条（知的財産権侵害について）**
> 　売主は、売買目的物につき、第三者の特許権、実用新案権、意匠権、商標権、著作権その他の知的財産権を侵害しないことを保証する。
> 2　売買目的物に関し、第三者との間において知的財産権に関する紛争が生じたときは、売主は、自らの責任と負担において紛争を解決するものとし、買主に何ら迷惑をかけず、また買主が被った損害を補償する。

契約期間（有効期間）を定める条項

- 契約期間がいつからいつまでか明確にすることが重要
- 長期にわたるかもしれない契約には自動更新条項を設けよう

契約期間は、契約上の権利・義務が存続する期間

契約書では、契約期間（契約の有効期間）を規定する条項を定めることがあります。基本的に、契約は、その契約で規定した契約期間中はずっと有効であり、契約当事者全員が途中契約を終了することに合意しない限り、契約期間満了まで効力を失いません。そのため、契約期間に関する規定は、契約で定めた権利や義務が、いつからいつまで存続するのかを定める重要な規定です。特に、数年に及ぶ長期にわたる契約を締結しようとする場合には注意が必要です。契約期間中は、契約で定めた義務を負担し続けることになります。契約を締結した後で契約を終了させたいと思っても、当事者全員が同意しない限り終了させることができません。すると契約上の義務を負い続けなければならないことになってしまいます。そのため、数年にわたって、契約を存続させたい場合には、短期の契約とし自動更新条項を定めることや中途解約条項を設けることを検討しましょう。

契約期間を定めない場合には……

契約期間を定めない場合には、契約期間の解釈は民法などの法律の定めによることになります。民法等の定めは、契約の類型によって適用される規定が異なります。契約の類型によって、当事者が合意しない場合の期間を法定されているもの、一定の条件のもと、いつでも解約可能とされるものなど、さまざまな定めが置かれています。

契約を締結する際に、民法の規定がそのまま適用されると、意図していたより早く契約が終了する、あるいは、長く契約が継続してしまうなど不合理な結果を生むリスクもあります。また、場合によっては、その契約にどの法律のどの規定が適用されるかを巡って争いとなることも考えられます。

そのような観点から、契約書を締結する際は、その契約に見合う契約期間を毎回定めておくほうが適切でしょう。

✎ 契約期間の条項例

> **第●条（契約期間）**
> ❶ 本契約は、本契約締結日から1年間とする。❷ ただし、契約期間が満了する日の3ヶ月前に、当事者のいずれからの書面による申し入れが行われなかった場合には、本契約は、従前と同一の条件で1年間更新されるものとし、以降も同様とする。

❶ 契約期間

まずは、契約期間がいつからいつまで続くのかを明確にすることが重要です。そうしないと、契約に定めた権利や義務について、現在効力が残っているのか、それとも終了しているのかわからず、紛争が生じる可能性があります。契約期間を明確にするためには、「契約締結日から1年間」「●年●月●日」等のように、契約期間の始期と終期がいつなのか、誰から見ても明らかな表現を用います。

❷ 自動更新条項

契約終了後も契約を継続させるため、このような、いわゆる自動更新条項が設けられることもあります。この例では、契約期間が終了する日の3カ月前までに申し出がないときは、もう1年更新されるという条項が設けられています。

異なるバリエーションとして、所定期間内に「当事者のいずれからの書面による申し入れがあった場合」に契約更新されるとすることもできます。また、「別途協議の上で更新することができる」という定め方もありますが、この場合には、別途契約当事者で合意しないと契約は更新されないことになります。

✎ 自動更新条項のイメージ

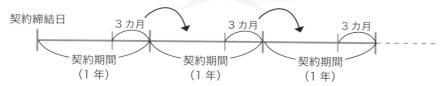

更新しない旨の申し入れがなければ契約期間1年延長

契約締結日 ── 3カ月 ── 3カ月 ── 3カ月

契約期間（1年）　契約期間（1年）　契約期間（1年）

自動更新条項は、契約を更新させ継続することも、更新を拒否し契約を終了させることも選択できる点で、「長期継続するかもしれない契約」を締結するときに設定すると便利

ある一時点で完結する契約（例えば、●年●月●日に同時にモノを引渡し、お金を払う売買契約）では、契約期間を定める意味が薄いため、契約期間の条項を定めないこともあります。

中途解約を定める条項

POINT
- 中途解約条項は、契約期間の途中で契約を終了させる規定
- 中途解約条項が必要かどうかは慎重な検討が必要

中途解約条項とは何か

　通常、契約は、契約期間を通じて有効に存続し、契約期間の途中では、契約当事者全員で契約を解約する合意をしたり、相手方の責めに帰すべき事由などにより解除権が発生したり、契約を存続し難い客観的な事情がない限り、終了させることはできません。

　しかし、当事者の都合で契約を途中で終了させたい場合を想定して、何ら相手方の責に帰すべき事由がなく、契約を存続し難い客観的な事情がない場合でも、当事者の一方的な意思表示によって将来に向かって終了させることができるようにするため、中途解約条項が設けられることがあります。

中途解約条項が必要かどうかは慎重な判断が必要

　特に契約期間が長い契約では、契約締結時は長く契約を継続するつもりだったのに、時間の経過による事情の変化や実際に契約を履行する中で期待したメリットが得られないことなどから、契約を終了させたいと考える場合もあります。そのような場合を想定して、契約締結時に中途解約条項を設けておくことが重要となります。

　他方で、自分としては契約の長期継続を希望する場合において、相手方から中途解約条項が行使されることで想定より早く契約が終了してしまい、契約によって一定期間得られると期待していた利益が想定したよりも早く得られなくなってしまうなど不都合が生じる場合もあります。

　このように、中途解約条項は、「諸刃の剣」となるという面があります。契約書を作成する際は、自分が契約を継続したいのか、それとも、途中で終了させたいのかを慎重に判断し、適切な条項を設定するようにしましょう。

中途解約の条項例

第●条（契約期間）

1　本契約の契約期間は、本契約締結日から5年間とする。❶

2　前項にかかわらず、<u>甲又は乙は、6ヶ月前に予告すること、又は、❷　●●円の解約金を相手方に支払うことにより</u>、本契約を解約することができる。

---

❶ 中途解約のための予告期間

中途解約する場合に予告期間を設ける場合（例えば、6カ月前に相手方に通知すれば解約が可能とする規定）が挙げられます。予告期間を設けることで、契約終了までに別の契約先を探したりするなどの代替手段をとることができます。

❷ 中途解約のための解約金

解約の際に一定の解約金の支払が必要であると規定を設ける場合もあります。この例では解約を希望する側は解約金を支払うことで即時の解約が可能であり、他方解約された側は解約金により生じる損害を補填することが期待できます。

＋ONE｜中途解約や更新拒絶の際に問題となる「継続的契約の法理」

長期間継続する契約関係がある場合において、以下の例のように相手方から中途解約や契約期間の更新の拒絶をされることにより大きな不利益を被る場合があります。

（例）　A社はB社とA社の商品を構成する部品を製造し供給する契約を締結したため、B社は当該契約が継続して存続することを前提にして、当該部品のために特別の製造設備を導入したが、A社からB社に対して契約を解約され、当該解約によってB社の行った設備投資が無駄となってしまった

裁判例では、このような場合に、中途解約や更新拒絶をするには、契約書に記載がなくても、「正当な理由」や相当期間をおいた事前の予告がなければ、中途解約や更新拒絶が認められないなどの契約書の記載以上のハードルを越えなければ解約はできないという考え方がとられることがあります（「継続的契約の法理」と呼ばれます）。このような観点から、長期にわたって存続する契約について、中途解約や更新拒絶をする場合には注意が必要です。必要に応じて専門家に相談しましょう。

Chapter 5
04 契約の解除を定める条項

契約の解除とは何か

契約は、契約期間に合意している場合には、契約期間が終了するまで存続することになります。

もっとも、相手方による義務の履行が期待できない場合には、契約を存続させる意味がありません。そのため、一定の場合には、解除権を行使し、契約を途中で終了することになります。

民法では、一般に、契約で約束した義務を相手方が履行しない場合には、相手方に義務を履行するよう求め（こ

れを「催告」といいます）、その上で契約を解除できると定められています。また、義務の全部の履行が不能である場合などには、催告をせずに、解除をすることができると定められています。

契約を解除すると、基本的に、契約が締結時に遡って締結されなかったと扱われることになると考えられていますが、継続する契約の場合は、将来に向かって効力が生じる場合もあります。

契約書の解除条項の定め方

契約書では、民法の解除の規定とは異なる規定を置き、解除権の内容をより拡充あるいは制限するケースがよくあります。

例えば、民法では、相手方が契約で定めた義務を履行しない場合、催告をしなければ解除ができないとされています。しかし、それでは、催告をする手間を要すため、契約をする際には、催告をすることなく契約解除が可能という条項が置かれる場合があります。

また、契約書を締結する際には、民法等において解除が可能とされていない事由についても、契約の解除を可能とする規定を置くこともあります。例えば、民法上は何らの定めもありませんが、相手方が支払不能になったなどの信用不安がある場合には契約が解除できるという規定を置くこと、反社条項（次節参照）を置くことが典型例です。

✒️ 解除の条項例

第●条（解除）

甲又は乙は、相手方に次の各号の一に該当する事由が生じたときは、催告なしに本契約を直ちに解除することができる。

① 本契約の条項に違反したとき ❶
② 破産手続開始、民事再生手続開始、会社更生手続開始、特別清算の開始の申立てがあった場合
③ 支払不能若しくは支払停止又は手形若しくは小切手が不渡りとなったとき
④ 仮差押え、仮処分、強制執行又は競売の申立てがあったとき
❷ ⑤ 公租公課の滞納処分を受けた場合
⑥ 監督官庁より営業停止処分、その他許認可・登録等の取消し処分を受けた場合
⑦ 解散の決議がなされた場合
⑧ 合併、会社分割、営業の全部又は重要な一部の譲渡が決議され、又は、株主構成が変動したことにより、本契約の履行が困難になったとき

---

❶ 義務違反があった場合の無催告解除を定める条項

契約当事者において義務が履行されない場合（債務不履行が生じた場合）に、民法の原則では解除するためには催告が必要とされています。これを催告せずに解除を可能とし、解除の手続きをより簡略化した規定です。

❷ 信用不安の場合の解除

相手方が、破産しそうな場合などに、契約を継続すると代金を回収できないなどの不利益を被る可能性があります。そのため、財産の差押え、公租公課の滞納処分、解散、合併など相手方の信用状態が悪化し得る事由がある場合に、広く解除を可能とする規定です。

なお、上記の一部には、株式会社などの法人でなければなし得ない「解散」「合併」などの事由が含まれており、法人間の契約を前提とした記載となっています。個人を当事者とする契約であっても、法人間契約と同様、個人が破産申立てをした場合等個人の信用状態が悪化し得る事由がある場合に相手方が解除権を行使できると規定するケースもあります。

公租公課とは、税金や社会保険料などの国や地方自治体、地方公共団体に納める公的な金銭負担のことをいいます。

111

Chapter 5

05 「反社」条項の規定

「反社」条項とは

「反社」とは、「反社会的勢力」の略称であり、いわゆる暴力団などが典型的な例として挙げられます。

暴力団からの不当要求などを避けることは、自身の利益にもつながります。また、コンプライアンスや企業の社会的責任から、企業を中心に、反社会的勢力と関わりをもたないことについて強い社会的要請があります。そのような観点からすると、反社会的勢力と契約を締結しないことが最善の対応ですが、現代において、反社会的勢力は、典型的な暴力団のような活動形態をとら

ず、企業活動や政治活動を装うケースもあり、反社会的勢力と知らずに契約を締結してしまう可能性があります。

そのため、契約書において取引の相手方に反社会的勢力でないことなどを表明させ、これに違反した場合は契約を解除するという反社条項を設けておくのが一般的です。

反社条項を設けないと、契約相手が反社会的勢力でも、契約を解除することが難しくなる可能性があるため重要です。

反社条項は企業が締結する契約では広く用いられている

反社条項を設けることは、都道府県ごとに設置されている暴力団排除条例にも企業などの事業者の努力義務として定められています。契約書に定めることは、社会的に広く推奨されています。実際、実務上、主に企業が締結する契約では、契約相手方が反社会的勢力であるという疑いがあるか否かにかかわらず、広く反社条項が設けられる

運用がとられています。

反社条項を設けることを相手に求めた場合に失礼なことにあたってしまうのではないか、あるいは、反社条項を求められた場合に自分が反社会的勢力と疑われているのではないかと思うかもしれませんが、このような運用が広くとられているため、特に気にする必要はありません。

反社条項の条項例

第●条（反社会的勢力の排除）

売主及び買主は、それぞれ相手方に対し、次の各号の事項を確約する。

① 自らが、暴力団、暴力団関係企業、総会屋若しくはこれらに準ずる者又はその構成員（以下総称して「反社会的勢力」という）ではないこと。

② 自らの役員（業務を執行する社員、取締役、執行役又はこれらに準ずる者をいう）が反社会的勢力ではないこと。

③ 反社会的勢力に自己の名義を利用させ、この契約を締結するものでないこと。

④ 本物件の引渡し及び売買代金の全額の支払いのいずれもが終了するまでの間に、自ら又は第三者を利用して、この契約に関して次の行為をしないこと。
　ア　相手方に対する脅迫的な言動又は暴力を用いる行為
　イ　偽計又は威力を用いて相手方の業務を妨害し、又は信用を毀損する行為

2　売主又は買主の一方について、次のいずれかに該当した場合には、その相手方は、何らの催告を要せずして、この契約を解除することができる。❷
　ア　前項①又は②の確約に反する申告をしたことが判明した場合
　イ　前項③の確約に反し契約をしたことが判明した場合
　ウ　前項④の確約に反した行為をした場合

3　前項の解除権を行使した者は、相手方に対して何ら損害賠償責任を負わない。❸

❶ 解除事由の内容

解除事由として、①〜④に該当しないことを確約させ、それに違反した場合に契約を解除できるとしています。①と②は、自らが反社会的勢力でないことや契約者の役員が反社会的勢力でないこと、③は反社会的勢力に名義を利用させないこと、④は（反社会的勢力が通常手段として行うような）脅迫行為、暴力行為、業務妨害行為や信用毀損行為を行わないことを確約させるものです。

❷ 無催告解除

反社条項に違反することが判明した場合には、特に催告を要することなく、無催告で解除権を行使できると規定することが一般的です。この例も相手方に1項各号の確約等に違反する事態が生じた場合に無催告での解約を認めると規定しています。

❸ 解除者が責任を負わない

反社条項に違反した場合に、解除権者が損害賠償を負わない旨の規定を置くことが一般的です。

06 期限の利益の喪失を定める条項

POINT

- **期限の利益とは、期限まで債務を履行しなくてもよいという利益**
- **期限の利益が喪失されるとすぐに債務を弁済しなければならない**

期限の利益とは何か

「期限の利益」とは、契約上の債務について一定の期限が設けられることによって債務者が受ける利益のことです。ビジネスでは、物やサービスを受け取ったと同時に代金を支払うとは限らず、物やサービスを先に引渡し、代金は後払いでよい（一定の期限まで支払わなくてよい）という期限の利益が設けられることがよくあります。

例えば、4月1日に締結した売買契約の代金支払債務の期限が12月31日であった場合、買主は4月1日から12月30日までは返済をしなくてよいということになります。これが、代金支払債務の債務者が享受する期限の利益です。このように、期限の利益とは、債務者にとって「期限まで債務を履行しなくてもよい」という利益のことを意味しています。

期限の利益の喪失を定める条項で債務回収を図る

期限の利益の喪失とは、上記の「現在は、債務を履行しなくてもよい」という利益を、一定の事由が発生した場合に失うという意味です。その場合、債務者は今すぐ債務を履行しなければならなくなります。民法では、①「債務者が破産手続開始の決定を受けたとき」、②「債務者が担保を滅失させ、損傷させ、又は減少させたとき」、③「債務者が担保を供する義務を負う場合において、これを供しないとき」の3つの場合に期限の利益を喪失する旨の規定が設けられています。

民法で定められている上記①～③以外にも、例えば債務者に信用不安が生じたりそのおそれがある場合には、債権者は期限の利益を喪失させることで債務（主に金銭債務）を早期に回収して回収不能となるリスクを回避できる可能性があります。そのため、契約書を締結する際は、民法より期限の利益の喪失事由を拡大して定める場合が多くあります。

🖊 期限の利益喪失条項の条項例

第●条（期限の利益の喪失）

　甲又は乙が、次の各号の一に該当する事由が生じたときは、当然に期限の利益❶を失うものとし、直ちに相手方に対する債務を弁済しなければならない。

①甲又は乙が本契約の条項に違反したとき

②破産手続開始、民事再生手続開始、会社更生手続開始、特別清算の開始の申立があった場合

③支払不能若しくは支払停止又は手形若しくは小切手が不渡りとなったとき

④仮差押え、仮処分、強制執行又は競売の申立てがあったとき

❷─⑤公租公課の滞納処分を受けた場合

⑥監督官庁より営業停止処分、その他許認可・登録等の取消し処分を受けた場合

⑦解散の決議がなされた場合

⑧合併、会社分割、営業の全部又は重要な一部の譲渡が決議され、又は、株主構成が変動したことにより、本契約の履行が困難になったとき

---

❶ 期限の利益の当然喪失条項

「当然に期限の利益を失う」と規定することで、期限の利益を喪失する事由があれば、債権者から何の請求をしなくても、期限の利益は喪失することになります。債務者はすぐに債務を弁済する義務を負います。

これに対し、「債権者からの請求がある場合に期限の利益を喪失する」と規定する場合もあります。事由ごとに当然に期限の利益を喪失するか、債権者からの請求により期限の利益を喪失するかを峻別して規定する場合もあります。

❷ 期限の利益喪失事由（信用不安）

期限の利益が喪失される場合は、主に債権者がすぐにでも、債務の弁済を受けなければならない場合であり、典型的なものとしては、債務者の信用に不安がある場合が挙げられます。

これは、解除条項にも共通するもので、この例では、111ページの解除事由と同様の事由を期限の利益の喪失事由としました。解除に関する規定と期限の利益の喪失に関する規定を1つの条文で定めるケースも実務上多く見られます。

契約不適合責任に関する条項
(契約不適合責任条項や保証条項)

契約不適合責任とは

物や権利等を供給する契約（売買契約や請負契約など）において、供給される物や権利が、当初の契約の内容に照らして、種類、品質、数量が十分でない場合を「契約不適合」といいます。そのとき、供給者（売主・請負人）が負うのが契約不適合責任です。

提供された目的物や権利に契約不適合がある場合、受領者（買主・注文者）は、民法上、①履行の追完、②代金減額、③損害賠償、④解除を請求することができます。例えば、売主が、買主に対して、ある品物を10個売るという売買契約を結んだ場合に、実際に提供されたその品物が（ⅰ）契約で約束された品物と異なる品物を提供された場合、（ⅱ）契約で定められた品質に満たないものが売られた場合、（ⅲ）契約で定められた数量に不足する場合に、買主が売主に対して、契約不適合責任を追及して上記①～④の措置を請求することができます。

民法上の契約不適合責任には期間制限がある

契約不適合責任には、法律上、これを行使できる期間が決まっています。

まず、契約不適合責任（目的物の「品質や種類」に関する事項）については民法上の「買主が不適合を知ったとき」から1年以内に通知しなければ、権利が消滅すると規定されています。

さらに、商人間の売買契約には、商法526条によりさらに厳しい期間制限があります。買主は受領した目的物の検査をする義務があり、そこで発見される契約不適合は直ちに通知しなければ以後責任を追及できません。その後に見つかった契約不適合も6カ月以内に通知しないと責任を追及できなくなります。

また、上記のほか、民法上の消滅時効も適用される場合があり、「権利を行使することができることを知ったときから5年」または「権利を行使することができるときから10年間」のいずれか早い時点で権利が消滅します。

📝 民法で定められた契約不適合責任の内容

● 契約不適合責任の内容

①履行の追完請求	目的物の修補、代替物の引渡しまたは不足分の引渡しによる履行の追完を求めることができる
②代金減額請求	売主に履行の追完を請求したが履行の追完がなされないときに、契約不適合の程度に応じて代金の減額を請求できる
③損害賠償	契約不適合により生じた損害賠償を請求できる
④解除	契約不適合を理由として契約を解除できる

※ただし、契約不適合が買主の責による場合は、契約不適合責任を買主に請求することはできない

📝 民法と商法で定められた契約不適合責任の行使可能期間

以下のうち、いずれか早い時点で契約不適合責任を追及する権利が消滅する

①目的物の「品質や種類」についての契約不適合について、「買主が契約不適合を知ったとき」から1年以内に通知しなかった場合に、その1年が経過した時点（民法上の契約不適合責任の通知期間）

②（商人間の売買の場合）商法526条により物の引渡し時に検査が必要であり、そのときに発見できた契約不適合は直ちに通知しなければ契約不適合責任が消滅する

③（商人間の売買の場合）商法526条により、直ちに発見できない目的物の種類または品質に関する契約不適合責任についても、引渡しから6カ月以内に契約不適合を通知しないと契約不適合請求権が消滅する

④権利を行使することができることを知ったとき（主に、買主が契約不適合の存在を知ったとき）から5年（民法上の消滅時効）

⑤権利を行使することができるとき（主に、引渡しを受けた時点）から10年間（民法上の消滅時効）

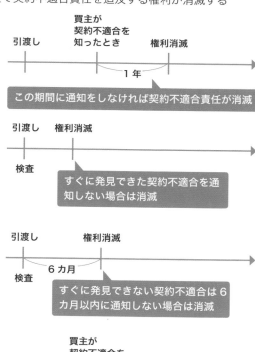

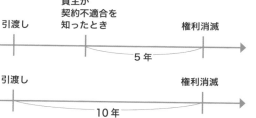

契約不適合責任を定める契約条項をつくるときの視点

民法に規定された内容の契約不適合責任で十分の場合には、契約書に契約不適合責任に関する定めをおかなくても問題ありません。

契約書に記載する必要があるのは、契約不適合責任の内容を民法の規定から変更したい場合です。民法に定められた契約不適合責任の内容を受領者に有利に拡充したり、反対に供給者に有利に縮減したり、ひいては責任をなくしたりするために条項を定める例がよく見られます。

✏ 契約不適合責任を定める条項

●売主が契約不適合責任を負わない旨を定める規定

第●条（契約不適合責任）

❶ 本契約においては、売主は、買主に対して、目的物を現状有姿で引渡せば足りるものとし、売主は、買主に対して、契約不適合責任を負わないことを確認する。

> **❶ 契約不適合責任を負わない特約**
>
> この例は、売主が民法で定める契約不適合責任を負わないことを確認する規定です。ある物の売買において、契約不適合責任を負わない特約を設定するケースもしばしば見られ、多くの場合、買主は売主に契約不適合責任を追及できない代わり、低廉な価格で目的物が売買されることが多いです。

●買主が、売主の契約不適合責任の履行方法を選択することができる条項例

第●条（契約不適合責任）

1 　売主の引渡した目的物の種類、品質又は数量に関して契約の内容に適合しないものであるときは、買主は、自己の選択により、売主に対し、目的物の修補、代替物の引渡しもしくは不足分の引渡しによる履行の追完又は代金減額請求をすることができ、売主は、買主から請求された方法と異なる方法により、契約不適合責任を履行することができない。❷

2 　前項の規定は、前項の請求に代え、もしくは、前項の請求とともに、買主が損害賠償請求及び本契約の解除を行うことを妨げない。

---

❷ 契約不適合責任の履行方法を買主が指定できる条項

契約不適合責任については、民法上、履行の追完が原則で、買主が相当期間の定めをおいて履行の追完を請求し、売主が履行の追完をしない場合に、はじめて代金減額請求ができるとされています。さらに、買主が売主に対して履行の追完の方法（「目的物の修補」「代替物の引渡し」または「不足分の引渡し」）を指定したとしても、民法上、買主に不相当な負担を課するものでなければ、売主は買主が請求した方法と異なる方法で履行の追完ができるとされています。これらの民法の原則を買主に有利に修正し、買主が、履行の追完を先行して請求しなくても代金減額請求を可能とし、また、履行の追完の方法も買主が指定できることを意図したのが、この例です。

● 契約不適合責任の行使期間を民法の原則から変更する条項例

第●条（契約不適合責任）

1 　本契約においては、目的物の種類、品質又は数量に関して契約の内容に適合しないものであるときは、買主は売主に対して履行の追完、代金減額請求、損害賠償又は本契約の解除を請求することができる。

2 　売主が種類、品質又は数量が契約の内容に適合しない目的物を買主に引渡した場合において、買主がその不適合を知った時から3か月以内にその旨を売主に通知しないときは、買主は前項の請求をすることができない。　❸

3 　買主が第1項に定める請求をすることができるのは、目的物の引渡しから2年間に限るものとする。❹

---

❸ 通知期間を民法より短縮する規定

民法上「種類又は品質」に関して、買主が契約不適合を発見した場合、「契約不適合を知った時から1年以内」に通知をしなければ権利が消滅することが規定されています。❸は、「種類又は品質」以外の数量に関しても買主の通知義務を課すことになっており、さらに、「契約不適合を知った時から3カ月以内」の通知が必要とされている点で、売主に有利に修正された条項です。

❹ 買主が契約不適合責任追及できる期間を引渡しから2年間にする定め

上記の定めは、実質的に引渡しから2年間が経過するまでに2項に定める通知を行えば契約不適合責任を追及できるという条項です。さらに、買主と売主が商人で、この条項が定められた場合には、本来適用される商法526条の定め（116ページ）の適用をも排除すると考えられます。

損害賠償請求に関する条項

債務不履行がある場合の損害賠償請求

民法では、契約をした相手方が契約で定めた債務を履行しない場合や相手方の故意または過失がある場合などいわゆる債務不履行がある場合に、その損害を被った側が契約をした相手方に対して、損害賠償請求をすることができると定めています。なお、契約不適合のある目的物や権利を渡すことも、債務不履行の一種と考えられており、民法でも、契約不適合責任追及の1つの方法としても買主は損害賠償請求権の行使が可能です。

例えば、AがBに対して「●年●月●日まで、Aが居住するための家屋Xを引き渡す」という不動産売買契約を結んだのに、その日までに家屋Xが引き渡されない場合、Bはそれにより仮の住居で生活するための家賃を支払わなければならないといった損害が生じます。このように、家屋XをBに引き渡すというAの債務に不履行があったことでBに損害が生じた場合、BはAに対して損害賠償を請求することができます。

損害額をどのように算定するか

実際の損害賠償の場面で多く問題になるのは、損害額の算定です（また、損害賠償請求が可能かという点もよく問題となります）。

裁判となった場合、被害を受けた当事者が損害額を立証する必要があり、立証に成功した損害額について損害賠償が認められます。

そのような損害額の立証は難しいこ

とも多くあります。そのため、裁判においてそのような立証をする手間を省き確実に損害賠償を獲得できるようにするために、あらかじめ契約書に、当事者の一方に債務不履行があった場合の損害額を定める条項、あるいは、債務不履行により損害が生じた場合に損害額の算定ルールを定める条項を設けることがよくあります。

✎ 債務不履行があった場合に備える条項例

● 目的物引渡し債務の不履行の違約金①

第●条（目的物引渡の際の履行遅滞の違約金）

売主が、本契約第●条で定める期限までに買主へ目的物を引き渡さない場合、❶ 売主は、買主に対して、当該期限の翌日から引渡しを完了するまで、一日あたり●●円の損害を支払わなければならない。

---

❶ 目的物の引渡し義務の遅滞による違約金の定め

この規定は売買契約における売主の引渡し義務が期限までに履行されない場合に、買主が売主へのペナルティを請求することを容易にするため、1日あたりの違約金を定めたものです。このような条項を定めることで、期限に遅れて履行されたことさえ立証すれば、売主は、買主に1日あたりの違約金の請求をすることができます。この例のような違約金は、「損害賠償の予定」といわれ、違約金より実際の損害額が少ない（損害がない）場合でも、売主は、契約書で規定された違約金を支払わなければなりません。逆に違約金で定める以上の損害が生じても、買主は違約金以上の損害賠償ができない点で注意を要します。

● 目的物引渡し債務の不履行の違約金②

第●条（目的物引渡の際の履行遅滞の違約金）

1 売主が、本契約第●条で定める期限までに買主へ目的物を引き渡さない場合、売主は、買主に対して、金●●円の違約金を支払わなければならない。❷

❸ ── 2 売主が目的物を本契約第●条に定める期限までに引き渡さないことにより、前項の違約金を超える損害が発生した場合には、買主は、上記違約金を超過した損害についても損害賠償を請求することができる。

---

❷ 遅延による違約金の定め

上の条項と同様に売買契約における売主の引渡し義務が期限までに履行されない場合の違約金を定めるものですが、損害金額を確定金額で記載するものです。

❸ 違約金を超える損害賠償請求

上の条項とは異なり、2項に、違約金を超える損害賠償請求が可能である旨の定めがあるため、買主は、違約金を超える損害があることを立証すれば、それを超える損害賠償請求を請求することができます。

●金銭支払債務の不履行の場合の遅延損害金

第●条（目的物引渡の際の履行遅滞の違約金）

④ 　買主が、本契約に基づく代金債権を第●条で定める期限までに支払わないときは、買主は、売主に対して、当該期限の翌日から支払い済みまで、年率10%の割合による遅延損害金を支払わなければならない。

④ 金銭支払債務の不履行の場合の遅延損害金に関する規定

売買契約における買主の未払い代金について年率10%の遅延損害金を課す条項です。金銭債務について、期限に遅れた場合は、民法上、遅延利息（年3%）が発生することが定められていますが、それより大きい年10%の割合による損害金を定めている点で、売主に有利な規定としています。

損害賠償の上限と間接損害・逸失利益の免責

　損害賠償責任を負う場合、債務を履行する側は、債務不履行の内容によっては、連鎖的にさまざまな損害が発生し、場合によっては際限なく損害賠償責任を負うことになりかねません。

　そこで、債務を履行する側を保護するため、契約書に損害賠償の上限額に関する規定を定める場合があります。これにより債務の履行者は自分の負う責任の範囲を事前に見積もることが容易になります。システム開発契約や建物などの工事請負契約などでは、契約書に、請負代金額を損害賠償の上限として、仮に債務不履行があっても、自分が受け取った代金以上の損害賠償は支払わないとする条項を設ける例がよく見られます。

　また債務不履行があった場合に間接損害・逸失利益を免責する規定を契約書に定めることがあります。

　間接損害とは直接の被害者ではない者に派生して生じる損害（被害会社のグループ会社に生じた損害など）を意味します。逸失利益とは「債務不履行がなければ、得られたはずの利益」を意味します。例えば、AがBにある商品を売買する契約において、Aが期限までに商品を引き渡さずにBが商品を転売できず、利益を得ることができなかったという損害が「逸失利益」です。

　民法の損害賠償の規定に基づく場合、間接損害や逸失利益についても損害賠償の対象となってしまうことがあります。間接損害・逸失利益を損害賠償に含めると損害賠償額が大きくなるため、債務を履行する側を保護して、これらを損害賠償の範囲から除くと規定する条項が実務上よく見られます。

✎ 損害賠償の上限を定める規定

> **第●条（損害賠償）**
> 1　契約の当事者の一方が本契約に違反した場合、相手方は、損害賠償請求することができる。
> 2　前項の各当事者の負う責任は、金●●円を上限とする❶。ただし、損害賠償を負う当事者の故意または重過失がある場合には、この限りではない❷。

❶ 損害賠償の上限を定める規定

損害賠償の上限額を定めるもので、損害賠償の予定とは異なり、請求者による損害額の立証が必要となります。この例では、上限額を確定金額で定めていますが、上限額を売買代金額や請負代金額とするケースもよく見られます。

❷ 損害賠償の上限を定める規定の例外

❶の規定により、損害賠償請求をする側としては、上限を超えた損害賠償の請求ができないという制約が生じます。そこで契約不履行の側の故意・重過失による契約違反については、損害賠償の上限を超えて損害賠償請求する旨の規定を置くことがあります。

✎ 間接損害・逸失利益を除外する

> **第●条（損害賠償）**
> ❸契約の当事者の一方が本契約に基づく債務を履行しない場合、相手方は、直接かつ現実に生じた通常の損害（間接損害・逸失利益等を除く）に限り、損害賠償請求することができる。

❸ 間接損害・逸失利益の損害賠償義務を免責する規定

直接かつ現実に生じた通常の損害に限り賠償する旨を宣言し、さらに、括弧書きで間接損害・逸失利益が損害賠償の範囲から除外されることを記載しています。ただし、間接損害や逸失利益という文言は定義があいまいで、実際に生じた損害が、間接損害や逸失利益に該当するかをめぐって紛争が生じる可能性がある点には留意が必要です。別途定義規定などを設けることや損害賠償の上限に関する規定も合わせて設けることが望ましいといえます。

第三者からのクレーム等に備える条項

第三者からのクレーム等に関するルールを決めておく

契約の実施の過程や結果により、第三者の権利が害された場合、第三者から契約当事者のいずれかに対してクレームや法的要求がなされる可能性があります。例えば、AがBに対して、Bが一般消費者に販売する商品Xの部品を製造して販売する契約を締結する場合です。商品Xに不具合があってユーザーからBに対してクレーム・損害賠償請求が来る場合、第三者から特許侵害の差し止めを受ける場合などが考えられます。

このような場合に備え、AとBのいずれがクレームに対応するのか、またその際に要する費用をどちらが支払うのかを定めた条項を契約書に入れておくと、責任を明確にできます。

製造物責任に関する規定を設ける場合もある

特に一般消費者向けに物を製造する場合などは、製造物責任法に基づく損害賠償請求に備える規定が典型的な例です。

契約は当事者間にしか効力を特たないため、当事者間で、例えば「Aは製造物責任を負わない」といった条項を設けても、第三者である消費者との関係では、意味がありません。また、製造物責任は、製造者だけではなく、加工者や輸入者も負担することになっており、複数の主体が損害賠償を負う可能性があります。そのため、製造物責任を負いうる主体の間の契約において、製造物責任を負う場合の負担者や負担割合を定めておくことが重要と考えられます。

Keyword **製造物責任法** 製造物の欠陥が原因で生命、身体または財産に損害を被った場合に、被害者が製造業者等に対して損害賠償を求めることができることを規定した法律。一般消費者は直接契約関係がない製造メーカーに対しても、損害賠償請求ができる。

◆ 第三者からのクレーム等に関する条項

> **第●条 （第三者からのクレーム等）**
>
> ❶ 1　買主は、本商品が、第三者の権利を侵害したとして、第三者からクレーム、請求、訴え等の紛争（以下「第三者との紛争」という）が生じた場合、買主は、直ちにこれを売主に通知しなければならない。
>
> ❷ 2　第三者との紛争について、買主は、売主の指示がある場合には当該指示に従ったうえ、売主に何らの迷惑をかけず、買主の責任と費用負担によりこれを解決し、第三者に対しその損害を賠償しなければならない。
>
> ❸ 3　売主は、第三者との紛争について、一切その責任を負わないものとし、万一、売主が、第三者に対し何らかの金員を支払った場合には、買主は、売主に対し、損害を賠償しなければならない。

❶ 買主の通知義務

まず、本商品に関して、買主に対して第三者からクレーム、請求、訴えなどの紛争が生じた場合に、売主に対する通知をすることを規定しています。

❷ 買主の紛争解決義務

第三者との紛争に関して、売主が買主に指示をすることができ買主がこれに従うこと、また、第三者からの紛争は、買主の責任と費用負担において解決し、損害賠償は買主が行うことが定められています。

❸ 第三者との紛争に関する売主の買主に対する損害賠償請求

❷の定めはあっても、売主が第三者から損害賠償請求をされた場合に、売主が必ずしもその請求を拒めない場合も考えられます。例えば、第三者である消費者は製造物の欠陥により人の生命、身体または財産に係る被害が生じた場合には、売主と買主のいずれにも損害賠償請求できることがあります。❸の定めは、そのように売主がやむを得ず第三者に損害賠償をしなければならない場合でも、その支払った費用を買主に請求できることをあらかじめ定めておく規定です。

履行の担保に関する条項①（人的担保）

人的担保（保証人）とは何か

人的担保とは、保証人のことを意味します。保証人とは、契約当事者ではない者で、契約当事者の負う債務について履行する責任を負う者をいいます。連帯保証人はここにいう保証人の一種です。

例えば、AがBに100万円を貸し付ける金銭消費貸借契約においてCがBのAに対する100万円の返還債務を連帯保証する場合、C（連帯保証人）は、B（主債務者）とともに、100万円をA（債権者）に返還する義務を負うことになります。債権者であるAからす

ると、仮にBが返済できなくてもCから貸金を回収できる点で、契約が履行される担保を得たことになります（その意味で、人的担保と呼ばれます）。連帯保証人となるCからすると、自身が契約当事者でないにもかかわらず、大きな責任を負うことになります。

なお、保証人となる契約は、本来の契約（上記例でいうAとBの金銭消費貸借契約）の一部ではなく、保証人と債権者との間の別途の保証契約（AとCとの間の保証契約）として取り扱われます。

保証人を保護するためのさまざまな法規制

保証契約を締結することは、保証人にとっては大きな負担となるものです。そのため、保証人を保護するため、保証契約を締結する際には、さまざまな法規制があり、これをクリアする必要があります。まず、契約を締結する際に契約書は必ずしも必要ではないと述

べましたが（20ページ）、保証契約では、契約書の作成が民法上必須とされており、書面でない保証契約は無効となります。また、それ以外にも、属性や契約に応じて、さまざまな規制がなされており、これに適合する形で契約書を作成する必要があります。

Keyword **連帯保証人** 主債務者が第一次的に弁済の責任を負う単なる保証人と異なり、基本的にいつでも債権者からの弁済の請求があれば、これに応じなければならない。

民法における保証契約を締結する際の保証人を保護するための規制の概要

対象となる保証契約	民法上の規制の内容
すべての保証契約	書面で保証契約を締結しなければ無効
法人でない者が行う根保証契約（一定の範囲に属する不特定の債務を主たる債務とする保証契約）	極度額（保証人が責任を負う上限額）を定めなければ無効
法人でない者※が、主債務者が事業のために負担した貸金等債務を主たる債務とする保証契約等	公証役場で作成する公正証書で保証契約を締結しなければ無効
法人でない者が、事業のために負担する債務を主たる債務とする保証契約を締結する場合等において、主債務者者の委託を受けて保証人となる場合	主債務者者は、「財産及び収支の状況」「主たる債務以外に負担している債務の有無並びにその額及び履行状況」などを保証人に情報提供する義務を負う

※法人の取締役や過半数を有する株主など一定の場合は除く

保証条項の条項例

第●条（保証人）　❷
❶ 丙は、甲に対し、本金銭消費貸借契約に基づき乙が甲に対して負う債務を連帯保証する。

❶ 保証契約は書面で行う

甲と乙が金銭消費貸借契約を締結する際に、丙が連帯保証人となる条項例です。保証契約は、債権者甲と保証人丙との間の契約です。書面で行うことが必要となるため、丙を契約当事者として契約書を作成する必要があります。このとき甲と乙との間の金銭消費貸借契約書とは別に甲と丙で保証契約書を作成することでもよいですが、当該金銭消費貸借契約に、甲と乙のみならず、丙も当事者として加え、丙が乙の負う債務の連帯保証人となる旨の条項を定めてもよいです。この例は後者を想定した条項です。

❷ 保証する意思といかなる債務が保証の対象か明確にする

保証する意思があること（連帯保証である場合には連帯保証をする意思があること）、さらに、いかなる債務が保証の対象となる債務（主債務）なのかを明確にする必要があります。

実務上は、単純な保証とすることはほとんどなく、連帯保証とすることが一般的であるため、この例でも連帯保証としています。保証人の属性や根保証を内容とする保証契約では、上表のとおり、公正証書の作成や限度額の定めが必要となる点は留意が必要です。この例ではこれらの適用がないことを前提としています。

履行の担保に関する条項②（物的担保）

物的担保とは何か

前節で説明した人的担保のほかにも、契約にはさまざまな担保の手段があります。物的担保は、基本的に、債務者等から提供された物を担保として確保しておく方法です。債権者は債務が履行されない場合に、その物の価値をお金に換えて（「担保権の実行」）未払債務の履行にあてます。

物的担保には、民法など法律上の定めのある典型担保と、法律上の定めがない非典型担保があります。典型担保は、法律の定めが強行規定となると考えられており、担保の設定・実行において法律に反する定めは認められません。一方、非典型担保は公序良俗等に違反しない限り、当事者間の合意で自由に担保の内容を決められます。

物的担保の代表例として、土地や建物といった不動産に抵当権を設定することが挙げられます。

抵当権が設定されると、不動産の登記にも抵当権が設定されたことが表示されます。その場合でも、抵当権を設定した者は不動産を利用できますが、債務者が債務を弁済できない場合は、債権者は抵当権を実行できます。抵当権の実行は、裁判所を通じて土地と建物を競売し、その対価を被担保債権の弁済にあてることなどが法律で定められています。

物的担保の契約書での定め方

担保権を設定する契約では、条項において誰（担保権設定者）が、誰（担保権者）のため、どの物に（担保目的物）、いかなる債務（被担保債権）を担保するために、どのような担保権を設定するのかを明確に規定する必要があります。具体的な条項例は130〜131ページに複数のケースを掲載していますので、参考にしてください。

Keyword **根抵当権** 抵当権の一種。一定の範囲に属する複数の債務を極度額の範囲において担保する抵当権のこと（複数の債務が極度額の範囲で被担保債権となる）。

典型担保と非典型担保の代表例

典型担保	①契約によって発生する担保	抵当権	不動産の価値を抵当権者のために担保として提供する。抵当権設定者は、抵当権が実行されるまでは、不動産を利用できる。根抵当権が一般的に用いられることが多い
		質権	不動産・動産を質権者のために担保として提供する。質権設定者は、原則として物の占有を失う。株式や権利を質権の対象とすることも可能
	②法律上の要件を満たすことにより自動的に発生する担保	留置権・先取特権	法律上の条件に合致する被担保債権について、一定の物に法律上発生する担保権
非典型担保*		譲渡担保	不動産・動産などを担保のために譲渡担保権設定者から譲渡担保権者に物を形式的に譲渡する
		所有権留保	ある物を売主が買主に売る際に、分割払いとする場合に、所有権の名義を売主のままとする
		保証金	一定の金銭債権の履行を将来求める場合に備えて、事前に金銭を差し入れさせる **

＊いずれも契約によって発生する担保
＊＊賃貸借契約において賃借人が賃貸人に敷金を差し入れることが典型だったが、2022年の民法改正で民法上敷金の規定がおかれるようになった

抵当権、譲渡担保、保証金のイメージ

●抵当権

AがBに債権を有する（被担保債権）

A　土地Xに抵当権を設定　B

・抵当権が登記される
・Bは実行されるまで土地Xを利用できる

抵当権の対象となる不動産について、競売された代金を被担保債権の弁済に充てることや裁判所が選任する管理人に不動産を管理させ、その収益を被担保債権の弁済にあてることが可能。さらに、不動産の売却、賃貸、滅失または損傷によって抵当権設定者が受ける金銭を被担保債権の弁済にあてることも可能

●譲渡担保

AがBに債権を有する（被担保債権）

A　機械Xに譲渡担保を設定　B

・形式上Aの所有物となる
・Bは実行されるまで機械Xを利用できる

●保証金

AがBに債権を有する

A　保証金を差し入れる

・債務不履行がなければ返還される
・債務不履行があれば、その分が保証金から差し引かれる

📝 抵当権を設定する場合の条項例

●乙が、甲に対するある契約に基づく債務の担保として、乙の所有する不動産に抵当権を設定する場合

第●条（抵当権設定）

❶ 1　乙は、甲に対して、本契約に基づく債務の一切を担保するため、その所有する別紙物件目録記載の土地に対して、第●順位の抵当権を設定する。

❷ 2　乙は、甲に対し、●年●月●日、前項の抵当権設定の登記手続のために必要な一切の書類を交付しなければならない。

---

❶ 抵当権を設定する合意

乙が担保権設定者として、甲という担保権者のために、乙の所有するある不動産に対して、ある契約に基づく債務を被担保債権として、抵当権を設定する契約条項例です。なお、抵当権は、被担保債権の債務者以外の者が担保を提供することもできます。

また、抵当権は、譲渡担保や保証金などの非典型担保と異なり、抵当権の実行方法やその他規定は民法で定められているため、それらに関する規定は設けなくてもかまいません（民法に反する規定を定めても無効となります）。

❷ 抵当権の登記手続

抵当権は、登記をしなければ、抵当権の目的とした不動産が第三者に売却された場合に、抵当権の存在を対抗できず、抵当権を実行できないことになりかねません（逆に登記をしておけば、不動産が第三者に売却されても、抵当権を実行することが可能です）。そのため、登記手続きに必要な書類を乙が甲に提供する義務を記載しています。

📝 譲渡担保を設定する場合の条項例

●乙が、甲に対するある契約に基づく債務の担保として、乙の所有する高価な機械 X について譲渡担保を設定する場合

第●条（譲渡担保）

❸ 1　乙は、甲に対して、本契約に基づく債務の一切（以下「本債務」という。）を担保するため、その所有する別紙機械目録記載の機械（以下「本機械」という。）を譲渡する。乙は、本契約締結日をもって、占有改定の方法により本機械を甲に引き渡すものとし、以後乙は、甲のために、本機械を占有するものとする。

❹ 2　甲は、乙が本契約に基づく債務を履行しない場合、事前に通知又は催告することなく、本機械を甲が適当と認める方法、時期、価格等によって任意に処分することができるものとし、その処分代金から処分に要した諸費用を控除した金額をもって、本債務の全部または一部に充当することができる。

---

❺ ┌ 3　甲は、前項によるほか、甲が適当と認める価格、時期等によって、本債務
　└ 　の全部又は一部の弁済に代えて本機械に関する一切の権利を取得できる。

❸ 譲渡担保を設定する合意

乙が譲渡担保設定者として、甲という譲渡担保権者のために、乙の所有するある機械に対して、ある契約に基づく債務を被担保債権として、譲渡担保を設定する契約条項例です。機械は不動産ではないため抵当権の設定はできず、質権とすると甲への現実の引渡しを要すると考えられており、乙が占有を続けることができません。非典型担保である譲渡担保とすれば、乙は、機械の占有を続け利用できる状況を継続しつつ、甲が機械の価値を担保として確保することができます。

❹ 譲渡担保権の実行方法（処分清算型）

譲渡担保については、担保権の実行の方法についても、柔軟に設定することができます。2項では譲渡担保権者が任意の方法により譲渡担保目的物を売却し、その売却費用を被担保債権の弁済に充てる方法（処分清算型）について規定しています。

❺ 譲渡担保権の実行方法（帰属清算型）

譲渡担保権者が自ら譲渡担保権目的物を自己の所有物とし、その価格に相当する額を被担保債権の弁済に充てる方法（帰属清算型）について規定しています。この例では、処分清算型（2項）と帰属清算型（3項）の両者選択できる条項としています。

✎ 保証金を差し入れる条項例

●乙が、甲に対するある契約から生じる債務の担保として、保証金を差し入れる場合

第●条（保証金）

　1　乙は、甲に対して、本契約に基づく債務の一切（以下「本債務」という。）を担保するため、金●●円を保証金として交付したことを確認する。

❻─ 2　甲は、本契約が終了した場合、遅滞なく、保証金の全額を無利息で乙に返還しなければならない。ただし、甲は、本債務の不履行が存在する場合には、当該債務の額を保証金から差し引くことができる。

❻ 保証金の差し入れに関する規定

乙が、甲に対して、保証金を差し入れる条項例です。契約終了時、乙に債務不履行があった場合には、甲は保証金から損害額を差し引き、残金は契約終了時に甲から乙に返還されます。

弁護士法72条とAIによる
契約書審査サービス

AIによる契約書審査サービスと弁護士法72条

　昨今、人工知能（AI）技術を活用して、契約書を審査するサービスが登場し、企業を中心に導入が進んでいます。サービスによって内容はさまざまですが、例えば、契約書をAIに読み込ませると、契約書の各条項のリスクを指摘してくれたり、より有利な条項案を提示してもらうことができます。

　他方で、以前から、このようなAIによる契約書審査サービスは、弁護士法72条に抵触するのではないか、という議論がされていました。弁護士法72条とは、いわゆる非弁行為（弁護士等以外の者が弁護士のみが取り扱うことを許される法律事務等を取り扱うこと）を禁止する法律です。これは、弁護士等以外の事件屋と呼ばれるような者が他人の法律事務に介入すると、法律秩序が乱れ、国民の公正な法律生活が侵害される可能性があることから、①弁護士等でない者が、②報酬を得る目的で、③訴訟事件等の法律事件に関し、④法律事務を取り扱うことを禁止するものです。違反すると、刑事罰の対象となります。

法務省のガイドライン

　上記のような議論があったことから、AIによる契約書審査サービスの利用を躊躇する企業もあったようですが、2023年8月に法務省から、「AI等を用いた契約書等関連業務支援サービスの提供と弁護士法第72条との関係について」というガイドラインが公表されました*。このガイドラインでは、弁護士法72条の解釈・適用は、最終的には裁判所の判断に委ねられるという前提はあるものの、弁護士法72条から許容されるサービスの例、あるいは抵触する可能性のあるサービスの例などが示されており、これらサービスを提供する企業やその利用を検討する企業にとって、参考となる内容となっています。

　＊ https://www.moj.go.jp/housei/shihouseido/housei10_00134.html

Chapter**6**

契約書の内容③
共通する一般条項

第6章では、多くの契約書において定められることの多い一般条項について解説します。一般条項の多くは想定していない事態や望ましくない事態が生じたときに備えて規定するもので、適用される機会は少ないですが、いざ適用される場合は当事者に重大な影響をもたらす可能性があります。

一般条項とは何かを知ろう

一般条項とは

契約の種類や具体的な内容に関係なく、多くの契約書において定められることの多い標準的な条項を（契約書における）一般条項といいます。多くは契約書の一番最後の部分に記載されています。具体的な条項の例は右ページの表のとおりです。

広義では、第5章で説明した契約の効力に関する条項や、契約の履行に問題が生じた場合に備える条項を含みますが、この章では狭義の一般条項を説明します。定めている内容はほぼ共通・類似しており、理解しておけば多くの種類の契約書において使える法的知識となります。

ほとんどの一般条項は、日常で想定していない事態や望ましくない事態が生じたときに適用されるものです。常に契約の履行に用いられる条項に比べると役立つ機会は少なく、契約書の最後に記載されていることもあって、軽視されがちです。しかし、いざ適用される場面になると、当事者に重大な影響をもたらす可能性があります。

一般条項の内容は類似しているとはいえ、契約によりさまざまな内容のパターンが存在します。多く契約書をつくる会社では、自社にとってもっとも望ましい一般条項の定め方（パターン）を決めている場合もあります。

一般条項の内容

狭義の一般条項のうち、契約書で定められることの多い条項については、次節以降で詳しく説明していきます。ほかには、契約書の内容の一部が無効とされる場合であっても他の条項は分離して合意として有効とする条項（分離可能性に関する条項）、戦争や災害等により債務不履行が生じた場合であっても免責される旨を定める条項（不可抗力に関する条項）、契約の各条項のうち一部の条項には法的拘束力がない旨を定める条項（契約書の法的拘束力に関する条項）などがあります。

✐ 広義の一般条項と狭義の一般条項

広義の一般条項

1 契約期間（有効期間）を定める条項 `5-02`
2 中途解約を定める条項 `5-03`
3 契約の解除を定める条項 `5-04`
4 「反社」条項 `5-05`
5 履行の担保に関する条項 `5-10・5-11`
6 契約不適合責任に関する条項 `5-07`
7 契約当事者間における損害賠償についての条項 `5-08`
8 第三者からのクレーム等に備える条項 `5-09`

狭義の一般条項

9 合意管轄条項 `6-02`
10 仲裁条項 `6-03`
11 契約の変更に関する条項
12 権利等の移転を禁止する条項 `6-04`
13 契約終了時の措置等に関する条項
14 完全合意条項 `6-05`
15 秘密保持に関する条項 `6-06`
16 準拠法条項 `6-07`
17 分離可能性に関する条項
18 不可抗力に関する条項
19 契約書の法的拘束力に関する条項
20 通知に関する条項
21 契約締結等にかかる費用に関する条項
22 誠実義務を定める条項 `6-08`

第6章 契約書の内容③ 共通する一般条項

契約の相手方を信用できない状況になったり、取引の過程で紛争が生じた場合のときなどに一般条項が役立つことになります。

合意管轄条項は紛争のときの裁判所を決める

- 管轄には、法定管轄、指定管轄、応訴管轄、合意管轄がある
- 合意管轄は民事裁判における当事者のコストを削減するための手段

管轄とは民事裁判をどこの裁判所で行うかの問題

管轄とは、当事者間で民事裁判を行う場合、どこの裁判所で行うのかということをいいます。法定管轄、指定管轄、応訴管轄、そして合意管轄の4種類があります。

法定管轄とは、当事者の合意等がなくとも、法律の規定により、特定の裁判所の管轄権が生じることをいいます。例えば、当事者の合意等がなければ被告の普通裁判籍の所在地を管轄する裁判所に認められます。

指定管轄とは、①管轄裁判所が法律上または事実上裁判権を行使できないとき、あるいは②裁判所の管轄区域が明確でないため管轄裁判所が定まらないときに、上級裁判所が定めることによって発生します。

応訴管轄とは、被告が第一審裁判所において管轄違いの抗弁を提出しないで本案について弁論をし、または弁論準備手続において申述をしたときにその裁判所に認められます。

合意管轄条項を定めておくと後のコスト削減に

合意管轄とは、当事者間で合意により決定した管轄のことをいいます。当事者は、第一審に限り、合意により管轄裁判所を決めることができます。なお、合意管轄のための合意は、法律上、書面または電磁的記録することが求められています。

合意管轄によって、法定管轄等が認められない裁判所であっても民事裁判を行うことができることになります。したがって、契約上、合意管轄条項を定め、管轄合意をしておくことで、紛争が生じた場合の解決手段として民事裁判手続を選択した場合に発生する、手続遂行のための労力や費用といった、広い意味でのコストを削減するというメリットを確保する意味を持ちます。つまり、当事者双方、あるいは一方の係争担当者や弁護士が常駐している場所に近い裁判所を選んでおけば、移動などの手間がかからないというわけです。

合意管轄の条項例

第●条（専属的合意管轄）　❶
　本契約に関して生じた紛争については、甲の本店所在地を管轄する地方裁判所を、第一審の専属的合意管轄裁判所とする。
　❷

---

❶ 合意管轄の対象とする裁判所

合意管轄は、当事者の合意により成立するため、最終的には、両当事者の納得の下、定めることとなりますが、まずは、自身にとって都合のよい裁判所（例えば、法人である場合には自己の本店所在地や営業所の所在地を管轄する裁判所、個人である場合には自己の住所を管轄する裁判所等が通常想定されます）で合意管轄ができないか、相手方に提案するのが一般的です。

この例では、具体的な地方裁判所名を特定しない記載をしていますが、「東京地方裁判所」等のように、地方裁判所名を特定して記載することも多いです。

❷ 専属管轄とするか否か

合意管轄には、「専属的合意管轄」と「付加的合意管轄」があります。

専属的合意管轄：合意により定めた裁判所のみに管轄を認めて、その他の裁判所の管轄を排除すること。

付加的合意管轄：法定管轄に加えて、合意により定めた裁判所においても民事裁判を行うことができるようにすること。

契約書上、合意管轄条項を設けるにあたっては、いずれの趣旨であるのか明記しておく必要があります。この例では、通常一般的である「専属的合意管轄」を想定した記載としています。

「付加的合意管轄」とする場合には、❷の下線部を、単に「第一審の合意管轄裁判所」と記載するか、「専属的」を「付加的」「非専属的」に置き換えて記載してもよいです。

なお、法定管轄が認められる裁判所について専属的合意管轄をする場合も、専属管轄であることがわかるよう、明記しなければなりません。

＋ONE　｜　その他の管轄の種別

左ページでは、管轄権の発生根拠という観点から、管轄の種別を説明しました。その他の観点からの管轄権の類型としては、いかなる目的を実現するために管轄を定めるかという観点（職分管轄、事物管轄、土地管轄）や、上記で触れた、強制力の有無の観点（専属管轄、任意管轄）から区別することができます。

仲裁条項は民事裁判によらない紛争解決を望むとき

POINT

● 仲裁は当事者間の仲裁合意に基づいて行う紛争解決手続
● 仲裁合意がある場合、訴訟による解決は原則できない

仲裁とは何か

仲裁とは、当事者が紛争についての判断を仲裁人に委ね、それに従うことにあらかじめ合意すること（仲裁合意）を前提として行われる紛争解決制度をいいます。仲裁条項とは、契約上、当事者間の紛争が生じた場合には仲裁手続によって解決するということをあらかじめ定めておく条項です。

当事者間の合意がなくとも、一方の当事者が訴訟を提起することで行うことができる民事裁判と異なり、仲裁は、仲裁合意があることを前提とする点に特徴があります。もっとも、民事裁判の確定判決と同様、確定した執行決定のある仲裁判断は債務名義（70ページ）となります。

仲裁条項を設けると訴訟による解決ができなくなる

仲裁条項を設ける場合は、特に留意すべきことがあります。仲裁合意の対象となる民事上の紛争については、訴訟手続による解決が原則できなくなることです。仲裁手続で紛争を解決するには、原則として書面による合意が必要ですが、契約書に仲裁合意の条項があれば足ります。そのため、契約書上、仲裁条項がある場合には、訴えを提起しても原則として訴えが却下されます。前節の合意管轄条項と同様に紛争の解決方法を定めていますが、効果は異なることに注意してください。

仲裁手続は、国際的な取引などを巡る異なる国同士の紛争の解決手段として多くが使われています（国際仲裁）。

仲裁機関は日本だけではなくさまざまな国に存在します。日本の仲裁機関としては、商事紛争に関する仲裁などを行う一般社団法人日本商事仲裁協会（JCAA）が挙げられます。また、パリに本部事務局があり、国際仲裁裁判所（ICC）が仲裁機関となる国際商業会議所日本委員会（ICC Japan）もあります。その他、知的財産権を巡る国際的紛争の解決に特化した仲裁機関である東京国際知的財産仲裁センター（IACT）もあります。

✏️ 仲裁条項の条項例

> **第●条（仲裁合意）**
> ❶ 本契約に関する一切の紛争については、●●（国）における●●仲裁機関により、同機関の仲裁規則にしたがって、仲裁により最終的に解決するものとする。
> ❷
> ❸　　　　　　　　　　❹

仲裁機関等

仲裁条項は、通常、以下の形式で定めます。この例でも、この形式に従って記載しています。

❶ いかなる紛争について、
❷ いかなる国のいかなる仲裁機関における仲裁手続により、
❸ いかなる仲裁規則に従って、
❹ 仲裁により解決する

> 上記に加えて、仲裁条項にて、仲裁人の人数や仲裁人の選任手続等を定めることも可能です。

＋ONE ｜ 民事裁判と比較した仲裁手続のメリット・デメリット

一般的に、仲裁手続のメリットとしては、その紛争の個別の事情に即して柔軟に手続を進められること、民事裁判と異なり上訴の制度がなく、紛争を迅速に解決できること、非公開の手続で行えること、当事者が仲裁人を選べることなどが挙げられます。一方で、デメリットとしては、一回限りの判断となるため、不利な判断を受けた場合でも承服せざるを得ないこと、仲裁人の費用は当事者が負担するため、費用が裁判よりも高額となる場合があることなどが指摘されます。

権利等の移転を禁止する条項は債務者を守るために

権利等の移転を禁止する合意がない場合

契約の当事者が、契約上の権利や義務、あるいは契約上の地位を第三者に渡す場合があります。これを本節では権利等の移転といいます。例えば、お金を貸した人が、利息や返済を受ける権利を誰かに売るなどです。

当事者間で権利等の移転を禁止する合意がない場合には、法律の原則に基づいて考えることになります。契約上の権利や義務を移転する方法としては、①債権譲渡、②債務引受、③契約上の地位の移転が挙げられます。

①債権譲渡とは、契約上の権利を移転する場合を想定しています。債権譲渡は、債務者の承諾なくして行うことができるのが原則です。

②債務引受とは、契約上の義務を移転する場合を想定しています。債務引受は、併存的債務引受と免責的債務引受に分けられますが、いずれであっても、債権者の承諾（債権者との合意）がなければ行うことができません。

③契約上の地位を移転する場合も、相手方の承諾が必要となります。

権利等の移転を禁止する条項の意味

①の債権譲渡は、債務者としては自らが関与しないところで、予期せず契約上の債務（権利）が債権者から第三者に移転される可能性があります。債務の履行相手がわからない、移転先の第三者が信頼できないといった事態を防ぐために、権利等の移転を禁止する条項を設けておくことは効果的です。

一方、②債務引受や③契約上の地位の移転は、原則が相手方の承諾（当事者間の合意）がなければ行うことができないため、同様の条項を定めても法律上の規定の確認的な意味しかありません。

Keyword **併存的債務引受** 引受人が債務者と連帯して、債務者が債権者に対して負担する債務と同一内容の債務を負担すること。

✏ 権利等の移転を禁止する条項の条項例

> **第●条（権利等の譲渡禁止）**
> 　甲及び乙は、相手方当事者の事前の書面による承諾なくして、本契約上の地位を移転し、または本契約により生じた自己の権利義務の全部若しくは一部を第三者に譲渡し、第三者の担保に供してはならない。　❶　❷

❶ 相手方の承諾

相手方の承諾を要件とする場合は、承諾の方法および承諾の時期を検討する必要があります。承諾の方法とは、承認の方法を一定の方法（書面等）に限定するかしないか、承諾の時期とは、事前の承諾のみか事後の承諾も許容するかで、これらを限定する場合は契約上もその旨を明記しなければなりません。この例では、承諾の方法は書面に、承諾の時期は事前に限定しています。

なお、相手方が濫用的に承諾を拒絶し、本来想定していた利益を実現できないリスクが想定される場合には、その防止に「ただし、相手方は、正当な理由がない限り、承諾を拒むことができないものとする。」などと追記しておくこともあります。

❷ 移転禁止

本契約上の権利義務や本契約上の地位の移転を規制するほか、これらの行為に類する処分行為についても、合わせて規制することが多いです。この例でも担保提供行為を規制の対象としています。

＋ONE | 債権譲渡の対抗要件

左ページで説明したとおり、債権譲渡は自由に行うことができるのが原則です。一方で、民法上、対抗要件が定められています。具体的には、債権譲渡は、譲渡人が債務者に通知をし、または債務者が承諾をしなければ、債務者に対抗することができず、債務者以外の第三者（債権譲渡の当事者以外の者で、債権そのものに対して法律上の利益を有する者）には、当該通知または承諾を確定日付のある証書によって行わなければならないとされています。

Keyword 　**免責的債務引受**　債務者が債権者に対して負担する債務と同一内容の債務を引受人が負担し、債務者が自己の債務を免れること。

完全合意条項は契約書外の合意を無効にする

- 完全合意条項は英米法の考え方を踏まえて規定されるもの
- 完全合意条項により、契約締結前の合意が無意味となる

完全合意条項とは

英米法には「口頭証拠の法則（Parol Evidence Rule）」という考え方があります。これは当事者が書面によって契約を締結し、当該内容が当事者間の完全かつ最終的な合意であることを意図した場合には、その契約書の作成以前に契約書と異なる当事者間の交渉や合意等が仮に存在していたとしても、そ

れらは証拠として使えなくなるというものです。

この考え方のもとで契約において定められる完全合意条項とは、契約書に記載されていない契約交渉過程の当事者間の合意は契約に効力を及ぼさない旨の条項をいいます。

完全合意条項があると契約書以外の合意は無効

実際の裁判例でも、完全合意条項に照らして、契約書にはない合意を内容に含む契約の成立を否定した事案がみられます。

例えば、ある取引契約に関わる訴訟の事案では、被告が本件の契約締結時、原告担当者が被告に交付した書簡を根拠として、本件の契約には、信義則上、最恵待遇条項の合意が成立していた等と主張しました。しかし、東京地裁は、本件の契約には完全合意条項が設けられているため、仮に本件の契約締結前に、合意が成立していたとしても、本件の契約書に明記されていない条項を

含む契約が成立したとは認めがたいなどとし、合意の成立を否定しています（東京地判平成18年12月25日判例時報1964号106ページ）。

契約の締結に先立って、通常はさまざまな交渉過程や経緯をたどります。事案によっては、交渉過程等において、重要な合意や意思形成がされることもありますが、完全合意条項があると、契約書に記載されなかったことは無意味となります。契約の締結に至った重要な前提を欠くことも想定されますので、条項を設ける場合は注意が必要です。

> 第●条（完全合意）
>   本契約は、本契約に定める事項に関して、本契約の当事者間の完全な合意を構成するものであり、口頭であると書面であるとを問わず、当事者間の事前の全ての合意、表明及び了解に優先するものとする。

この契約書が、当該契約に定められた事項に関して当事者間の完全な合意を構成するもので、当事者間の事前の合意等（方法を問わない）に優先することを定めています。本文で説明したとおり、契約上、完全合意条項を定めるのに適した事案か、避けるべき事案かは、慎重に検討したうえで判断する必要があります。一般条項といって、侮ってはいけません。

なお、完全合意条項を置くことが望ましい契約でも、契約締結前に行った特定の合意についてのみ、契約締結後も有効に取り扱いたいこともあります。その場合は、例えば上の条項に「ただし、当事者が、契約交渉過程において、契約締結後も効力を有する旨書面にて合意した内容は除く」といった例外事由を記載しておくことが考えられます。

当事者間の取り決めは契約書のみによることを定めるものです。

第6章　契約書の内容③　共通する一般条項

＋ONE｜契約の変更方法を制限する条項と完全合意条項

完全合意条項と同時に、契約の内容を変更する方法を制限する（例えば、当事者間の書面による合意に限る）条項を定める場合があります。この契約において、契約締結後に、口頭で、「契約の変更方法を制限する条項を変更する（書面に限らない方法とする）」ことを合意をした場合でも、元の契約の内容を制限する条項によりこの合意は効力を持たないのかなど、この条項がすべての場面において有効性を持つのかには疑義があります。

秘密保持に関する条項で情報の漏洩を防ぐ

> **POINT**
> ● 契約関係にあっても、当然秘密保持義務を負うわけではない
> ● 相手方に秘密保持義務を負わせる方法は2つある

秘密保持義務と契約における2つの方法

秘密保持義務とは、通常、特定の情報（具体的には、契約上、秘密保持義務の対象として定められた情報）について、第三者に開示・漏洩せず、また特定の目的以外に使用しない義務をいいます。この義務を定めるのが秘密保持に関する条項です。

契約を遂行するにあたっては、契約関係にある当事者間において、相手方から情報開示を受けたり、契約の遂行過程で相手方の情報を知ったりします。このとき、情報の性質によっては、情報の主体の当事者は、第三者等へ情報を開示されず、当事者限りとしてもらうことが望ましい場合が当然想定されます。

しかし、契約関係にあるからといって、自己の情報に係る秘密保持義務が相手方に当然課されるわけではありません。そこで、秘密保持義務を相手方に課すことを合意しておく必要が生じます。

合意の方法は2つあり、①本契約書に秘密保持義務を定める条項を設けるか、②本契約書とは別に秘密保持契約書を締結します。ここでは、①の秘密保持条項を定める方法を説明します。②についてはPART3の契約書式例9「秘密保持契約書」で紹介します。

秘密保持義務の残存条項

契約の遂行過程で一方が開示等した情報について、例え、その契約が終了し、契約関係がなくなったとしても、その途端に情報を受領した他方当事者の秘密保持義務がなくなり、受領者が自由に情報を開示したり、契約上予定されていなかった目的に使用できたりし

てしまうと、相手方としてはやはり困ってしまいます。

そこで、実務上は、秘密保持義務を定める条項について、契約が終了した場合でも、その後一定の期間はこの条項の効力が残る旨の残存条項を別途設けることもよくあります。

秘密保持に関する条項の条項例

第●条（秘密保持）❶

　甲及び乙は、本契約の履行過程において知った相手方の一切の情報に関して、❷相手方の事前の書面による承諾なく、互いに第三者に開示してはならず、また、本契約の履行の目的以外に使用してはならない。ただし、以下のいずれかに該当する情報については、この限りではない。❸

①開示の時点において、既に公知となっていた情報

②開示後において、開示を受けた当事者の責めによらずして公知となった情報

③開示の時点において、開示を受けた当事者が既に保有していた情報

④開示を受けた当事者が法律または契約に違反することなく、第三者から開示された情報

⑤法令又は裁判所若しくは行政庁の命令により開示が要求された情報

---

❶ 秘密保持の対象となる情報

まず、秘密保持義務を課す対象となる情報を明確に定める必要があります。実務上、次のようなパターンが見られます。

・**およそ一切の情報を広範に対象とする**

「本契約の履行過程において知った相手方の一切の情報」など

・**ある程度対象を限定して定める**

「本契約の履行の過程において知った相手方の情報のうち、開示時に相手方から秘密である旨の書面による指定がなされた情報」など

この例では、前者を想定した記載をしています。情報の主体である開示当事者としては、より広範な情報を対象とすることが望ましいともいえますが、一方、何が対象になるのかが把握できず、その実効性が疑わしいという指摘もあります。個別の事案に応じて対象となる情報を定める必要があります。

❷ 相手方の承諾がある場合の取扱い

この例では、この文言によって秘密保持義務が課される場合であっても、情報の主体である相手方が書面で許諾する場合は、第三者に開示できるものと解釈されます（承諾の方法、承認の時期の定め方については141ページ参照）。

❸ 秘密保持義務の例外とする情報

秘密保持義務の対象となる情報でも、対象から除外すべき性質をもつ情報、あるいは秘密保持義務を課すことが望ましくないような場合に、例外的に秘密保持義務の対象外とする旨を定めることが多いです。この例では、一般的に対象外とされる情報（①〜⑤）を列挙しています。

準拠法は異なる国の当事者間では大切

準拠法とその条項を定める意味

法律関係を考えるにあたっては、どの国の法律が適用されるのかが問題となり、適用される法律のことを、準拠法といいます。

契約当事者がいずれも日本の法人や個人である契約においては、あえて準拠法の条項を定めておかなくとも、通常は日本法が適用されることを前提として法律関係が構築されます。あえて定める実益はあまりありません。

契約の相手方が異なる国の法人や個人で、渉外的要素を含む契約の場合には、準拠法がよく問題となります。準拠法の考え方は、さまざまな国において、それぞれ法律で示されています。日本では「法の適用に関する通則法」が定められていて、日本の裁判所が問題となる法律行為の準拠法を判断する際には、この法律に基づき検討します。例えば、この法律においても、当事者による選択がある場合は、それにより準拠法が決まるとされています。

この法律には、当事者による選択がない場合の一定のルール（考え方）は示されていますが、事案によっては一義的に決まらないことも想定されます。したがって、異なる国の当事者間で締結する契約では、トラブルが生じた場合に備え、前提となる準拠法を定める条項は大切といえます。

国際的な売買取引に適用されるウィーン売買条約

ウィーン売買条約という、国境を越えて行われる物品の売買に関して契約や当事者の権利義務の基本的な原則を定めた国際条約があります。当事者の国がいずれも締結国であるか、一方だけが締結国でも、締結国の法が準拠法とされる場合には、国際私法によりこの条約が適用され、場合によっては準拠法とは異なるルールが採用されます。日本は締結国であるため、国際的な売買取引を行う際にこの条約の適用を望まない場合には、契約上明示的に排除する文言を規定しておく必要があります。

準拠法を定める条項の条項例

> **第●条（準拠法）**
> 　本契約は、日本法に準拠して、日本法に従って解釈されるものとする。
> 　　　　　　❶

❶ 準拠法の選択

　当事者が選択した場合、選択した国の法律がその契約の法律関係における準拠法となります（「法の適用に関する通則法」7条）。日本の法人や個人の場合には、日本法を準拠法として選択することが一般的です。

　なお、準拠法の選択は無制限ではなく、一部の例外があるので留意が必要です。例えば、日本の「法の適用に関する通則法」が適用される法律関係において、仮に日本法以外の国の法律を準拠法として選択したとしても、公法（民事訴訟法、独占禁止法、金商法等）や絶対的強行法規（労働関係法規等）などとの関係では、準拠法の選択にかかわらず日本の法律が適用されると一般的に解されています。

契約書の内容だけでなく適用を受ける法律にも注意しましょう。

＋ONE　準拠法の選択がない場合の取扱い

「法の適用に関する通則法」において、当事者による準拠法の選択がないときは、原則、問題となっている法律行為にもっとも密接な関係がある地の法が準拠法となるとされています。一方で、消費者と事業者との間で締結される契約や労働契約においては別途の特例が設けられている等、法律行為や権利の性質ごとに取扱いが定められています。

誠実義務を定める条項は
当事者間の協議等の手かがり

- 一般的には具体的な義務を課すものではないと解される
- 当事者間で協議・検討を行う際の1つの「手がかり」として定める

誠実義務とその条項を定める意味

契約書において特に合意していない事項や、契約書上で合意した事項の解釈に相違が生じた場合に備え、当事者間で、別途、誠実に協議・検討・対応する旨の義務（誠実義務）を定める条項を設けることがあります。

誠実義務を定める条項は、法律上は具体的な義務を課すものではないと一般的に解釈されています。その理由は2つあります。

1つ目は「別途……定めるものとする」という部分です。契約＝合意である以上、別途に合意すれば、契約を変更したり、契約の内容を付け加えたりすることができるのは当たり前のことといえます。契約書に書くことに法律上の意味はありません。

2つめは「誠実に……する」という部分です。「誠実」という用語は日本語としてはともかく、法律的な意味からすれば、何が誠実で何が不誠実かの基準が不明確です。いかなる行為が必要とされるのかが明らかでなく、具体的な義務を課すものではないからです。

もっとも、契約書の条項だけでは判断できないことが生じた際、契約当事者間で協議・検討を行うための1つの「手がかり」になることがまったくないとはいえないため、実務的には定められることが多いのです。なお、明確に決まっているわけではありませんが、一般的には、契約書の最後の方に条項が設けられることが多いです。

誠実義務を定める条項と完全合意条項の関係

誠実義務を定める条項と完全合意条項（6-05）は、その意味を踏まえると、一見、矛盾する関係にも見えます。しかし、誠実義務はあくまで完全合意条項も含んだ契約について当事者が負う義務のため、必ずしも矛盾するわけではないと考えられます。実務上も、双方が1つの契約書に定められている例も見られます。

誠実義務を定める条項の条項例

> **第●条（誠実義務）**
> ❶ 本契約に定めのない事項及び本契約の内容の解釈につき相違のある事項については、本契約の趣旨に従い、別途、甲乙間で誠実に協議して、これを定めるものとする。 ❷

❶ 誠実義務の対象となる事項

誠実義務を定める条項の、誠実義務の対象となる事項としては、以下の２つが挙げられることが実務上多いです。

①**契約に定めのない事項**（＝契約上特に合意していない事項）

②**契約の内容の解釈につき相違のある事項**（＝契約上合意した事項で、当事者間で解釈に相違が生じた事項）

この例でも①②の２つを誠実義務の対象として記載しています。

❷ 誠実義務により求められる対応

誠実義務を受けた実務上の対応としては、「契約に定めのない事項や契約の内容の解釈につき相違のある事項が生じたら、当事者間で誠実に協議する」ことが一般的に求められます。

契約書で合意していない事項等について、当事者間の協議により解決することを促す効果が期待できます。

＋ONE | **当事者間で誠実に協議した後は……**

誠実義務に基づいて、契約に定めのない事項や、契約の内容の解釈につき相違のある事項について、まずは当事者間で誠実に協議をし、解決を目指すことになりますが、協議による話し合いの結果、これを解決できないことも当然想定されます。この場合には、訴訟や調停等、法的な手続きを利用して解決を目指すことを検討することになります。

PART 3

ケース別、契約書の読み方・つくり方

PART3では、代表的な契約書の書式例を掲載していま
す。書式例の冒頭には、その契約書の目的、当事者、合
意内容、締結時期・契約期間、必要となる主なケースを
表にまとめています。その契約の概要をまず理解し、次
に法律の知識と注意点を確認します。その後、書式例に
定められている条項の解説を読みながら、自らの事情に
合わせた契約書を作成していってください。

契約書式例集

契約書作成にあたっての基本的な考え方

条項作成にあたって、必ず備えるべき要素

契約書の条項作成にあたっての基本的な考え方ですが、まず契約書が証拠書面であることからすれば、契約書の各条項において必要なことは、第一に明確性、第二に十分性になります。

明確性については、契約書が証拠としてのちに用いられるものであるため、条項が定めている内容が明確でない場合には、その解釈をめぐってトラブルが発生してしまうことになり、契約書を作成した意味がほとんどなくなってしまうことになります。

十分性については、まず、契約書が契約の内容を証明する証拠であること、合意した内容はすべて契約書に記載されていることが必要です。さらに、契約書が合意を形成・確認するための手段（確認）として使われることから、同種の多くの契約書において一般的に合意されている事項については、都度の契約書においても記載して合意しておくという「意味の十分性」の検討も重要になります。

いかなる条項を設けるかについての基本的な考え方

いかなる条項を契約書に設けておくべきかは、**4-01**で説明したとおり、契約自由の原則から考えます。

まず、強行規定に違反する契約書の条項は無効となるため、設ける必要がありません。また、任意規定と同じ内容を定める条項は、論理的にはその必要がないことになります（**4-05**）。

したがって、契約書に設けるべき条項は、「法律に規定されていない事項」か「法律の規定が定めているけれども、今回の契約において異なる取り扱いをしたい事項」になります。契約書の作成において、いかなる条項を設けておくべきかを検討することは、もっとも大切なことです。実際に契約書（案）を作成する過程で、どの時点・段階で、契約書に設けておくべき条項を検討してピックアップするのかにつき、例を挙げているのが右ページの図です。

契約書（案）を作成する際の手順例

① 実際に取引を担当する部門からヒアリングまたは協議する

・事実関係の確認
・取引の目的の確認
・取引における実際の流れ
・発生する可能性のある事態の確認・検討　　　など

② 定めるべき条項について、十分性を確保しつつピックアップ

・法令抵触の有無の確認
・生じる可能性のあるリスクの内容の検討
・定めるべき条項のピックアップ　など

> 書式例の調達
> と利用

③ ドラフトの作成 ◁ 書式例の調達と利用

・具体的な条項の明確性を確保

必要に応じて、
❸・❹の繰り返し

④ 担当部門へのフィードバック

・実態との適合性
・実行可能性の有無の確認　　　など

⑤ 相手方当事者への原案の提示

 　❷の段階で十分性を、❸の段階で明確性を、
それぞれ確保できるように対応していくこと
となります。

契約書式例集

契約書式例の使い方

POINT
- 一般的な書式例は、丸写しで使うことは望ましくない
- 明確性、十分性を確認するために用いることが適切な使い方

各種契約書式例は、どのようにつくられているか

実際に皆さんが契約書の案文を作成したり、締結しようとする契約書案をチェックしたりする場合に、通常は、契約書の書式例を参照することが多いと思います。そこで、本書の書式例を含めた一般的な各種契約書式例の使い方について説明します。

契約書は、法律に基づくものではなく、民間の知恵としてつくられた証拠書面です。このため、私たちが目にす

る契約書の各種書式例は、通常、実際に締結された契約書の条項を基に作成されています。しかし、それらの各条項は当事者の交渉や力関係に加えてさまざまな事情を考慮してつくられているため、これを基に作成された各種書式例は、通常、どんな場合においても、また、契約におけるいずれの立場においても、そのまま用いることができる書式例にはなっていません。

各種契約書式例は、何のために参照するか

したがって、契約書の書式例の使い方としては、契約書において重要な二要素である、明確性を確認するとともに、十分性を担保するために使うことが適切です。そのまま丸写しすることは、通常、望ましい使い方ではありません。

まず、各種契約書式例のそれぞれの条項の書き方を参考として、条項例をつくったりチェックすることで、作成しようとする契約書の各条項の明確性

を確認することができます。

次に、各種契約書式例においていかなる事項について条項が設けられているのかをチェックすることにより、作成しようとする契約書の十分性を担保することができます。

このため、実際の契約書の作成にあたっては、1つの契約書式例のみならず、複数の契約書式例を参照することがより望ましいことになります。

◆ 契約書式例の利用方法

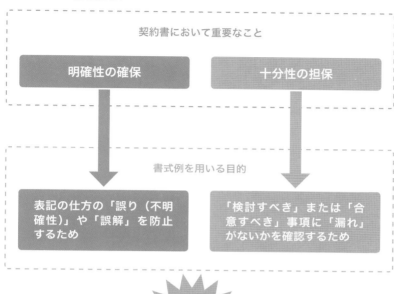

契約書において重要なこと

| 明確性の確保 | 十分性の担保 |

書式例を用いる目的

| 表記の仕方の「誤り（不明確性）」や「誤解」を防止するため | 「検討すべき」または「合意すべき」事項に「漏れ」がないかを確認するため |

決して、丸写しのためではない

一般的な書式例は、実際に締結された契約書を基に作成されているものである以上、実際の利用において、たった1つのものを「鵜呑み」にすることは危険です。十分性と明確性の双方を確保する観点からすれば、少なくとも複数の書式例を確認しておくことが適当です。

＋ONE ┃ **AIによる契約書レビュー・サービス**

現在、さまざまな事業者により、AIを活用した契約書レビュー・サービスが提供されています。サービスにより異なりますが、基本的な考え方としては、主として以下のような方法でチェックすることが多いと思います。

・契約書の種類ごとに、締結されることの多い条項を備えたサンプルの準備
・サンプルと比較して、実際に締結しようとする契約書案の条項が十分なものであるか、または、変更されている部分がないか

売買契約書

目的	一方が物を購入し、他方が物を売却して対価を得るため
当事者	物を購入したい人と物を売却して対価を得たい人 （企業間や企業と個人、個人間などさまざまなパターンが考えられる）
合意内容	売買
締結時期・契約期間	売買取引を行う前に締結するのが一般的
必要となる主なケース	・他者から物を購入し、自ら使う場合 ・他者から物を購入し、これをさらに第三者へ売却する場合 ・他者から原材料を購入し、製品を製造等する場合 ・対価を得て物を売却する場合　など

売買契約とは

「売買」の要素

売買契約とは、一方の当事者（A）が、他方の当事者（B）に対して財産権を移転することを約束し、それに対して他方の当事者（B）が一方の当事者（A）にその代金の支払いを約束することによって効力が生じる契約をいいます（民法555条）。この場合、Aが売主、Bが買主となります。

売買契約において移転する財産権は、通常は「物」の所有権です（所有権以外の財産権の例としては、地上権等の物権、債権、無体財産権などが挙げられます）。このため、売買代金の支払いと、財産権の移転（これに伴う引渡しや登記移転手続等が必要な場合は、これらを含みます）が、売買契約の主要な要素といえます。

なお、売買契約は典型契約であり、民法555条以下において、売買に関する規定が置かれているほか、商人間の売買に関しては、商法524条以下に特則が定められています。

Keyword **典型契約** 民法や商法等の法律で名前と型が定められている契約。例えば民法においては13個定められている。

売買契約では目的物の特定が重要

売買契約において重要なことは、売主が買主に対して移転する財産権の内容の特定です。この財産権には原則として制限はなく、有体物にも限られません。通常の所有権の移転の場合では、売買取引の対象となる物がどれか明確にわかるように、契約上移転しようとする「物」を特定する必要があります。

不動産を目的物とする場合には特に留意が必要

売買契約の目的物を不動産（土地や建物）とする場合には、特にその特定方法に留意する必要があります。売買契約上、不動産の特定は、私たちが日常で使用する住居表示（「住所」）ではなく、不動産登記簿上の表示により行うのが通常です（同じ土地や建物であっても、住居表示と不動産登記簿上の表示は異なります）。これは、法律上定められているわけではありませんが、住所表示においては不動産の範囲を画することができないなどの事情によるものです。

📝 **目的物の特定をしないと……**

売買の対象を具体的に特定しないと、何が目的物であるのかがわからない

A さん（売主）　　　　　　　　　　　　　　　　B さん（買主）

売買契約は有償契約の典型例

有償取引である売買は、有償契約の典型といえます。そのため民法上も、売買に関する規定は売買以外の有償契約について準用される（その有償契約の性質が準用を許さないときは除く）ことになっています（民法559条）。例え

ば、賃貸借契約や請負契約などの契約条件を考えるときにも広く準用され、契約書を作成するにあたって頻繁に登場します。準用される規定には、例えば危険負担や契約不適合責任（5-07）などがあります。

✎ 不動産登記簿上の「所在」の表示と実際の住居表示（イメージ）

●不動産登記簿上の「所在」

神奈川県横浜市●●区××町一丁目213番2

●住居表示

神奈川県横浜市●●区××町1丁目2-3

＋ONE | **他人物売買**

日本の現在の民法は他人物売買が有効であるという考えを前提とした規定が定められています。ただ、他人の物を売買した場合でも、当然に他人の物の権利が買主に移転するわけではなく、売主はその他人の物の権利を取得して買主に移転する義務を負います（民法561条）。

××××株式会社が○○○○株式会社から、医療施設等を建築する目的で土地を買い受ける場合

土地売買契約書

　　○○○○株式会社(以下、「売主」という。)と××××株式会社(以下、「買主」という。)とは、次のとおり土地売買契約を締結する(以下、「本契約」という。)。

❶ **(目的物)**
第1条　本日、売主は、その所有にかかる別紙物件目録記載の土地(以下、「本件土地」という。)を買主に売り渡し、買主は本件土地上に医療施設等を建築する目的でこれを買い受ける。

❷ **(売買代金)**
第2条　本件土地の売買代金は、金○○○○○○○円(消費税別)とする。
❸ 2　前項に定める売買代金は、別紙物件目録記載の登記簿謄本に表示された面積($○○○○.○○$㎡)に1㎡当たり金○○○円を乗じて算出したもの(1円未満は切り捨て)であるところ、第3条に定める実測調査の結果、別紙物件目録記載の登記簿謄本に表示された面積と比較して増減が生じた場合には、この1㎡当たり金　○○○円の基準を用いて精算(1円未満は切り捨て)するものとする。
　　但し、この精算は、第4条②に定める最終の支払時に行うものとする。

---

❶ 売買目的物の特定 (1条)

この契約が土地の売買であることを明示するとともに、目的物である土地を特定しています。売買契約書では、1条にこのような規定を設け、目的物を明らかにすることが一般的です。この例では目的物の特定を別紙「物件目録」を用いて行っています。
また、この例のように売買契約の目的を記載することもあります。

❷ 売買代金額 (2条)

売買代金額を定めています。消費税別の代金額なのか、消費税込みの代金額なのか、契約書上明らかにしておきましょう。

（実測調査）

❸ — **第3条** 本契約締結後、売主は速やかに自己の責任と費用に基づいて、本件土地の測量を行う。

❹ — 2 売主は、前項に定める測量を行った後、第4条①に定める中間金の支払時までに、本件土地の全ての隣接地の所有者との間で境界確認を完了し、それら全ての隣接地の所有者からかかる境界について異議のない旨の書面を受領して、買主に交付しなければならない。これらの費用についても売主の負担とする。

（支払時期）

第4条 買主は、売主に対し、第2条第1項に定める売買代金について、次のとおり支払うものとする。

❺ — ① 買主は、売主に対し、中間金として、令和□□年◇◇月末日限り、第7条第1項に定める所有権移転仮登記申請手続に必要な一切の書類の交付を受けるのと引き換えに、金○○○○○○円を売主の指定する銀行口座宛に振り込む方法により支払う。なおこの中間金は、本条②の残代金支払時に、売買代金の一部に充当するものとし、利息を付さない。

② 買主は、売主に対し、第2条第1項に定める売買代金の残代金として、令和◎◎年◇◇月末日限り、第6条第1項に定める所有権移転登記申請手続に必要な一切の書類の交付及び第8条第1項に定める本件土地の引渡しを受けるのと引き換えに、金○○○○○○円を売主の指定する銀行口座宛に振り込む方法により支払う。また、第2条第2項又は第13条に定める精算が行われる場合には、あわせてこれを行う。

❸ 売買代金額の調整（2条2項および3条1項）

目的物が土地である場合に、特に設けられることが多いタイプの規定です。「土地」の売買代金額を決定する際には、1㎡または1坪の売買代金の価格を単価として設定した上で、売買対象となる土地の総面積をこの単価に乗じて算出することが通常です。ところが、実際の土地の正確な総面積については、測量を行わない限り、明らかにならないことが多くあります。このため、測量を売買契約の締結以前に行わない場合には、登記簿謄本等記載の面積を基準としてひとまず売買代金を算出し、その後測量を行った結果、増減が生じた場合には精算するという方法を採ることが多いです。このような精算方法を採用する場合には、測量を行うこと（3条1項）を定めるとともに、測量の結果に応じて精算を行うこと（2条2項）を定める規定を設けておくべきです。

（所有権の移転）

第5条 本件土地の所有権は、第4条②に定める売買代金の残代金の支払がなされるのと同時に、売主から買主に移転する。

（所有権移転登記）

第6条 売主は、第4条②に定める売買代金の支払を受けるのと引き換えに、本件土地について所有権移転登記申請手続を行うために必要な一切の書類を買主に交付する。

2　前項の所有権移転登記手続に要する登録免許税その他必要な費用は、全て買主の負担とする。

（所有権移転仮登記）

第7条 売主は、第4条①に定める売買代金の中間金の支払を受けるのと引き換えに、本件土地について所有権移転仮登記申請手続を行うために必要な一切の書類を買主に交付する。

2　前項の所有権移転仮登記手続に要する費用は、全て買主の負担とする。

❻

❹ 境界確認（3条2項）

売主が境界確認を行うことおよび境界確認書面を交付することを定めた、土地の売買契約においては一般的な条項です。境界確認書面は、売買契約締結時までに準備ができていれば、売買契約締結時に売主から交付を受ければ足り、この場合には必ずしも契約上明記する必要性は高くないですが、売買契約締結時に準備ができていない場合には、このような条項を設けておきましょう。

❺ 買主の債務（4条）

買主による売買代金の支払時期および支払方法について定めています。本規定では売買代金を2分割して支払うことを定めています。なお、不動産の売買契約においては、売買代金を分割払いとすることは実務上多く見られます。また、買主の債務と売主の債務は同時履行となるように記載をしています。具体的には、買主の中間金支払債務（4条1号）と売主の所有権移転仮登記申請手続に係る書類交付債務（7条1項）、買主の残代金支払債務（4条2号）と売主の所有権移転登記申請手続に係る書類交付債務（6条1項）が同時履行となるように、それぞれ「引き換えに」履行することを条文上明記しています。

（引渡時期）

第8条 売主は、第4条②に定める売買代金の残代金の支払時までに本件土地上
の建物を解体撤去するとともに滅失登記を完了させた上で、同代金の支払を受
けるのと引き換えに本件土地を買主に引き渡さなければならない。

2 前項の解体撤去及び滅失登記の費用その他必要な費用は、全て売主の負担とす
る。

（保証）

第9条 売主は、本件土地について、抵当権、質権等の担保物権、地上権、地役
権等の用益物権、賃借権等その他買主の完全な所有権の行使を阻害する法的な
負担・制限が存在しないことを保証する。

2 売主が前項に違反した場合には、買主に対して損害賠償責任を負う。

❻ 売主の債務（5条～8条）

売買契約書において定めるべき売主の債務としては、通常、（ⅰ）財産権の移転債務および（ⅱ）引渡債務の2つの債務ですが、特に目的物が不動産や特許権等である場合には、（ⅲ）移転登記・登録の手続を（協力して）行うという債務、または、移転登記・登録の手続のために必要な書類を交付する債務も挙げられます。本規定例では、5条で（ⅰ）、8条で（ⅱ）、6条、7条で（ⅲ）の債務について定めています。

6条2項、7条2項は、所有権移転登記手続または同仮登記手続に必要となる費用負担について定めています。登記手続に関する規定では、手続費用の負担についても定めることが多いです。

8条1項は、土地上の建物の解体撤去と滅失登記を完了したうえで引渡しをすることを定めている条項であり、同条2項は解体撤去および滅失登記手続に必要な費用負担について定めています。

❼ 保証（9条）

抵当権や質権等の法的な負担・制限が存在しないことを売主に「保証」させている規定です。買主としては、本規定を設けることで、仮に法的な負担等が付着していた場合であっても、本規定違反を理由として2項に基づく責任を追及することができることとなります。

（土壌汚染）

第 10 条　売主は第 8 条第 1 項に定める引渡の日までに、本件土地において、法令、環境省令又は環境省告示の定める項目についてその基準を超える土壌汚染が存在するか否かについて、別途買主との間で合意した方法により、売主の費用及び責任で、調査を実施しなければならない。

2　前項の調査の結果、法令、環境省令又は環境省告示の定める基準を超える土壌汚染が発見された場合には、売主は第 8 条第 1 項に定める引渡の日までに、売主の費用及び責任で、当該土壌汚染を除去しなければならない。

3　売主は、前項の除去の方法については、買主の了承を得なければならない。

（契約不適合責任）

第 11 条　第 8 条第 1 項に定める引渡の日から 5 年の間に、本件土地に法令、環境省令又は環境省告示の定める基準を超える土壌汚染が発見された場合には、法令の規定にかかわらず、売主は速やかに、売主の費用及び責任で、当該土壌汚染を全て除去しなければならない。なお土壌汚染の除去の方法については、買主の了承を得なければならない。

2　前項の場合を除き、第 8 条第 1 項に定める引渡の後に本件土地に契約不適合（ただし、第 9 条に基づき売主が存在しないことを保証する法的な負担・制限を除く）が発見されたとしても、売主は買主に対してその責を負わないものとする。

❽ **土壌汚染（10 条）**

目的物である土地について、売主の土壌汚染の有無に係る調査義務を定めるとともに、この調査により土壌汚染が発見された場合の取扱いについて定めています。

土壌汚染の可能性がある不動産を目的物とする場合には、買主はこのような規定を設けておきましょう。

❾ **契約不適合責任（11 条）**

1 項は、引渡し後に土壌汚染という「契約不適合」が発見された場合の契約不適合責任について特に定めているものです。この例では、通常の契約不適合責任より長い期間、売主に対する負担を課している一方、この責任が生じる場面は限定したものとしています。2 項は、1 項に定める土壌汚染以外は、売主は契約不適合責任を負わない旨を明確にしているものであり、売主が 9 条〜本条 1 項の負担を負うことを受け、双方のバランスをとった条項としています。

（危険負担）

第 12 条　本契約締結後、第 8 条第 1 項に定める引渡の日までに、天災地変又は不可抗力によって、本件土地の全部又は一部が毀損又は滅失した場合、この毀損等は売主の負担とする。

2　前項の毀損または滅失により本件土地の引渡しができないときは、買主は本契約を解除することができる。

（収益及び費用負担）

第 13 条　本件土地に関する収益並びに費用負担（固定資産税、都市計画税等の公租公課及び各種負担金等を含む）については、名義の如何に関わらず、第 8 条第 1 項に定める本件土地の引渡時期をもって区分し、その前日までの分は売主に、引渡の日からの分は買主に属するものとし、第 4 条②に定める売買代金の残代金の支払時にこれを精算することとする。なお、固定資産税及び都市計画税の負担起算日は 1 月 1 日とする。また万一、第 4 条②に定める売買代金の残代金の支払時において精算額が確定しない収益又は費用があるときは、売主及び買主は、精算額が判明した時点で速やかに精算を行うものとする。

⑩ 危険負担（12 条）

売主の責めに帰すべき事由によらないで生じた売主の引渡義務の消滅という危険をどちらが負担するのか（危険負担）について定めている条項です。民法では、特定物の売買において、買主が目的物の引渡しを受けた後に目的物が滅失・損傷したときは、買主は代金の支払いを拒めず、また、これを理由として契約の解除等をすることができない（＝引渡し前に目的物が滅失等した場合には代金の支払債務が消滅する）とされています。この例では、民法の上記規定を踏まえて定めています。

⑪ 収益・費用負担（13 条）

不動産が目的物の場合には、当該不動産から生じる収益（賃料等）や、当該不動産の所有者に課されるべき公租公課などが高額となることが多いため、いかなる時期をもって売主から買主に収益の帰属や費用の負担を移転させるかをあらかじめ定めておくことが必要となります。

特に固定資産税、都市計画税等については、税法上は 1 年間の一定の日に不動産を所有していた所有者に課税されます。買主から売主に当該不動産を引渡日または所有権移転日等をもって移転させることとする場合には、これを日割で精算することが多いです。

（遅延損害金）

第 14 条　売主及び買主は、本契約に基づいて、相手方に対して支払うべき金員の
支払を怠った場合には、支払うべき日から支払い済みまで年 14.6 パーセントの
割合による遅延損害金を支払わなければならない。

⑫

2　売主が、第 8 条第 1 項に定める引渡の日までに、本件土地を引き渡さない場合
には、売主は第 8 条第 1 項に定める引渡の日から引渡が完了する日まで、1 日あた
り金○○○○○○円の遅延損害金を買主に対して支払わなければならない。

（契約の解除）

第 15 条　売主又は買主のいずれか一方が、本契約に定める義務を履行しない場合
には、相手方は 20 日間の猶予期間を定めて催告し、猶予期間経過後も義務の履
行がなされない場合に限り、本契約を解除することができる。

⑬

2　前項に基づいて本契約が解除された場合には、義務を履行しなかった売主又は
買主は、契約解除に伴う違約金として、売買代金の 20 パーセントに相当する金員
を相手方に支払わなければならない。

3　売主又は買主は、第 1 項の解除に伴う損害が違約金を上回る場合であっても、
違約金を超える部分については請求することができない。

（契約上の地位又は権利義務の譲渡等）

第 16 条　売主及び買主は、相手方の書面による事前の承諾を得ない限り、本契約
上の地位又は本契約に基づく権利義務を直接又は間接を問わず、第三者に譲渡、
質入、処分又は移転してはならない。

⑭

⑫ 遅延損害金（14 条）

買主の支払義務の遅延（1 項）、売主の引渡義務の遅延（2 項）があった場合を想定して、それぞれについて、遅延損害金を定めています。1 項の支払義務の遅延損害金については、民法の法定利率とは異なり、年 14.6％の割合による遅延損害金を定めており、2 項については、1 日当たりの遅延損害金の額を定めています。このうち、特に 2 項については、土地の引渡しが遅延したことによる損害額を確定・認定することは極めて困難であることから、このような規定を設けておくことには十分意味があります。

⑬ 損害賠償額の予定（15 条 2 項および 3 項）

一方当事者の債務不履行に基づき契約を解除するに至った場合の損害賠償の額を予定しているものです。なお、3 項は、予定した損害賠償の額が、実際の損害を下回る場合であっても、これを超える部分を請求することができないことを定めているものです。

（印紙代）

第 17 条　本契約書に貼付する印紙代の費用は、買主が全て負担するものとする。

⑮

（秘密保持）

第 18 条　売主及び買主は、本契約の内容及び本契約に関し知った相手方の情報に
関して第三者に開示又は漏洩してはならない。但し、以下のいずれかに該当す
る情報については、当該開示を受けた当事者につき、上記の秘密保持義務は適
用されないものとする。

⑭

①開示の時点において、既に公知となっていた情報

②開示後において、開示を受けた当事者の責めによらずに公知となった情報

③開示の時点において、開示を受けた当事者が既に保有していた情報で、これを
立証しうるもの。

④開示を受けた当事者が法律又は契約に違反することなく第三者から提供若し
くは開示された情報

⑤法令又は裁判所若しくは行政庁の命令により開示が要求される情報

（合意管轄裁判所）

第 19 条　本契約に関連して生ずる売主と買主間のすべての紛争については、東京
地方裁判所を第一審の専属的な管轄裁判所とする。

---

⑭ 権利等の移転の禁止、印紙代、秘密保持義務、管轄条項（16 条〜 19 条）

16 条は権利等の移転を禁止する条項（6-04 参照）、17 条は印紙代の負担を定める条項（2-07 参照）、18 条は売主・買主双方の秘密保持義務を定める条項（6-06 参照）、19 条は本件の契約の専属的合意管轄裁判所を定める条項（6-02 参照）です。

ケース別・変更例

［ 貼用印紙代の費用を買主と売主で半分ずつ負担する場合 ］

⑮を以下のように書き換える。

（印紙代）

第 17 条　本契約に貼付する印紙代の費用は、買主と売主が折半して負担するものとする。

以上を証するため、売主及び買主は本契約書を2通作成し、それぞれ1通ずつ保有・保管するものとする。

　　令和○○年○○月○○日
　　　　　　　　　売主　　　東京都千代田区丸の内○─○─○
　　　　　　　　　　　　　　○　○　○　○　株　式　会　社
　　　　　　　　　　　　　　代表取締役　×　×　×　×　　　印
　　　　　　　　　買主　　　東京都港区赤坂×─×─×
　　　　　　　　　　　　　　×　×　×　×　株　式　会　社
　　　　　　　　　　　　　　代表取締役　×　×　×　×　　　印

　（別紙）
　物　件　目　録
⑯　　　　1　所　　在　　・・・郡・・・・町大字・・字・・
　　　　　　　地　　番　　・・・番××
　　　　　　　地　　目　　宅地
　　　　　　　地　　積　　○○○○. ○○平方メートル

⑯ 別紙「物件目録」

目的物である不動産の特定は、不動産登記簿上の表示方法によって記載する必要があります。

売買契約は、売主が、買主に対して財産権（通常は所有権）を移転することを約束し、それに対して買主が売主にその代金の支払いを約束することによって効力が生じます。

取引基本契約書

目的	継続して複数回の取引を行う相手との間で締結される個別契約に共通して適用される基本条件を定めること
当事者	会社や個人事業主等の事業を行う主体の間で結ばれることが多い
合意内容	個別契約に共通して適用される事項
締結時期・契約期間	ケースによってさまざまであるが、自動更新条項が設けられるなどして、比較的長期にわたって結ばれることも多い
必要となる主なケース	一定の個別取引をすでに行っている場合に共通ルールを定める場合やこれから個別取引を行おうとする場合

取引基本契約とは

ある相手方のある取引について共通ルールを定める契約

　取引基本契約とは、ある相手方との間で、将来にわたり、複数回の取引が締結されることが予定されている場合に、あらかじめ、その個々の取引（個別契約といいます）すべてに共通して適用される内容についてまとめて合意しておく契約をいいます。ある相手方との間で行う一定の取引について共通ルールを定める契約といえます。

　取引基本契約を締結することのメリットとしては、継続して行われる複数の取引を簡潔に締結できることが挙げられます。例えば、ある商品（商品Xとします）に関する個別の売買契約を対象とする取引基本契約が締結され、取引基本契約において、商品Xの内容・品質などを決めたとします。このような取引基本契約を締結すれば、個別契約では商品の個数や金額、納入日だけを決めればよく、その他の条件についての交渉をせずに、迅速に商品Xに関する取引を行うことが可能となります。

　取引基本契約は、継続的に取引を行う企業・個人事業主の間で締結されることが多い契約です。

取引基本契約に記載する主な項目

取引基本契約の対象となる契約の範囲	法律上の決まりがあるものではなく、当事者間で定義する
個別契約の成立に関する条件	どのような場合に個別契約が成立するか明確にする（例えば、発注者の注文書に対して受注者の注文請書が送付された時点で個別契約が成立するなど）
今後、締結される個別契約において、共通して定めておく事項	個別契約の性質に応じて必要な条項を加える（例えば、売買契約に関する取引基本契約であれば、所有権の移転時期や契約不適合責任など）
取引基本契約の効力の存続に関する条項	取引基本契約の有効期限や、取引基本契約および個別契約が解除される条件等を明確にする必要がある
一般条項	秘密保持義務、合意管轄に関する条項など

取引基本契約のイメージ

取引基本契約を締結した場合、A社とB社で行われる一定範囲の個別契約について、A社とB社で締結していた取引基本契約が共通して適用されることになる

契約書式例集

2

取引基本契約書

＋ONE | **適用対象範囲が広範となりすぎる取引基本契約に注意**

例えば、非常に大きな会社の場合、ある部署が取り扱う商品の取引をする際に「あらゆる売買契約」が適用範囲となる取引基本契約を締結してしまうと、別部署が取り扱う商品についてもこの取引基本契約が適用されることになります（173ページのケース別・変更例の例1）。そして、取引基本契約において自分に不利な条項が含まれていた場合は、別製品の取引にもその不利な条項が適用されてしまいます。適用対象範囲が広範となる取引基本契約を締結する場合には、そのような契約を締結してよいか慎重に検討し、必要に応じて対象となる取引の範囲を狭くするよう相手方と交渉するようにしましょう。

取引基本契約の対象となる契約

取引基本契約については、法律上何ら定められていませんので、対象となる個別契約についても特に制限はなくさまざまです。

その典型例としては、ある当事者間で継続反復して行われる個別の売買契約を対象とする取引基本契約が挙げられます。また、売買契約以外でも、ある当事者間で継続して行われる個別の請負契約や個別の業務委託を対象とする取引基本契約が締結される場合もあります。

一方で、例えば、巨額の不動産売買に関する取引や企業のM＆Aに関する取引のように、取引金額が大きい上、反復継続して行われず、かつ1件ごとに詳細な条件交渉を要する定型化しにくい取引に、取引基本契約を締結することは通常ありません。

個別契約の成立と商法509条

契約の成立には、申込みに対する承諾が必要ですが、商法509条ではこの原則が修正され、一定の場合には、承諾をしなくても契約が成立するとされています（1-03）。

取引基本契約は通常、商人の間で締結され、取引基本契約を締結した者にとって、その相手方は「平常取引をする者」であり、さらに、対象となる個別契約は「その営業の部類に属する契約」にあたると考えられます。そのため、取引基本契約を締結した多くの場合、商法509条が適用されることが想定されます。

そのような場合では、契約上商法509条の適用を排除する定めがない限り、相手方から個別契約の締結を求める申込みを受け、承諾をしないまま放置していたときは、契約をする気がなくても、個別契約が成立してしまうことがあります。

そのため、商法509条の適用を排除するかどうかを含め、個別契約がどのような条件で成立するかを規定することが取引基本契約では一般的です。商法509条の適用を避けたい場合には、注文書に対して注文請書が交付された場合に限り個別の売買契約が成立する（注文請書が交付されない場合は、個別の売買契約が成立しない）などと規定することがあります。

取引基本契約が締結される典型的なケース (例)

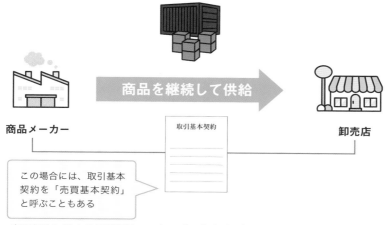

商品メーカー 　商品を継続して供給　→ **卸売店**

取引基本契約

この場合には、取引基本契約を「売買基本契約」と呼ぶこともある

売買契約に関する個別契約のみならず、業務委託契約や請負契約などの売買契約以外の個別契約を対象としたり、さまざまな契約を適用対象とする取引基本契約を締結することも可能

商法 509 条 (契約の申込みを受けた者の諾否通知義務)

（契約の申込みを受けた者の諾否通知義務）

第 509 条　商人が平常取引をする者からその営業の部類に属する契約の申込みを受けたときは、遅滞なく、契約の申込みに対する<u>諾否の通知</u>を発しなければならない。　❶

2　商人が前項の通知を発することを怠ったときは、その商人は、同項の契約の<u>申込みを承諾したものとみなす</u>。　❷

❶ 諾否の通知

申込みを承諾するか否かの通知を意味します。

❷ 諾否の通知をしなかった場合

❶のような諾否の通知をしなかった場合は契約の申込みを承諾したとみなす旨が規定されています。

商人とは株式会社などが当たるとされており、多くの場合、個人事業主も該当します。

X製品を販売する株式会社Aが、X製品を定期的に購入する株式会社BとX製品の個々の売買契約に共通して適用される事項を定めた売買基本契約を締結する場合

売買基本契約書

株式会社A（以下「甲」という）と株式会社B（以下「乙」という）は、以下の通り基本契約を締結する。

（基本契約）

❶ **第1条** 本契約は、本契約の有効期間中に甲・乙間で締結される、❷X製品（以下「商品」という）に関する個々の売買契約（以下「個別契約」という）のすべてに共通して適用されるものである。

（個別契約の内容）

❸ **第2条** 甲から乙に売買される商品の売買代金、数量、納期、その他売買に必要な条件は、本契約に定めるものを除き、個別契約をもって定める。

❹ 2 個別契約において本契約と異なる事項を定めたときは、個別契約の定めが優先して適用されるものとする。

❶ 適用対象取引の特定（1条）

取引基本契約では、適用対象取引を明確にすることが重要です。これは、個別の取引について、取引基本契約の適用があるかどうかがはっきりしないと、ある個別の取引に適用されると思っていた取引基本契約が適用されなかったり、適用されないと思っていた取引基本契約が適用されてしまうことになり、想定しない不利益を被るおそれがあるからです。

この例では、甲が販売するX製品に関する売買契約に関する個別の取引のみが対象となると規定しています。そのため、甲と乙の間で、X製品とは異なるY製品の取引を行ったとしても、この売買基本契約では適用されません。ただし、甲と乙の間で特別に、Y製品の取引をする際に、X製品に関する売買基本契約をY製品についても適用すると合意すること自体は可能です。このほかにも、取引基本契約の適用対象についてはさまざまなバリエーションが考えられます。

[**例1:あらゆる商品の売買契約を取引基本契約の対象とするケース**]

❷を「あらゆる売買契約（以下「個別契約」という）」とする。

[**例2:工事請負契約を取引基本契約の対象とする取引**]

❷を「●●に関する工事請負契約（以下「個別契約」という）」とする。

---

❸ 個別契約で定めるべき事項（2条1項）

個別契約で定めるべき事項の記載です。1条の規定があるため個別契約で「X製品」の売買であることが明示されれば、本基本契約が適用されます。

他方、取引基本契約上は何ら定められていないX製品の金額、数量や納入時期などは、個別契約ごとに合意するとなっています。

なお、X製品1個あたりの単価等を定めることも可能です。ただし、物価等の変動の可能性もあるため、取引基本契約で単価までは定めないケースがほとんどです。

また、1回の個別契約における発注数量の単位を決める条項（例えば、1回の個別契約において100個注文するなど）や、個別契約締結時に紐づいて納期が決定される条項（例えば、注文から●日以内、あるいは●カ月以内に納入するなど）を加えれば、個別契約で定める必要がない建付けとすることも可能です。

他方で、取引基本契約の対象が複数商品であって、どの商品を購入するのか選択する必要がある場合には、個別契約においてどの商品を何個買うかなど定めるべき事項が増えることになります。

取引基本契約において定められていない事項は、個別契約において協議されることになります。取引基本契約で定めておく事柄と、個別契約の段階で協議する事柄を取引の実態を踏まえて検討しましょう。

❹ 個別契約の定めが取引基本契約の定めに優先すること（2条2項）

取引基本契約を締結する際は、取引基本契約の定めと個別契約の定めが矛盾する場合に、どちらの規定が優先して適用されるかについて定めた条項を置くことがよくあります。この例のように個別契約を優先するという規定を置くケースが多く、この場合、取引基本契約では、あくまで原則を定めておき、個別契約を締結する際に個別の事情に応じて修正できるということになります。

❺

（個別契約の成立）

第3条 甲と乙との間に結ばれる個別契約は特約のない限り、乙が注文書を甲に送付し、甲が注文請書を乙に交付することによって成立する。**❻**

（引渡・検査および受渡）

第4条 甲は、個別契約に定める納期に引渡場所において商品を乙または乙の指定する者に引渡すものとし、乙は、商品受取後直ちに自ら検査をし、もしくは乙の指定する者に検査をさせるものとする。商品の引渡しはこの検査完了と同時に完了するものとするが、検査遅延により甲に生じた損害は、乙の負担とする。

2 商品の所有権は、商品の引渡し完了時に甲から乙に移転するものとする。

（危険負担）

❼

第5条 商品の引渡し前に生じた商品の滅失・毀損・減量・変質その他一切の損害は、乙の責に帰すべきものを除き、甲の負担とし、商品の引渡後に生じたこれらの損害は、甲の責に帰すべきものを除き、乙の負担とする。

（契約不適合責任）

第6条 商品の契約条件との相違または引渡前の原因によって生じた商品の品質不良、数量不足、その他の契約不適合につき引渡完了後6カ月間、乙は、代品納入、契約不適合の修補または代金減額請求とともに、損害賠償をすることができる。また、乙は、当該契約不適合の存在によって当該個別契約の目的を達することができない場合は当該個別契約を解除することができる。ただし、乙は直ちに発見し得る契約不適合については、担保責任を追求することができない。

＋ONE ┃ **取引基本契約が個別契約に優先する規定**

❹とは異なり、取引基本契約の定めが個別契約の定めに優先するという規定をおく契約書もまれに見かけます。しかし、この場合、必ずしも取引基本契約の定めが個別契約に優先するとは限りません。なぜなら取引基本契約の定めにかかわらず当事者があえて個別契約において取引基本契約と異なる定めをおいたということは、当事者の合理的な合意の内容は、今回に関しては、個別契約の定めが取引基本契約の定めに優先することを特別に合意したと解釈されてしまう可能性があるからです。そのため、取引基本契約が個別契約に優先するという条項はあまり意味がないと考えられます。

❺ 個別契約の成立（3条）

個別契約を成立させる場合の手続きについての規定です。具体的に、商品を買う乙が商品を売る甲に対して注文書を交付し、甲が乙に対して注文請書を送付した場合に個別契約が成立すると定めています。この規定で、甲からの注文請書が交付されないときには個別契約が成立しないことになります。170ページで解説した商法509条の適用を排除する条項例です。なお、甲の注文請書の交付を前提としつつ、乙の注文書が交付されてから、一定期間内に甲から個別契約の締結を拒絶する旨の連絡がない場合には、個別契約が成立されたものとみなす規定を設けることがあります。この場合には、商法509条に近い効果を及ぼすことになります。また、この規定により、取引基本契約を締結しても乙から注文書が1回も送付されなかったり、あるいは乙からの注文書が届いても甲が注文請書を送付しなければ、甲乙間では一切の取引を行う義務は生じないことになります。しかし、契約当事者としては、一定数量の取引を期待したにもかかわらず、個別契約の成立を拒絶し続けられると当初の期待と反することにもなります。そこで、一定数量の取引を行う義務を課す条項を加えることもできます。

ケース別・変更例

[7日以内に甲が注文請書を交付しないときは、個別契約が成立したものとみなすことを規定する場合]

❻の後に追加する。

> 2　前項にかかわらず、甲が注文書受領後7日以内に個別契約の締結を拒絶する旨を甲が乙に対して送付しなかった場合、乙の注文書のとおりの内容で個別契約が成立したものとみなす。

[一定数量の取引義務を課す場合]

❻の後に追加する。これにより、乙は最低発注数量（年間●個等）についての取引を義務づけられ、乙の発注数が最低発注数量を下回った場合、乙が甲にペナルティを支払うことになる。

> 2　甲と乙は、本契約締結後1年間（第12条第1項但書により本契約が更新した場合は、当該更新の日から1年間とする）において、商品●個（以下「最低発注数量」という）の個別契約を実施することを合意する。
> 3　前項の期間において、乙が注文書で発注した数量（乙の注文書に対して、甲が個別契約の締結を拒んだ場合の発注数量を含む）の合計が、前項の最低発注数量を下回った場合、乙は、甲に対して、最低発注数量から、当該期間における実発注量を控除した数量に●円を乗じた金額を支払わなければならない。

（商品の引取）

第7条 乙が個別契約に定める納期に商品を引取らない等契約の履行を怠った場合には、甲は、いつでもその商品を任意に処分のうえ、その売得金をもって乙に対する損害賠償債権を含む一切の債権の弁済に充当し、なお不足があるときは、これを乙に請求することができる。

（代金の支払）

第8条 商品代金の支払については、毎月20日を締切日と定め、乙は各締切日までに受渡の完了した商品の代金を翌々月までに甲の指定する銀行口座に振り込む方法により支払うものとする。

2 本契約に関して消費税が賦課される場合、当該消費税はすべて乙が負担するものとし、乙は、商品代金とともに当該消費税相当額を甲に支払うものとする。

❼ 3 本契約および個別契約に基づき発生する金銭債務の遅延損害金は年率14.6%の割合による日割計算で支払われるものとする。

（不可抗力免責）

第9条 天災地変・戦争・暴動・内乱・法令の改廃制定・公権力による命令処分・同盟罷業その他の不可抗力（輸送機関の事故はこれを含まない）により、契約の全部または一部の履行の遅延または引渡の不能を生じた場合には、甲は、その責に任じない。但し、甲はその旨を速やかに乙に通知しなければならない。

（損害賠償）

第10条 個別契約に基づき甲が負う損害賠償の上限額は、各個別契約の代金額を上限とする。

---

❼ 個別契約において、共通して定めておく事項（4条〜10条）

4条〜10条は、今後、締結される個別契約において、共通して定めておく事項です。売買契約に関する取引基本契約の場合は基本的に、契約書式例1の売買契約書と同様の定めをおくことが考えられます。

取引基本契約の場合、個別契約については、原則として取引基本契約に定めた条件が適用されます。そのため、個別契約についても長期にわたって、取引基本契約の条件が適用され続けてしまうことになるので、取引基本契約において自己に不利な内容の条項について合意する場合には注意しましょう。

（解除・期限の利益の喪失）

第11条 甲または乙のいずれかが次の各号の一に該当したときは、相手方は、何らの催告を要せず、直ちに本契約および個別契約の全部または一部を解除できる。⑧

(1) 本契約、または個別契約に基づき相手方に対して負担する債務の履行を怠ったとき。

(2) 本契約、または個別契約のいずれかに違反したとき（商品の全部または一部を正当な理由なく受領しない場合を含む）。

(3) 差押・仮差押・仮処分・強制執行・競売・破産・民事再生・会社更生の申立を受けたときもしくは自ら申立をなしたとき、または滞納処分を受けたとき。

(4) 振出しもしくは引受けた手形または小切手を不渡としたとき、その他支払停止をなしたとき。

(5) 裏書もしくは保証した手形または小切手が不渡となり、不渡後2日以内にこれに代わる現金を支払わないとき。

(6) 合併によらず解散したとき。

(7) 相手方に通知せず組織又は事業につき重大な変更をしたとき。

(8) その役員又は使用人が暴力団その他の反社会的勢力であることが判明したとき。

(9) その他財産状態が悪化し、またはそのおそれがあると認められる相当の事由があるとき。

2 甲および乙は、それぞれ自らが前項各号のいずれかに該当したときは、相手方の請求があれば、相手方に対して負担する一切の債務につき期限の利益を失うものとし、直ちに債務の全額を一括弁済しなければならない。

⑧ 解除条項（11 条 1 項）

解除事由は一般的な契約と同様ですが、取引基本契約において解除条項を設ける場合は、解除の対象を「本契約および個別契約の全部または一部」とすることが一般的です。

これにより、相手方に債務不履行や信用不安がある場合には、取引基本契約を解除することができるほか、個別契約も同時に解約することが可能です。また、「全部または一部」と規定することによって、解除権者が取引基本契約・個別契約のうち、継続したいものは解除せず、解除したい契約のみを解除することも可能です。

（有効期間）

第12条 本契約の有効期間は令和●年●月●日より1年間とする。但し、期間満了の1カ月前までに甲または乙のいずれかより書面による別段の申出のない限り、本契約は同一条件をもって更に1年間自動的に更新されるものとし、以後も同様とする。

❾

2 本契約が前条第1項に定める解除又は本条第1項により解除された場合においても、個別契約が別途終了しない限り、本契約の有効期間中に締結された個別契約は、本契約の適用を受け、引き続き効力を有するものとする。

❿

（秘密保持）

第13条 甲及び乙は、本契約の履行過程において知り又は知りえた相手方の情報を互いに第三者に開示又は漏洩してはならず、また本契約の履行の目的以外に使用してはならない。但し、以下のいずれかに該当する情報については、当該開示を受けた当事者につき、上記の秘密保持義務は適用されないものとする。

①開示の時点において、既に公知となっていた情報

②開示後において、開示を受けた当事者の責めによらずに公知となった情報

③開示の時点において、開示を受けた当事者が既に保有していた情報で、当該事実を立証しうるもの

④開示を受けた当事者が法律又は契約に違反することなく第三者から提供若しくは開示された情報

⑤法令又は裁判所若しくは行政庁の命令により開示が要求される情報

⓫

---

❾ 有効期間を定める条項（12条1項）

取引基本契約では、有効期間を定め、その有効期間内に締結される個別契約に取引基本契約の適用があるとすることが通常です。有効期間は、取引を継続する期間を踏まえ設定しましょう。

このように自動更新条項を設けることで、長期にわたって取引基本契約を存続させようとするケースが多いです。

---

❿ 取引基本契約が終了した場合の個別契約の取扱い（12条2項）

取引基本契約が終了したが、履行が完了していない個別契約についても、取引基本契約終了とともに効力を失うのか、それとも継続するのか、また継続するとしても取引基本契約が適用されるか否かがあいまいとなってしまう可能性がありま

す。そのような事態を防ぐため、取引基本契約が終了した場合でも、取引基本契約の有効期間中に成立した個別契約は、別途終了しない限り取引基本契約の適用を受け、効力が存続することを確認する規定を設けることがあります。

（権利義務の譲渡）

第 14 条 甲および乙は、事前に相手方の書面による承諾がない限り、本契約により生じた契約上の地位を移転し、または本契約により生じた自己の権利義務の全部もしくは一部を、第三者に譲渡し、もしくは第三者の担保に供してはならない。

（合意管轄裁判所）

第 15 条 本契約に関連して生ずる甲乙間のすべての紛争、請求および反対請求については、東京地方裁判所を専属的な第一審の管轄裁判所とする。

　以上を証するため、甲及び乙は本契約書を 2 通作成し、それぞれ 1 通ずつ保有・保管するものとする。

　令和○○年○○月○○日

　　　　甲

　　　　乙

取引基本契約においても、売買契約などと同様、⑪のような一般条項や後文を設けることが一般的です。

賃貸借契約書

目的	賃貸人が賃借人に目的物を使用・収益させ、賃借人が賃貸人にその対価として賃料を支払うこと
当事者	会社と会社、会社と個人、個人と個人など、さまざまなケースが想定される
合意内容	賃貸借
締結時期・契約期間	目的物の使用・収益が開始する前に締結することが一般的
必要となる主なケース	・相手方に不動産や動産を使用・収益させる場合 ・相手方から不動産や動産を借り受け、その対価として賃料を支払う場合

賃貸借契約とは

不動産だけでなく、動産の賃貸借契約もあり得る

賃貸借契約とは、賃貸人が賃借人に目的物を使用・収益させ、これに対して賃借人が賃貸人に使用・収益の対価たる賃料を支払うことを合意する契約です。賃貸人は、目的物を使用・収益させる義務のほか、目的物の修繕義務および費用償還義務を負います。一方、賃借人は、賃料支払義務のほか、契約終了時の原状回復義務を負います。一般にイメージされやすい不動産だけでなく、動産も目的物たり得ますが、以下の具体例では、建物賃貸借契約を取り扱います。

なお、建物賃貸借契約のうち、契約で定めた期間が満了することにより、更新することなく契約が終了するものを「定期建物賃貸借契約」といいます。定期建物賃貸借契約は、更新できない点、1年未満の期間を設定できる点、および特約により賃料増減額請求を排除できる点が普通建物賃貸借契約と異なります。

Keyword　**修繕義務**　賃貸人が賃借人に目的物を使用・収益させる義務を負うことの当然の結果として認められる、目的物の使用・収益に必要な修繕をする義務。

📝 賃貸借契約に規定する主な内容

目的物	目的物を特定して賃貸借することを定める
賃貸借期間	目的物を賃貸借する期間を定める
賃料	賃借人が支払う目的物の賃料を定める

📝 不動産賃貸借契約とは

賃貸人　不動産を使用収益させる　賃借人

賃料を支払う

不動産賃貸借契約の本質的内容は、賃貸人の不動産を使用・収益させる義務と賃借人の賃料支払義務

＋ONE │ 借地借家法の全面適用を受けない賃貸借契約

借地借家法は、民法よりも賃借人保護を徹底した制度設計を行っていますが、賃貸人にとっては、ひとたび借地借家法の適用を受ける賃貸借契約を締結すると、半永久的に継続してしまうというデメリットがあります。そこで、借地借家法の全面適用を受けない制度として、以下の「一般定期借地契約」「事業用定期借地契約」「定期建物賃貸借契約」等が存在します。

定期借地に共通の特徴は、①更新しない、②建物築造による存続期間の延長をしない、③建物買取請求権を行使しない、という特約が有効になることです（借地借家法22条および23条）。定期建物賃貸借の特徴については、前ページを参照してください。

	期間	用途	契約形式
一般定期借地	50年以上	制限なし	書面
事業用定期借地	10年以上50年未満	事業用建物所有	公正証書
定期建物賃貸借	制限なし	制限なし	書面

忘れてはいけない借地借家法

売買契約などと異なり、土地・建物の賃貸借契約に関する法律の定めには、任意規定だけでなく借地借家法という強行規定が存在します。借地借家法が適用される賃貸借契約は、右ページ上の2つです。不動産賃貸借契約のほとんどがいずれかにあたります。

存続期間

借地契約の場合、存続期間は原則30年ですが、これより長い期間を定めたときは、当該期間になります。

一方、借家契約の場合は、契約で定めた期間が存続期間になるのが原則ですが、存続期間を1年未満とする借家契約は、「期間の定めがない建物の賃貸借」とみなされます（29条1項）。この場合、解約申し入れが行われない限り、そのまま存続期間が継続することになります。賃貸人が解約の申し入れを行う場合、6カ月前にこれを行わなければならず（27条1項）、かつ、「正当の事由」があることが必要です（28条）。

更新

借地契約・借家契約のいずれについても、賃借人が期間満了後に目的物の使用を継続している場合には、賃貸人がこれに対して「正当の事由」がある異議を述べない限り、契約が更新されます。いわゆる「法定更新」です。「正当の事由」については、賃貸人・賃借人の自己使用の必要性のほか、賃貸借に関する従前の経過や土地・建物の利用状況・現況に加え、立退料を総合的に考慮して判断されます。

借地契約については、合意による更新の場合も、法定更新の場合も、最初の更新期間は20年となり、その後の更新期間は10年となります。一方、借家契約については、合意による更新の場合は契約で定めた期間が更新期間となり、法定更新の場合は「期間の定めがない建物の賃貸借」になります。

賃貸人からの解除は難しい？

民法上、賃借人は、賃貸人の承諾を得なければ賃借権の譲渡または賃借物の転貸をすることができません。これに違反して第三者に賃借物の使用・収益をさせた場合は、賃貸人は契約を解除することができます（民法612条）。また、賃借人が賃料の支払いその他の債務を履行しない場合についても、当然ながら、賃貸人は契約を解除することができます（民法541条）。

ただし、「信頼関係破壊の法理」と呼ばれる賃貸人からの解除制限に関する判例法理が存在し、当事者間の合意に優先することに留意が必要です。

✏️ 借地借家法が適用される賃貸借契約

● 建物の所有を目的とする土地の賃貸借契約
● 建物の賃貸借契約

✏️ 解約申し入れによる終了

期間の定めがない建物
賃貸借契約

6 カ月前の解約申し入れ
＋
正当の事由

賃貸人   賃借人

借家契約のうち、「期間の定めがない建物の賃貸借」については、解約申し入れにより終了することになる。賃貸人からの解約の申し入れは、終了させようとする 6 カ月前に行わなければならず、「正当の事由」（判断方法は更新と同じ）が必要になる

✏️ 賃貸人からの解除制限に関する判例法理（信頼関係破壊の法理）

● **無断転貸・無断譲渡に基づく場合**
賃借人による無断転貸・無断譲渡が、賃貸人に対する背信的行為と認めるに足りない特段の事情がある場合には、賃貸人からの解除は認められない。

● **債務不履行に基づく場合**
賃貸借契約の背景にある賃貸人と賃借人との間の相互の信頼関係を破壊するに足りる程度の債務不履行が存在しない限り、賃貸人からの解除は認められない。

賃借人の居住や営業の拠点として不可欠な土地・建物について容易に賃貸借契約を解除できることとしてしまうのは適当でないため、上のような判例法理により、賃貸人からの契約解除に一定の制限が課されています。

○○株式会社が株式会社××に対し、事務所として使用するために、建物を賃貸する場合

建物賃貸借契約書

　　○○株式会社(以下「甲」という)と株式会社××(以下「乙」という)とは、次のとおり建物賃貸借契約(以下「本契約」という)を締結するものとする。

(契約の締結)
第1条　甲は、乙に対し、下記の物件(以下「賃貸物件」という)を賃貸し、乙はこれを賃借する。

記

所　　在	東京都●●区・・・
家屋番号	●●番●●
種　　類	事務所
構　　造	鉄骨鉄筋コンクリート造地上12階建
床 面 積	1階　○○.○○㎡
	2階　○○.○○㎡
	(以下省略)
賃貸物件	5階の添付図面の赤囲み部分(○○.○○㎡)

(使用目的)
第2条　乙は、賃貸物件を事務所として使用するものとし、その他の目的で使用してはならない。

＋ONE　建物所有目的

借地借家法が適用される建物所有目的の賃貸借か否かは、①土地上の工作物が「建物」にあたるか、②土地の一部に付随的に建物所有が伴う場合に全体として建物所有目的といえるかが問題となります。
①と②のいずれについても、契約の形式や文言のみによらず、土地建物の客観的状況や当事者の合理的意思解釈によって判断されることになります。

❶ 契約の締結（1 条）

賃貸目的物を特定して、賃貸人が賃借人にそれを賃貸することを定める、賃貸借契約における本質的規定の1つです。

賃貸目的物が土地の場合には、不動産登記簿上の表示方法を用いて特定することが一般的ですが、賃貸目的物が建物の場合は、住居表示上の表示方法を用いて特定することもあります。例えばマンションの一室を賃貸借するなど、建物全体ではなく一部を賃貸目的物とすることも多いためです。その場合、この例のように、特定のために図面等を用いることもよく行われます（図面例省略）。

ケース別・変更例

［ 賃貸目的物が土地の場合 ］

❷を以下のように定める。

所　在	●●県●●市●●町●丁目	
地　番	●●番	
地　目	宅地	
地　積	○○.○○㎡	

---

❸ 使用目的（2 条）

賃貸目的物の使用目的、すなわち用法（使用方法）を定める規定です。使用目的は必要不可欠な規定ではなく、定めなくても賃貸借契約の成立に影響はありません。もっとも、それでは賃借人がどのように賃貸目的物を使用しても、賃貸人は改善を求めたり、制裁を加えることができません。賃貸人の意図しない方法で使われないよう使用目的を定めて、賃借人がこれに従わず目的に反する使用をした場合には、賃貸借契約の解除事由になる旨を規定することが一般的です（ただし、賃貸人からの解除に一定の制限が課されている点については182ページのとおりです）。

この規定には、借地借家法の適否の指標になる機能もあります。借地借家法が適用される土地の賃貸借契約は「建物の所有を目的とする」必要がある（183ページ）ため、例えば、「居住用の建物を所有することのみに使用し」などと規定することが考えられます。

3

賃貸借契約書

（賃貸借期間）

第3条 本契約に基づく賃貸借期間は、○○年○○月○○日から○○年○○月○○日までとする。

2 前項に定める賃貸借期間の満了と同時に本契約を終了させようとする場合には、甲又は乙は、相手方に対して、期間満了の6か月前までに、その旨を書面により通知しなければならないものとする。

3 前項に定める通知がなされない場合には、本契約は同一条件で1年間更新されるものとし、以降も同様とする。

❹ 賃貸借期間の定め（3条）

賃貸借期間を定める規定です。賃貸借契約においてもっとも重要といっても過言ではありません。この例のような借家契約は、賃貸借期間を定めなかったとしても有効ですが（民法617条1項柱書）、いつまで継続するのか不透明な状況は、特に賃料の支払義務を負う賃借人にとって望ましくないため、やはり賃貸借期間を定めることが一般的です。

賃貸借期間の定めがある場合、当事者が期間満了の1年前から6カ月前までの間に、相手方に対して更新をしない旨または条件を変更しなければ更新をしない旨の通知をしなかったときは、従前の条件と同一の条件で更新したものとみなされます。その場合、更新後は期間の定めのない賃貸借となります（借地借家法26条1項）。

2項で賃貸人・賃借人のいずれについても、6カ月前の解約申し入れのみを更新拒絶の要件として定めていますが、賃貸人については「正当の事由」も必要なことは忘れてはいけません。また、この例のように更新後の契約期間を定めておくことも重要です。

（賃　料）

第４条　乙は、甲に対して、賃料として、月額金○○○円を支払う。

２　乙は、前項の賃料について、毎月末日までに翌月分を甲の指定する銀行口座に振り込む方法により支払う（振込手数料は乙が負担する）。なお、１か月に満たない期間の賃料については、当該月の日割計算によるものとし、１円未満の端数は切り捨てる。

３　甲及び乙は、経済事情の変動、土地建物に対する公租公課その他経費の増減、近隣の土地建物賃料の相場との比較等により、賃料が不相当と認められるに至ったときは、賃貸借期間中であっても、双方協議の上、賃料を改定することができる。

❺

（共益費）

第５条　乙は、共用部分の維持管理に要する水道光熱費、設備管理費等を負担するものとし、前条の賃料とともに共益費として、月額金○○○円を甲に支払う。

２　１か月に満たない期間の共益費については、当該月の日割計算によるものとし、１円未満の端数は切り捨てる。

❻

❺ 賃料（4条）

賃借人の賃料支払義務は、賃貸借契約における必須の要素です（賃料の定めがない場合は、使用貸借という別の契約類型となります）。金銭の支払いについて定める条項であるため、いつ、何を、どのように支払うのか、という点を明示する必要があります。２項で、１カ月に満たない期間の賃料については、民法の原則どおり日割計算とした上で（民法89条2項）、１円未満の端数は切り捨てる旨を定めています。３項では、賃料の増減について定めています。大きく分けて以下の２種類の規定が存在します。

①一定の期間の経過その他の事由が発生したことにより、自動的に賃料が増減する規定

②一定の期間の経過その他の事由が発生した場合に、協議の上で賃料を増減する規定

②の規定は、協議の上で合意しない限り賃料が増減されずに従前の賃料が維持されるため、規定する積極的な意義はあまりありません。もっとも、①の規定は、単なる期間の経過によって自動的に賃料が増額するような場合、社会の実情にそぐわず、民法90条（公序良俗）との関係で無効となる可能性があり、実務上②のような定めが置かれることが多いです。

❻ 共益費（5条）

共用部分の維持管理に要する共益費について定める規定であり、規定内容は基本的に賃料と同じです。

（消費税及び地方消費税）

❼ **第6条** 乙は、本契約に基づき甲に対して支払う賃料、共益費その他消費税が課税される債務に係る消費税及び地方消費税を負担する。

（敷金）

第7条 乙は、本契約に基づく債務（損害賠償義務を含む。以下、第3項、第4項及び第5項において同じ）を担保するため、敷金として金 ○○○ 円を甲に預け入れ、甲はこれを受領する。

2　前項の敷金には、利息を付さないものとする。

❽ 3　甲は、乙に賃料の支払遅滞その他本契約に基づく債務の不履行があるときは、何等の催告なしに敷金を賃料その他の債務の弁済に充当できるものとする。この場合、乙は、甲より充当の通知を受けたときは、当該通知を受けた日から5日以内に敷金の不足額を補填しなければならない。

4　乙は、敷金をもって、賃料その他本契約に基づく乙の債務の弁済への充当及び当該債務との相殺を主張することができない。

5　甲は、本契約の終了により乙が賃貸物件を原状に復して甲に明け渡した場合において、敷金を本契約に基づく乙の一切の債務の弁済に充当した後に残額があるときは、その残額を乙に遅滞なく返還するものとする。

6　乙は、敷金返還請求権を第三者に譲渡し、又は担保に供してはならない。

敷金のほかにも、賃貸人が返還義務を負わない権利金や、賃貸人から賃借人に「消費貸借」として交付される保証金などが存在します。

この例のような居住用でない建物賃貸借契約については、課税取引として賃料等に消費税が課されるため、6条において賃借人負担である旨規定しています。な

お、土地賃貸借契約や居住用建物賃貸借契約は非課税取引です（消費税法6条1項、別表第一1および13）。

❽ 敷金（7条）

敷金は、法律によって強制的に徴収できるものではなく、賃借人に敷金を差し入れさせるためには、1項のように明確に定めておく必要があります。敷金とは、賃借人が賃貸人に交付する金銭で、賃料債務その他の賃貸借に基づいて生ずる賃借人の賃貸人に対する金銭の給付を目的とする債務を担保することを目的とするもので、その名目は問いません（民法622条の2第1項柱書）。

賃貸人は、①賃貸借が終了して、賃貸目的物の返還を受けたとき、②賃借人が適法に賃借権を譲渡したときは、賃借人に対し、受け取った敷金の残額（受け取った敷金から賃貸借に基づいて生じた賃借人の賃貸人に対する金銭の給付を目的とする債務の額を控除したもの）を返還しなければなりません（民法622条の2第1項）。

この規定から敷金の2つの性質が導かれます。1つめは、賃貸借が終了するとき、賃借人に賃料の支払遅滞その他債務不履行がある場合は、敷金が当該債務の弁済に当然に充当されること。2つめは、賃貸人の敷金返還義務は、賃借人が賃貸目的物を明け渡したときに発生することで

す。2つめは、当事者間で異なる合意をして、例えば敷金返還義務の発生時期を賃貸目的物の明渡し時以外とするなども可能ですが、実務上そのような合意がされることは稀です。

賃貸人は、契約期間中（賃貸借の終了前）であっても、賃借人が賃料を払わないときは、敷金をその債務の弁済に充てることができます。一方、賃借人が敷金を自らの債務の弁済に充当することを請求することはできません（民法622条の2第2項）。3項前段と4項は、これを確認的に規定するものです。さらに3項後段では、契約期間中に敷金充当をした場合は、賃借人に5日以内に敷金の不足額を補填するよう義務づけています。

6項は、敷金返還請求権の第三者への譲渡および担保供与を禁止しています。賃借人による二重譲渡等で敷金の返還先が不明となり、法律関係が複雑になってしまうことを防ぐため、この規定を置くことが一般的です。債権譲渡は原則自由とされているため、この規定を置かない限り制限できません（民法466条1項但書）。

（禁止事項）

第8条 乙は、次の各号に定める行為をしてはならない。

  (1) 本契約に基づく権利又は本契約上の地位を第三者に譲渡し、若しくは担保に供すること、又は、合併、会社分割、事業譲渡（乙が実質的な存続会社となる場合を除く）その他の形式を問わずこれらを第三者に承継させること。

  (2) 賃貸物件の全部又は一部を第三者に転貸し、若しくは使用させること。但し、甲の書面による事前の承諾がある場合はこの限りではない。

  (3) 甲、他の賃借人及び近隣住民等に危険又は迷惑を及ぼす行為をすること。

  (4) 賃貸物件に爆発物、危険物その他危険又は迷惑を及ぼす物品を持ち込むこと。

  (5) 賃貸物件において動物を飼育すること。

  (6) 本契約に違反する行為を行うこと。

（賃貸物件の修繕等）

第9条 甲は、賃貸物件又はその造作及び設備等（甲に帰属するものに限る）の修繕に必要な措置を自己の費用負担において行う。但し、乙の責めに帰すべき事由（乙の代理人、使用人、請負人、取引業者、顧客その他乙の関係者の責めに帰すべき事由を含む）により賃貸物件又はその造作及び設備等の修繕が必要になった場合は、乙が当該修繕費用を負担する。

2　前項による修繕の必要が生じた場合、乙は、速やかにその旨を甲に通知しなければならない。

3　甲は、賃貸物件又はその造作及び設備等の修繕に必要な措置を行う場合、事前にその旨を乙に通知しなければならない。この場合、乙は、正当な理由がない限り、当該措置を拒否することはできない。

4　乙は、乙所有の造作及び設備等の修繕に必要な措置を自己の費用負担において行う。

禁止事項については、事前承諾事項や事前通知事項にすることも考えられます。

❾ 禁止事項（8 条）

賃借人の禁止行為を定める規定です。賃借人は、これらの行為を行ってはならないという債務を負います。禁止行為を行った場合には、賃貸借契約の解除事由となったり、損害賠償義務を負う可能性があります。

この例のように、賃貸借契約上の権利または地位の譲渡や転貸、賃貸人や他の賃借人等に危険または迷惑を及ぼす行為、賃貸目的物に危険または迷惑を及ぼす行為等を禁止することが一般的です。その他、個別具体的な事情や状況を踏まえて想定されるものがあれば、明確に規定しておくべきです。

❿ 賃貸物件の修繕等（9 条）

賃貸目的物の修繕について定める規定です。賃貸人は、賃貸目的物の使用および収益に必要な修繕を行う義務を負います（賃借人の責めに帰すべき事由により修繕が必要になったときは除きます。民法606条1項）。1項ではそれを確認的に規定しています。

賃貸人ではなく、賃借人が修繕を行った場合はどのように処理するのでしょうか。民法608条1項により、賃借人は賃借物について賃貸人の負担に属する必要費を支出したときは、賃貸人に対し直ちにその償還を請求できます。つまり、賃貸人が修繕しない場合は、賃借人は自分で修繕ができ、その費用を支出後直ちに賃貸人に請求できるのです。

また、賃借人が有益費を支出した場合には、賃貸借の終了時にその支出した金額または増価額の償還を、賃貸人に請求することができます（その価値の増加が現存する場合に限り、賃貸人の選択に従います。民法608条2項、196条2項）。なお、この例では後の17条1項で、この請求権を排除しています。

民法上は、賃貸人が賃借人の求めに応じない場合だけでなく、急迫の事情がある場合にも賃借人による修繕を認めています（民法607条の2）。しかし、賃貸人としては自分で費用を制御できるほうがいいですし、賃借人としても（償還されるとはいえ）積極的に費用を支出する利点はないため、2項のように、賃借人に賃貸人への通知義務を課して、賃貸人による修繕の機会を確保することが一般的です。

Keyword　**必要費**　目的物の現状を維持するために支出された費用のこと。
　　　　　　　有益費　目的物の価値を増加させるために支出された費用のこと。

⑪ 原状の変更（10条）

9条に定める「修繕」に留まらない原状の変更について、賃貸人の書面による事前の承諾を必要とする規定です。増改築、改造、模様替え、造作・設備の新設、除去、変更などを挙げています。

このうち増改築については、183ページで述べた「信頼関係を破壊するに足りる程度の債務不履行」として解除事由になり得ます。それ以外については、民法および借地借家法において制限されているものではないと考えられます。もっとも、賃貸人にとっては、貸している所有物を勝手に変更されることを認める必要性も相当性もありません。そもそも増改築なのかそれ以外なのかが明確でないことも踏まえると、このように区別なく賃貸人の承諾が必要である旨定めておいた方が安心です。

⑫ 立入点検（11条）

建物賃貸借契約に多く見かける、賃貸人による立入点検権について定める条項です。この規定がない限り、所有者たる賃貸人であっても、賃借人に無断で立ち入ることは許されません。反対に、この規定があったとしても、賃借人に無断で立ち入れば、場合によっては住居侵入罪や建造物侵入罪に問われるおそれがあります。この例では事前に「通知」（≠承諾）と規定していますが、実質的には賃借人の承諾を得るべきです。非常の場合など、事前に承諾を得ることが困難なときも、事後の報告を怠らないようにすべきです。

（乙による通知）

第12条 乙は、次の各号の一に該当するときは、自らの帰責性の有無にかかわらず、遅滞なく甲にその旨通知するものとする。

(1) 賃貸物件に滅失、毀損その他の事故が生じたとき。

(2) 乙の賃貸物件の使用に関して、第三者から異議、苦情等を受けたとき。

(3) 乙の所在地、商号、代表者、目的その他の重要な商業登記事項に変更があったとき。

⑬

（賃貸物件の滅失、毀損）

第13条 天災地変その他の不可抗力、又は甲若しくは乙の責めに帰すことのできない事由により、賃貸物件の全部又は一部が滅失若しくは毀損して、賃貸物件の使用が不可能となった場合、本契約は当然に終了する。この場合、甲は、乙の被った損害について何ら責任を負わないものとする。

⑭

⑬ 乙による通知（12条）

賃貸目的物に滅失等が生じた場合、賃借人が使用に関して第三者から異議や苦情を受けた場合、賃借人の所在地等に変更があった場合に、賃借人に賃貸人への通知義務を課す規定であり、一般的に設けられることが多いです。

賃貸目的物に関する状況や賃借人に関する情報を、日々使用している賃借人から共有させることで、賃貸人は賃貸目的物を適切に管理することができますし、賃借人の使用および収益を維持するにあたっても重要です。

⑭ 賃貸物件の滅失、毀損（13条）

不可抗力などにより賃貸目的物の全部または一部が滅失もしくは毀損して使用が不可能となった場合に、賃貸借契約が当然に終了することと、その場合に賃貸人が賃借人に対する損害賠償義務を負わないことを定める規定です。

民法上も、その場合は賃貸借契約は当然

に終了することとされていることから、前段は当該民法上の原則を確認的に定めるものです。さらに後段で、賃貸人・賃借人の責任ではない以上、賃貸借契約が終了しても賃借人の損害について賃貸人は何ら責任を負わない旨を定めています。

（中途解約）

⑮ **第14条** 乙は、賃貸借期間中であっても、甲に対し、6か月前に書面で解約の申し入れを行うことにより、本契約を解約することができる。⑯

（解　除）

第15条 乙が次の各号の一に該当するときは、甲は何等の催告なくして、本契約を解除することができる。

(1) 第2条に定める使用目的を遵守しなかったとき。

(2) 賃料、共益費並びに消費税及び地方消費税の支払いを2か月分以上怠ったとき。

(3) 本契約に定める条項に違反したとき。

(4) 賃貸物件を3か月以上使用しないとき。

⑰ (5) 支払停止又は支払不能の状態に陥ったとき、又は手形若しくは小切手が不渡りとなったとき。

(6) 差押、仮差押、仮処分、若しくは競売の申立て、又は公租公課の滞納処分を受けたとき。

(7) 破産手続開始、民事再生手続開始、会社更生手続開始、特別清算開始の申立てを受け、又は自ら申し立てたとき。

(8) 監督官庁より、営業許可の取消し、停止等の処分を受けたとき。

(9) 資産又は信用状態に重大な変化が生じ、本契約に基づく債務の履行が困難になるおそれがあると認められるとき。

(10) 信頼関係が破壊されたと甲が判断したとき。

(11) その他前各号に準じる事由が生じたとき。

---

⑮ 中途解約（14条）

賃貸借期間中の賃借人による中途解約について定めた、実務上よく設けられる条項です。

民法上、賃貸借期間を定めた場合でも、当事者の一方または双方が期間内に解約をする権利を留保した場合には、期間の定めのない賃貸借の解約申入れに関する規定が準用されるため、建物賃貸借契約については、契約書において別段の定めをしない限り、解約申入れの日から3カ月の経過により終了することとなります（民法618条）。そこで中途解約を可能に

するには、賃貸借契約においてその権利を定めた条項を設けておく必要があります。

民法と異なる解約申入れの期間を定めることもできます。この例では、賃借人は6カ月前に書面で解約の申入れを行うことで中途解約できるとしています。なお、賃貸人からの解約申入れについては借地借家法27条に基づき6カ月前の解約申入れおよび「正当の事由」が必要ですので（182ページ）、それに反する規定をしても認められません。

ここに、賃借人は一切中途解約できない旨を定めることもできます。賃借人にとって不利だと思うかもしれませんが、中途解約権は法律上当然に認められるものではないため、民法の原則どおりに過ぎません。

ケース別・変更例

[中途解約できない旨を定める場合]

⓰を「甲及び乙は、本契約を中途解約できない。」などとする。

[予告期間分の賃料相当額の支払いにより即時解約を認める場合]

⓰に続けて、「但し、乙は、6か月分の賃料相当額を支払うことにより、本契約を即時に解約することができる。」などとする。

⓱ 解除（15条）

賃貸借契約の解除事由を定める規定です。基本的には、一般的な継続的契約における解除条項とほとんど同じ建付けをとっていますが、賃貸借契約の解除条項の特徴として、契約に定める条項への違反（3号）とは別に、賃料等の支払い懈怠（2号）が定められる場合が多いです。もっとも、賃貸人からの契約解除については、信頼関係破壊の法理による制限がかかるため、2号および3号に該当しても賃貸人から解除できない場合もあることに留意する必要があります。

この例は「甲は何等の催告なくして、本契約を解除することができる」と、無催告解除を認めていますが、これが認められるかについても、結局は信頼関係破壊の法理が関係してきます。催告解除と異なり、やり直しを認めず即アウトにするものですから、催告解除よりも信頼関係の破壊の程度が進んでいることが求められるといえます。

15条11号のように、バスケット条項（包括条項）を入れることが一般的です。

（原状回復）

第16条 乙は、本契約が終了したときは、賃貸物件に自ら設置した造作及び設備並びに乙所有の動産を自己の費用をもって収去し、賃貸物件を原状に復して甲に明渡さなければならない。⑱

2 乙が、前項に基づく原状回復の処置をとらなかったときは、甲は、乙の費用負担において原状回復の処置をとることができるものとし、乙はこれに異議を申し立てない。

3 第1項に基づく明渡し後において、賃貸物件内に乙が残置した動産があるときは、甲は、乙が所有権を放棄したものとみなして任意にこれを処分することができ、乙はこれに異議を申し立てない。

⑰

⑰ 原状回復（16条）

賃借人の原状回復義務について定める規定です。賃貸借契約、特に不動産の賃貸借契約においては、賃貸目的物を賃借人が使用収益し続けてきたという契約状態を解消しなければならないことから、後の17条3項の造作買取請求権などの規定も含め、契約終了時の処理について適切に条項を設けておくことが極めて重要です。

1項では、賃借人に対し、賃貸借契約終了時の賃貸目的物の返還（この例では建物のため「明渡し」と表現）を義務づけています。

2項は、賃借人がその義務を十分に果たさないとき、賃貸人が賃借人の費用負担で代わりに原状回復のための処置を行うことを認めています。実務上は、2項により賃貸人が代わりに原状回復義務を履行した後、その費用を賃借人に請求することが通常です。

3項は、賃貸目的物の明渡し時に賃借人の動産が残されていた場合に、賃貸人が自由にこれを処分できる旨定めています。賃借人が何らかの動産を残すことが多いという実情を踏まえれば、規定しておくことが望ましいといえます。

ケース別・変更例

[通常損耗を原状回復義務の範囲に含める場合]

⑱を「乙は、本契約が終了したときは、賃貸物件並びにその造作及び設備等の破損及び故障を補修し、賃貸物件に自ら設置した造作及び設備並びに乙所有の動産を自己の費用をもって収去し、賃貸物件を原状に復して甲に明渡さなければならない。」などとする。

（造作買取請求権等）

第17条 乙は、賃貸物件の明渡しに際し、その事由又は名目の如何にかかわらず、甲に対し、賃貸物件内の造作及び設備について支出した費用の償還請求をすることはできない。

⑲

2　乙は、賃貸物件の明渡しに際し、甲に対し、移転料、立退料、権利金、営業補償等一切の金銭請求をすることはできない。

3　乙は、賃貸物件内に自ら設置した造作及び設備等の買取を甲に請求することはできない。

⑲ 造作買取請求権等（17条）

賃貸借契約終了時（賃貸目的物の明渡し時）に、賃借人から賃貸人に対して、以下①～③のすべてを行使しないことを定める規定です。

①必要費および有益費の償還請求

②移転料、立退料等の請求

③造作等の買取請求

まず①については、民法上、賃借人には賃貸人に対する必要費・有益費の償還請求権がありますが、賃貸人にとっては契約終了時に突然請求を受けることは望ましくないため、1項でその請求権を排除しています。

②については、そもそもいずれも賃借人に請求権が認められているものではないのですが、実務上請求されることがまま

あるため2項で賃借人にそのような請求権がないことを明文化しています。ただし、借地借家法の適用となる契約では、賃貸人からの解約申し入れまたは更新拒絶に必要な「正当の事由」（182ページ）を補完する趣旨で立退料の支払いが求められる場合があり、それまでを否定するものではありません。

③については、賃借人には、賃貸人の同意を得て建物に付加した（または賃貸人から買い受けた）畳、建具その他の造作について、契約終了時に賃貸人に時価での買取を請求できる権利があります（借地借家法33条1項）。3項はこれを排除するものです。

造作の具体例としては、ガス設備、配電設備、水洗トイレ、シャワー設備、調理台、レンジ、食器棚、ボイラー、ダクト等設備などが挙げられます。

197

（損害保険）

第 18 条 乙は、賃貸借期間中、乙が賃貸物件内に設置した造作及び設備等について火災事故等による損害を補填するため、その費用負担において、損害保険を付さなければならない。

（反社会的勢力の排除）

第 19 条 甲及び乙は、相手方に対し、自ら及び自らの役員（取締役、執行役、執行役員、監査役又はこれらに準ずる者をいう）が次の各号に該当することを表明し、かつ将来にわたって確約する。

(1) 暴力団、暴力団員、暴力団員でなくなった時から 5 年を経過しない者、暴力団準構成員、暴力団関係企業、総会屋、社会運動等標ぼうゴロ、特殊知能暴力集団その他これらに準ずる者（以下総称して「反社会的勢力」という）ではないこと

(2) 反社会的勢力が経営を支配していると認められる関係、及び経営に実質的に関与していると認められる関係を有していないこと

(3) 自ら若しくは第三者の不正の利益を図る目的又は第三者に損害を加える目的をもってするなど、不当に反社会的勢力を利用していると認められる関係を有していないこと

(4) 反社会的勢力に対して資金等を提供し、又は便宜を供与するなどの関与をしていると認められる関係を有していないこと

(5) 反社会的勢力と社会的に非難されるべき関係を有していないこと

2 甲及び乙は、自ら又は第三者を利用して、相手方に次の各号に該当する行為を行わないことを確約する。

(1) 暴力的な要求行為

(2) 法的な責任を超えた不当な要求行為

(3) 脅迫的な言動をし、又は暴力を用いる行為

(4) 風説を流布し、偽計又は威力を用いて信用を毀損し、又は業務を妨害する行為

3 甲又は乙が、前 2 項の表明又は確約に反することが判明した場合、相手方は、何らの催告を要することなく、本契約を解除することができる。

4 前項に基づき本契約が解除された場合、解除された者は相手方に対し、相手方の被った損害を賠償するものとする。

5 第 3 項に基づき本契約が解除された場合、解除された者は相手方に対し、解除により生じる損害について一切請求しないものとする。

（連帯保証）

第 20 条 連帯保証人は、本契約に基づき乙が負担すべき一切の債務について、乙に連帯して保証するものとする。

（誠実協議）

第 21 条 本契約の解釈に疑義が生じたとき、又は本契約に定めのない事項が生じ
たときは、甲乙誠実に協議の上、これを解決する。

（合意管轄）

第 22 条 本契約に関する紛争については、東京地方裁判所を第一審の専属的合意
管轄裁判所とする。

　　以上を証するため、甲及び乙は本契約書を 2 通作成し、各自署名又は記名押印の
上、各 1 通保有するものとする。

○○年○○月○○日

　　　　甲

　　　　乙

⑳ 損害保険（18 条）

賃借人に損害保険の付保を義務づける規
定です。賃借人が賃貸目的物を継続的に
使用収益する過程で、火災事故などで賃
貸目的物などの賃貸人の所有物に損害を
与えることがあり得ますが、賃借人に損
害賠償請求するだけでは、賃借人の資力
によっては十分な損害の補填を受けられ
ないおそれがあります。そのような事態
に備えることが肝要であり、この例のよ
うな条項を設けることが一般的です。

㉑ 反社会的勢力の排除、連帯保証、誠実協議、合意管轄（19 条〜 22 条）

賃貸借契約においても、19条〜22条のような一般条項を定めることが通常です。

連帯保証人が個人の場合には、極度
額（保証する上限額）を定める必要
があります（民法 465 条の 2）。

消費貸借契約書

目的	相手方に交付した金銭その他の物について、種類、品質および数量の同じ物の返還を受けること
当事者	会社と会社、会社と個人、個人と個人など、さまざまなケースが想定される
合意内容	消費貸借
締結時期・契約期間	金銭その他の物の交付がなされる前、なされた後のいずれもあり得る
必要となる主なケース	・返還を前提として相手方に金銭その他の物を交付する場合 ・返還を前提として相手方から金銭その他の物を受領する場合 ・自己または相手方が負っている金銭その他の物を給付する債務を消費貸借に切り替える場合　など

消費貸借契約とは

ほとんどは金銭消費貸借契約

　消費貸借契約とは、一方が相手方に金銭その他の物を交付したことを前提として、これを受け取った相手方が種類、品質および数量の同じ物を返還することを合意する契約です。

　実際には、同じ種類、品質の物を返還できる場合は限られており、現実に締結される消費貸借契約のほとんどは、金銭を対象とした金銭消費貸借契約です。

　消費貸借契約は、一方が交付する金銭や物を、もう一方が受け取ることで成立する契約で、要物契約と解釈されています。

　もっとも、実際には、物の交付がなされない諸成的消費貸借契約も存在します。民法上も、書面でする場合に限り、物の交付がなくても消費貸借契約が成立すると規定されています（民法587条の2第1項）。

Keyword　**要物契約**　金銭その他の物の引渡しがあって初めて成立する契約。
諸成的消費貸借契約　金銭その他の物の引渡しを要せず、意思表示のみによって成立する消費貸借契約。

✏ 要物的消費貸借契約とは

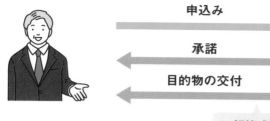

申込み

承諾

目的物の交付

契約成立

要物的消費貸借契約においては、目的物を交付することは契約成立の前提であるため、当該交付自体は契約の内容にならない

✏ 諾成的消費貸借契約とは

申込み

承諾

契約成立

諾成的消費貸借契約においては、金銭その他の物の交付がなくても、書面による合意により、契約が成立する。なお、その内容を記録した電磁的記録によって消費貸借がされた場合も、書面によってされたものとみなされる

安易な契約締結によって当事者に酷な結果が生じないように、諾成的消費貸借契約には書面性が求められています。

準消費貸借契約とは？

準消費貸借契約とは、一方（B）がもう一方（A）に金銭その他の物を給付する債務を負っている場合に、これを消費貸借に切り替える契約です。つまり、実際はお金を借りたわけではない（消費貸借をしていない）のですが、Aにお金を支払うというBの債務を、Aにお金を借りた形にするというものです（民法588条）。

具体的には、金銭債務を複数負っているときに、それらをまとめて「各債務の合計額を支払う」という1つの債務にするといった場合に用いられる方法です。この場合、準消費貸借契約が成立した時点から新たに時効が進行し始めることに留意が必要です。

本書では、一般的な金銭消費貸借契約書、債務弁済契約書、弁済期限等変更合意書の、3種類の書式例を掲載しています。

利息についてはさまざまな制限が課されている

民法

民法上、「貸主は、特約がなければ、借主に対して利息を請求することができない」とされています（民法589条1項）。そのため、消費貸借契約で借主に利息を支払わせたいなら、原則として契約書にその旨明確に規定しておく必要があります。ただし、商人間においては、当然に利息付きになる点に留意が必要です（商法513条1項）。

利息制限法

契約で利息を定めても、利息制限法の定める上限金利を超える利息は無効となります。利息制限法の定める上限金利は右表のとおりです。

出資法

出資法の定める上限金利を超える利息を合意した場合は、その合意（契約）自体が無効となります。それだけではなく、刑事罰が科される可能性があるため注意が必要です。出資法の定める上限金利は下表のとおりです。

●利息制限法の定める上限金利

元本額	上限金利
10万円未満	年20%
10万円以上 100万円未満	年18%
100万円以上	年15%

※2023年12月現在

●出資法の定める上限金利

主体	上限金利
貸金業者	年20%
貸金業者以外の者	年109.5%

※2023年12月現在

✎ 準消費貸借契約とは

10万円

5万円　　　　　　　　　　　　3万円

合計18万円を一気に払うのは厳しいから、月3万円ずつ支払いたい

パソコン・テレビ・
洗濯機を売る

売買代金債務を、
借りた形にする

上記代金を月3万円
ずつ返還する

Aさん　　　　　　　　　　　　Bさん

✎ 利息に関するさまざまな制限

10万円貸す

年25%の利息を要求

民法→合意が必要
利息制限法→×
出資法→○

Aさん　　　　　　　　　　　　Bさん

○○○○株式会社が××××株式会社に金○○○円を貸し付け、株式会社△△△△が当該借入債務を連帯保証する場合

金銭消費貸借契約書

○○○○株式会社(以下、「甲」という)、××××株式会社(以下、「乙」という)及び株式会社△△△△(以下、「丙」という)は、次のとおり金銭消費貸借契約(以下、「本契約」という)を締結する。

（金銭消費貸借）
❶ 第1条 甲は、乙に対し、本日、金○○○円(以下、「本件貸付金」という)を貸し渡し、乙はこれを借り受けた。

---

❶ 金銭消費貸借（1条）

金銭消費貸借だと明示するとともに、その具体的内容として、貸付金の交付を定めています。原則として要物契約である消費貸借では、「貸し渡し」「借り受けた」という、実際に物の交付が行われている状態を指す表現が用いられることが多いです。

一方、諾成的消費貸借契約の場合は、金銭その他の物を交付しなくても、当事者の一方が金銭その他の物の交付を、相手方が種類、品質、数量の同じ物をもって返還することを書面で約すれば、その効力が生じることになります。要物的消費貸借契約の場合と文言を変える必要性は高くありませんが、締結する消費貸借契約が要物的なのか諾成的なのかは明確に区別しておく必要があります。

諾成的消費貸借契約の場合は、契約成立をもって貸主に借主への金銭その他の物の交付義務（貸す債務）が生じますので、仮に貸付日になっても交付しないと、貸主に債務不履行責任が生じるという点で大きな違いがあります。また、諾成的消費貸借契約は借主に目的物引渡し前の解除が認められていたり（民法587条の2第2項）、目的物引渡し前に当事者の一方が破産手続開始の決定を受けたときは効力を失ったりする（同条3項）ので注意が必要です。

[諾成消費貸借契約を締結する場合]

❶を以下のような条項とする。

（金銭消費貸借）

第1条 甲は、乙に対し、以下の条件で金銭を貸し付け、乙はこれを借り受けるものとする。

　　貸付日　　○年○月○日

　　金　　額　　金○○○円

　　貸付方法　　乙の指定する銀行口座に振り込む方法により行う。なお、振込手数料は甲の負担とする。

[準消費貸借契約を締結する場合]

❶を以下のような条項とする。「乙は、〜債務を承認し」で準消費貸借の対象として特定された債務を負担していることを承認した上で、「甲及び乙は、〜を消費貸借の目的とすることを合意した」で消費貸借を目的とする合意を行うものであり、準消費貸借契約における必須の要素である。

（準消費貸借）

第1条 乙は、甲に対し、本契約締結日現在、甲乙間の○年○月○日付売買契約に基づく売買代金○○○円の支払債務（以下、「本件債務」という）を負担していることを承認し、甲及び乙は、本件債務を同種の消費貸借の目的とすることを合意した。

契約書式例集

4

消費貸借契約書

（貸付条件等）

❷ **第2条** 本件貸付金の貸付条件は、次の各号のとおりとする。

　(1) 弁済期限　　　　　　〇年〇月〇日 **❸**

　(2) 利率　　　　　　　　年〇％（年365日の日割計算）

　(3) 利息支払時期　　　　弁済期限に元金と一括して支払う

　(4) 遅延損害金利率　　　年〇％（年365日の日割計算）

❹ 2　乙は、甲に対し、前項第1号の期限までに、本件貸付金全額及び前項第2号の利息金を、甲が指定する以下の銀行口座に振り込む方法により支払う。なお、振込手数料は乙の負担とする。**❺**

　【銀行口座】

　　銀行支店　　　〇〇銀行〇〇支店

　　預金種類　　　普通預金

　　口座番号　　　××××

　　口座名義　　　△△△△

（連帯保証）

❻ **第3条** 丙は、本契約に基づき乙が甲に対して負う一切の債務について、乙に連帯して保証する。

---

❷ 貸付条件（2条1項）

本件貸付金に係る弁済期限、利率および利息支払時期、並びに遅延損害金利率を定めています。

当然ながら、当事者間で返還時期を定めた場合は、その時期の到来により初めて、貸主は借主に返還を求めることができます。返還時期を特段定めなかった場合は、貸主は借主に対し、相当の期間を定めて返還の催告をすることが可能で、借主はその期間が経過した時点で返還しなければなりません（民法591条1項）。貸主としては、催告の手間やリスクを避け、弁済期限を定めることが一般的です。

なお、借主は、返還時期の定めの有無にかかわらず、いつでも返還することができます（同条2項）。しかし、期限前返還により貸主に損害を与えたときは賠償する義務を負います（同条3項）。そこで、期限前返還については貸主の事前承諾を要件としたり、所定の精算金の支払いを義務づけたりする場合も見受けられます。借主に利息を請求するには特約が必要ですので（202ページ）、利率および利息支払時期を明確に規定しておく必要があります。

[分割での弁済とする場合]

❸を以下のような条項とする。

---

(1) 弁済期限 　○年○月から○年○月まで、毎月末日限り：金○円
　　　　　　　　○年○月○日限り：金○円

---

❹ 支払方法（2条2項）

この例では、本件貸付金および利息金を一括で貸主の指定する銀行口座に振り込む方法により弁済する定めになっています。例えば、分割での弁済としたり、現金を持参する方法による弁済とすることも考えられます。

―(ケース別・変更例)―

[現金を持参する方法による弁済とする場合]

❺を「持参して支払う」などとする。

❻ 連帯保証（3条）

貸し倒れのリスクを減らすためには、借主が個人か法人かを問わず、連帯保証人を付けることが望ましいです。

ただし、保証人が個人の場合、「事業のために負担する債務を主債務とする保証」または「主債務の範囲に事業のために負担する債務が含まれる根保証」の委託をするときは、主債務者は保証人に対し、所定の情報を提供する必要があります（民法465条の10）。この例は、保証人が法人であるため、この情報提供に係る条項を規定していません。

また、保証人となろうとする者が個人（主債務者が法人である場合の当該法人の役員や支配株主は除く（民法465条の9））の場合、「事業のために負担した貸金等債務を主たる債務とする保証契約」または「主債務の範囲に事業のために負担する貸金等債務が含まれる根保証契約」については、契約締結に先立ち、締結日前1カ月以内に作成された公正証書で保証人となろうとする者が保証債務を履行する意思を表示していなければ、その効力を生じないとされているため（民法465条の6）、この点も注意が必要です。保証契約を締結するときは、民法の条文をよく確認し、法律上の手続きに瑕疵が生じないよう心がけましょう。

（期限の利益の喪失）

第4条　乙又は丙に次の各号の事由が一つでも生じた場合には、何らの通知催告等なくして当然に、乙及び丙は、甲に対する一切の債務について期限の利益を失い、直ちに当該債務を甲に弁済しなければならない。

(1) 監督官庁から営業停止又は営業免許若しくは営業登録の取消し等の処分を受けたとき。

(2) 支払の停止又は破産手続開始、民事再生手続開始、会社更生手続開始若しくは特別清算の申立てがあったとき。

(3) 自ら振り出した約束手形、為替手形、小切手について一回でも不渡りとしたとき。

(4) 差押、仮差押、仮処分若しくは強制執行の申立てを受け、又は任意競売の申立て若しくは公租公課の滞納処分があったとき。

(5) 甲に通知することなく本店所在地又は住所を移転したとき。

2　乙又は丙に次の各号の事由が一つでも生じた場合には、甲からの請求によって、乙及び丙は、甲に対する一切の債務について期限の利益を失い、直ちに当該債務を甲に弁済しなければならない。

(1) 甲に対する債務の一部でも履行を遅滞したとき。

(2) 本契約の条項の一つでも違反したとき。

(3) その他信用状態の悪化が疑われる事由が生じたとき。

❼

❼ 期限の利益の喪失（4条）

期限の利益とは「弁済期限までは返還しなくてよい」という借主の利益のことです（5-06）。しかし、契約当事者の意思としては何があってもこの利益を維持するというものではなく、貸主の利益との調整を図るために、場合によっては弁済期限前であってもその利益を喪失させたいと考えることが通常です。すなわち、一定の事由が生じた場合には、貸主が一括請求することができる定めを置くことが一般的です。

この例では、1項で催告等なしで当然に期限の利益を喪失する「当然喪失事由」を定め、2項で貸主からの請求により初めて期限の利益を喪失する「請求喪失事由」を規定しています。

（届出義務）

❽ ── **第5条** 乙及び丙は、次の各号の事由が生じた場合は、直ちに甲に書面で通知しなければならない。

(1) 本店所在地、住所の移転

(2) 業種、職業、勤務先の変更

（公正証書の作成）

❾ ── **第6条** 乙は、甲の請求があるときは、直ちに、本契約と同一の約定による執行認諾文言付公正証書を作成するために必要な手続をとるものとする。なお、当該手続に要する費用は乙の負担とする。

❽ 届出義務（5条）

貸主にとっては、借主の動向を確認することは非常に重要です。特に、この例で定めた事項（本店所在地等および業種等）については、取り立てや弁済能力に直結するものです。それにもかかわらず、貸主からは必ずしも明らかではない性質があるため、移転や変更が生じた場合には通知するよう義務として定めておくことが一般的です。

❾ 公正証書の作成（6条）

借主が契約に違反して債務の弁済を怠った場合、借主からの弁済を実現するためには、貸主は訴訟等を提起して強制執行を行うための判決等を得る必要があります。しかし、それには費用も時間も手間もかかるため、円滑な執行の観点からは、執行認諾文言付公正証書を作成することがおすすめです。

一方、借主としては、これを作成することに心理的抵抗があることも考えられるため、契約締結時点で作成するのではなく、この例のように、貸主の請求があるときは作成するといった内容にしておくことが一般的です。

公正証書の作成に関する条項は、あくまでこの条項どおりに公正証書が作成されて初めて執行力を有することになる点に留意が必要です。

Keyword　**執行認諾文言付公正証書**　債務者が直ちに強制執行に服する旨の認諾文言が記載された公証人作成の文書で、これがある場合、訴訟手続を経ずに強制執行することができる。

（費用負担）

第7条　本契約の締結に要する印紙その他の費用は乙の負担とする。

（合意管轄）

第8条　本契約に関する紛争については、東京地方裁判所を第一審の専属的合意管轄裁判所とする。

（規定外事項）

第9条　本契約に定めのない事項及び本契約の解釈に疑義が生じた事項については、甲乙丙にて誠実に協議して解決するものとする。

　　　以上を証するため、甲、乙及び丙は本契約書を3通作成し、各自署名又は記名押印の上、各1通保有するものとする。

○○年○○月○○日

　　　　　甲

　　　　　乙

　　　　　丙

---

⑩ 費用負担（7条）

契約書の作成費用および契約履行に必要な費用の負担について定める条項です。この例では、すべてを借主である乙負担としていますが、当事者が各自負担する旨定めることも多いです。

印紙税額については、2-06で詳しく解説しています。

○○○○株式会社が××××株式会社に対し、買い受けた商品の未払代金○○○円の支払債務を負担していることを承認し、その弁済を約する場合

債務弁済契約書

○○○○株式会社（以下、「甲」という）と××××株式会社（以下、「乙」という）は、乙が甲に対して負担する債務について、次のとおり債務弁済契約（以下、「本契約」という）を締結する。

（債務承認）
❶ 第1条　乙は、甲に対し、本契約締結日現在、○年○月○日から○年○月○日までの間に買い受けた商品の未払代金○○○円の支払債務（以下、「本件債務」という。）を負担していることを承認する。

---

❶ 債務承認（1条）

債務弁済契約とは、契約または不法行為等に基づいて発生した債務の負担を、債務者が債権者に対して承認し、弁済を約束する契約です。

具体的には、債務の存否や債務額に争いがある場合のほか、これらには争いがないものの、債権者または債務者側の事情変更により、当事者間で合意した弁済方法を維持することが難しくなり、弁済方法を変更する場合などに締結されることが多い契約です。

債務弁済契約の締結により「時効の更新」という効果が生じ、従前の債務と同じ時効期間が、債務弁済契約の締結時から新たに進行を始めます（民法152条1項）。

1条は、債務承認の対象となる債務を特定する重要な条項です。この例のように、契約締結日など一定の時点における債務額を具体的に特定し、その債務の負担を承認する旨規定します。これにより、債務の存在および債務額を当事者間で確定することができ、紛争が再燃することを防ぐことができます。

（弁済方法）

第2条　乙は、甲に対し、本件債務を次のとおり分割して弁済する。

　(1) ○年○月○日限り　金○円

　(2) ○年○月○日から○年○月○日まで、毎月○日限り　金○円

2　利息は、本件債務から支払い済みの金員を控除した残金に対し、年8％（年365日の日割計算）とし、当月分を前項の分割金と合わせて支払う。

3　乙は、前2項の各支払いを、甲の指定する以下の銀行口座に振り込む方法により行う。なお、振込手数料は乙の負担とする。

　　　【銀行口座】

　　　　銀行支店　　○○銀行○○支店

　　　　預金種類　　普通預金

　　　　口座番号　　××××

　　　　口座名義　　△△△△

4　乙は、期限後又は期限の利益を喪失したときは、その翌日から完済に至るまで、年14％（年365日の日割計算）の割合による遅延損害金を支払う。

（期限の利益の喪失）

第3条　乙に次の各号の事由が一つでも生じた場合には、何らの通知催告等なくして当然に、乙は、甲に対する一切の債務について期限の利益を失い、直ちに本件債務を弁済しなければならない。

　(1) 分割金の支払いを1回でも怠ったとき。

　(2) 本契約の条項の一つでも違反したとき。

　(3) 監督官庁から営業停止又は営業免許若しくは営業登録の取消し等の処分を受けたとき。

　(4) 支払の停止又は破産手続開始、民事再生手続開始、会社更生手続開始若しくは特別清算の申立てがあったとき。

　(5) 自ら振り出した約束手形、為替手形、小切手について一回でも不渡りとしたとき。

　(6) 差押、仮差押、仮処分若しくは強制執行の申立てを受け、又は任意競売の申立て若しくは公租公課の滞納処分があったとき。

　(7) 甲に通知することなく本店所在地又は住所を移転したとき。

　(8) その他信用状態の悪化が疑われる事由が生じたとき。

（公正証書の作成）

第4条　甲及び乙は、本契約締結後○日以内に、本契約と同一の約定による執行認諾文言付公正証書を作成する。なお、当該作成に要する費用は乙の負担とする。

（費用負担）

第5条　本契約の締結に要する印紙その他の費用は乙の負担とする。

（合意管轄）

第6条 本契約に関する紛争については、東京地方裁判所を第一審の専属的合意
管轄裁判所とする。

（規定外事項）

第7条 本契約に定めのない事項及び本契約の解釈に疑義が生じた事項について
は、甲及び乙にて誠実に協議して解決するものとする。

　　以上を証するため、甲及び乙は本契約書を2通作成し、各自署名又は記名押印の
上、各1通保有するものとする。

○○年○○月○○日

　　　　甲

　　　　乙

❷ 弁済方法（2条）

一括ではなく分割での弁済という点が前出の金銭消費貸借契約の書式例とは異なります。基本的な考え方は金銭消費貸借契約で解説したとおりです。

2項の利息については、分割での弁済となるため、「本件債務から支払い済みの金員を控除した残金に対し」との説明を付けています。

❸ 期限の利益の喪失（3条）

基本的には金銭消費貸借契約で解説したとおりですが、分割での弁済となるため、1号に「分割金の支払いを1回でも怠ったとき」を規定しています。

公正証書の作成、費用負担、合意管轄、規定外事項（4条〜7条）は、いずれも、基本的には金銭消費貸借契約で解説したとおりです。

○○○○株式会社および××××株式会社が、既存の消費貸借契約に定める弁済期限等を変更する場合

弁済期限等変更合意書

　○○○○株式会社（以下、「甲」という）と××××株式会社（以下、「乙」という）は、甲乙間の○年○月○日付「金銭消費貸借契約書」（以下、「原契約」という）について、次のとおり弁済期限等変更合意書（以下、「本合意書」という）を締結する。

（弁済期限の変更）
第1条　甲及び乙は、原契約第2条第1項第1号に定める弁済期限を、○年○月○日に変更する。

　以上を証するため、甲及び乙は本合意書を2通作成し、各自署名又は記名押印の上、各1通保有するものとする。

○○年○○月○○日

　　　　甲

　　　　乙

❶ 弁済期限の変更（1条）

債務弁済契約は、既存の消費貸借契約書に定める条項を変更するために締結することも考えられます。ここでは弁済期限を変更する「弁済期限等変更合意書」を例示しています。

1条は、206ページの金銭消費貸借契約の書式例2条2項1号に定める弁済期限を変更する旨を規定しています。なお、弁済期限の変更に伴い、遅延損害金の請求が可能となるタイミングも当然に影響を受け、変更後の弁済期限の翌日から遅延損害金を請求できるようになります。

ほかにも、一括弁済を分割弁済に変更したりといったことも可能で、債務者に弁済を促すための柔軟な対応ができます。

ケース別・変更例

［ 一括弁済を分割弁済に変更する場合 ］

❶を以下のような条項に書き換える。

> **第●条**　甲及び乙は、原契約第2条第1項第1号に定める弁済期限を、以下のとおり変更する。
>
> (1)　弁済期限　　○年○月から○年○月まで、毎月末日限り：金○円
>
> 　　　　　　　　○年○月○日限り：金○円

弁済期限等変更合意書の締結が「権利の承認」（民法152条1項）に該当し、その時から新たに時効が進行し始める点は、債務弁済契約書と同様です。

業務委託契約書
（請負契約・委任契約）

目的	何らかの仕事の実施を依頼する契約
当事者	会社や個人事業主等の事業を行う主体の間で結ばれることが多い
合意内容	実施を依頼する仕事の内容、仕事の完成の有無
締結時期・契約期間	契約期間はケースによってさまざま
必要となる主なケース	さまざまなバリエーションがある

業務委託契約（請負契約・委任契約）とは

業務委託契約と請負契約・委任契約の違い

まず「業務委託契約」と「請負契約・委任契約」には大きな違いがあります。請負契約と委任契約は、民法に定めがありますが、業務委託契約は民法に定めがありません。実は、民法上業務委託契約という契約類型があるわけではなく、誰かに仕事をお願いする契約を総称してそう呼んでいるのです。ほとんどの場合、業務委託契約は請負契約または委任契約のいずれかに分類されます（両者の性質を併せ持つこともあります）。

いずれも仕事の実施に関する契約である

請負契約、委任契約（準委任契約も含む）は、簡単にいえば、いずれも、ある人・ある会社が、ある人・ある会社に仕事の依頼をする契約です。

例えば、請負契約の典型例は工事請負契約で、これは、人に建物の建築など工事の実施を依頼する契約です。また、委任契約の典型例は、弁護士に訴訟代理人となることを依頼する契約や会社の取締役や監査役などの役員になることを依頼する契約が挙げられます。

いずれも他者に一定の仕事の実施を依頼する契約という点で共通しています。

Keyword **準委任契約** 委任契約は法律事務を委任する契約であり、準委任契約は事実行為を委任する契約。準委任契約も民法の委任契約に関する規定が共通して適用される。

業務委託契約と請負契約・委任契約との関係

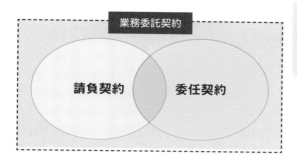

業務委託契約

請負契約　委任契約

> 業務委託契約は多くの場合、請負契約か委任契約に分類できる（両者の性質を併有する場合もある）

請負契約のイメージ

5,000万円で建物を
建ててほしい

建物を建てる
（仕事の完成を請け負う）

発注者
（建築主）

請負人
（建設工事業者）

請負契約とは、仕事の完成に対して報酬を支払う契約

委任契約のイメージ

訴訟代理人に
なってほしい

委任者のために
訴訟代理人として活動する

委任者

受任者
（弁護士）

委任契約とは事務処理を委任する契約

請負契約と委任契約の違い

請負契約と委任契約は、民法の規定上もさまざまな違いがありますが、まず、根本的に契約の性質が大きく異なります。請負契約は仕事の完成（結果の達成）を目的とした契約です。一方、委任契約は事務処理の委託（手段の遂行）を目的とした契約であり結果の達成は必ずしも保証されません。それぞれ例で説明しましょう。

請負契約の典型である工事請負契約は、工事をして建物を完成させること（結果の達成）が契約の内容です。建物を完成できなかったときは請負人は債務不履行責任を負います。

他方、委任契約の典型例として弁護士に訴訟代理人を委託する場合、訴訟代理人として事務処理を行うことが契約内容となりますが、必ずしも訴訟で勝訴すること（結果）は契約内容に含まれません。その代わり、弁護士は善管注意義務（全力で訴訟活動をする義務など）を負い、違反した場合は債務不履行責任を問われます。つまり、訴訟活動という「手段」をクライアントに提供するのが義務で、悪い結果（例えば敗訴）の場合も債務不履行にはならない一方、敗訴が善管注意義務違反（訴訟遂行の過程で、あまりにも不合理な対応をした等）の結果であれば債務不履行責任を負います。

請負契約書・委任契約書を作成する場合の視点

請負契約と委任契約は、上記のとおり、結果の達成を目的としたもの（請負契約）か、手段の遂行を目的としたもの（委任契約）かで分類されます。

契約書を作成する際にも、仕事の完成が必要な契約なのか、手段の遂行を目的とした契約なのかという点を意識することが重要なポイントであると考えられます。

例えば、仕事の完成を目的とする請負契約を作成したい場合には、仕事を依頼された人が、具体的にどのような結果の達成を行う義務があるのかを明確に規定するようにしましょう。例えば、「●月●日まで、●●という品質の商品・成果物を提出しなければならない」と明確に規定することで、この契約は、仕事の完成を目的とする請負契約としての性質を有するということが明確になります。他方で、このように具体的な仕事の完成に関する定めがないと、その契約は準委任契約であり、仕事を依頼された人は仕事の完成義務を負わず、善管注意義務を負うのみであると解釈されてしまうおそれがあります。

✏ 請負契約

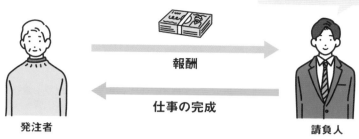

結果の達成を約束している

報酬

仕事の完成

発注者　　　　　　　　　　　　　　　　請負人

請負契約は、仕事の完成（結果の達成）を約束する契約

✏ 委任契約

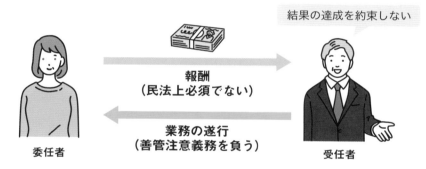

結果の達成を約束しない

報酬
（民法上必須でない）

業務の遂行
（善管注意義務を負う）

委任者　　　　　　　　　　　　　　　　受任者

委任契約は、手段の遂行を約束する契約（善管注意義務を負うが、
結果の達成は約束しない）

人に仕事を依頼する契約を作成する場合には、
仕事の完成が必要なのかどうか、仕事の完成
が必要であるとして、何をいつまでに完成さ
せれば仕事の完成といえるのかを明確に契約
書に規定しましょう。

◆ 請負契約と委任契約の違い

	請負契約	委任契約 (準委任契約)
結果の達成	請け負う	請け負わない
主な義務の内容	仕事を完成し、完成物を引渡す義務を負う。引渡しができないときは債務不履行責任を負い、引渡した完成物が不完全であるときは契約不適合責任を負う	善管注意義務を負う。善管注意義務違反の場合は、債務不履行責任を負う
報酬	有償	民法上は原則無償（ただし、一般的な委任契約は、多くの場合、有償で行う特約があると考えられる）
業務に要する費用請求	通常、報酬に含まれ、請負人が負担する	民法上、前払請求が認められる
再委託の可否	自由に再委託（下請負）が可能	委任者の合意かやむを得ない場合でないと再委託できない
解除	仕事が完成するまでの間は、注文者はいつでも解除が可能（ただし、損害賠償や出来高部分に応じた報酬の支払いが必要となる場合がある）	委任者はいつでも解除が可能（一定の場合には損害賠償請求が可能）

下請法による制約

　業務委託契約（委任契約・請負契約）のうち、4つの取引形態「製造委託」「修理委託」「情報成果物作成委託」「役務提供委託」においては、発注者と受注者が所定の資本金関係を満たす場合、下請代金支払遅延防止法（下請法）による規制が及びます。

　下請法は、大企業の下請を行う中小企業は弱い立場にあり、無理を押し付けられるおそれがあることから、中小企業を保護するために設けられた法律です。違反すると、行政上の勧告・命令を受ける場合があり、刑事罰も定められています。下請法上の親事業者となる場合に、契約書作成の際に特に留意すべき概要を右ページにまとめました。そのほか下請法の詳細については、公正取引委員会のホームページなどを参照してください。

✎ 下請法規制の対象となる取引（取引形態）

製造委託
例）物品・部品等の製造の委託

修理委託
例）物品・部品等の修理の委託

情報成果物作成委託
例）ソフトウェア・映像コンテンツ・
　　デザイン作成の委託

役務提供委託
例）親事業者が請け負った業務の委
　　託（運送、ビルメンテナンスなど）

✎ 下請法規制の対象となる取引（親事業者・下請事業者の資本金要件）

（1） ●物品の製造委託・修理委託
　　　●情報成果物作成委託・役務提供委託
　　　（プログラム作成、運送、物品の倉庫における保管および情報処理に係るもの）

親事業者		下請事業者
資本金 3 億円超	⟹	資本金 3 億円以下（個人を含む）
資本金 1 千万円超 3 億円以下	⟹	資本金 1 千万円以下（個人を含む）

（2） 情報成果物作成委託・役務提供委託
　　　（プログラム作成、運送、物品の倉庫における保管および情報処理に係るものを除く）

親事業者		下請事業者
資本金 5 千万円超	⟹	資本金 5 千万円以下（個人を含む）
資本金 1 千万円超 5 千万円以下	⟹	資本金 1 千万円以下（個人を含む）

出典：公正取引員会「知るほどなるほど下請法」（2 ページ）をもとに作成（https://www.jftc.go.jp/houdou/panfu_files/sitaukepamph_R5.pdf）

✎ 下請法適用対象取引について、親事業者となる場合に、契約書作成の際に特に留意すべき点

発注書面作成義務・保存義務	親事業者には、発注書面の作成・保存が義務付けられる。発注書面には、下請法所定の事項（例えば、給付の内容、代金額、支払期限）を記載する必要がある。所定の事項を網羅して記載すれば、契約書や注文書を発注書面とすることもできる
支払期限	親事業者は、給付を受領した日または役務の提供を受けた日から 60 日以内に下請代金を支払う必要がある。契約書にもこれを満たす規定が必要。契約書で下請法に反する合意をしても、下請法上の責任は免れられない
遅延利息	上記 60 日以内の支払期限に遅れる場合は、年率 14.6％の遅延損害金を支払う必要がある。契約書にもそれに合わせた規定が必要。契約書で下請法より親事業者に有利な合意をしても、下請法上の責任は免れられない

○○○○株式会社が×××株式会社に対して、○○○○株式会社の△△店における○○○○
株式会社の商品の販売業務を委託し、×××株式会社がこれを受託する場合

販売委託契約書

　　○○○○株式会社(以下、「甲」という。)と×××株式会社(以下、「乙」という。)
とは、次のとおり業務委託契約を締結する(以下、「本契約」という。)。

(業務委託)
第1条 甲は、乙に対し、甲の△△店(…所在)における甲商品の販売業務(以下、
「本件業務」という。)を委託し、乙はこれを受託する。なお、本件業務の遂行に
あたり、甲商品の販売価格は、別途甲が指定するものとする。

---

❶ 特定の業務を委託することを定める条項(1条)

委託業務の内容を特定し、その業務を委
託することを明確に定めています。

この規定を踏まえ、受託者が履行する義
務を負う業務内容を中心に見て、契約が
「委任契約型」なのか「請負契約型」なの
かを判別することができます。この書式
例は「委任契約型」のため、「…(業務)
を委託し、これを受託する」という表現
を用いています。

一般的には、業務委託契約上のこの規定

で「…を発注し、これを請け負う」とい
う表現を用いている、あるいは委託業務
の内容が「…を完成させること」になっ
ている場合は「請負契約型」で、それ以
外は通常は「委任契約型」であることが
多いと考えられます。

なお、受託者が販売業務を行うにあたっ
ての商品の販売価格は、委託者が指定す
るものと定めています。

ケース別・変更例

[商品の販売価格を当事者間で協議した上で決定する場合]

❷を「甲商品の販売価格は、別途甲と乙との協議の上、決定するものとする。」な
どとする。

（名　義）

第2条　乙は本件業務を甲の名義をもって行う。但し、乙は本件業務を行うにあたっては、甲の信用保持に特に留意し、これを傷つけるような行為をしてはならない。

（契約の効力）

第3条　本件業務に関し、乙が甲の名義をもって第三者との間で締結した契約の効力は、当該契約締結時に甲と第三者との間に直接発生する。

（報告等）

❸─**第4条**　乙は、本件業務による毎月の売上高その他甲が指定する事項について、甲所定の報告書を甲に交付する方法により、毎月末日締めで、翌月10日までに甲に報告しなければならない。

2　乙は、甲が要求するときはいつでも、本件業務に関する帳簿・伝票等を甲の閲覧に供し、かつその内容等について甲に説明しなければならない。

（代金の受領）

第5条　乙は、本件業務に関し、顧客が甲に支払うべき代金を受領することができる。

2　乙は、前項に基づいて受領した代金全額を、毎月末日締めで、翌月10日までに甲の指定する銀行口座に振り込む方法で支払う。

---

❸ 委託業務を遂行する上で必要となる事項（2条〜5条）

委託業務の詳細を定める条項です。受託者は、委託者のために、委託者の行うべき業務を代わりに行うことになります。その内容によっては、契約上、遂行するにあたって必要となる事項を定めておく必要があります。取引行為の委託においては、例えば以下の①〜③の事項を定めるのが一般的です。

①委託業務として、具体的にどのようなことをするのか

②委託業務を遂行するにあたっては、誰の名前（誰の名義）で行うのか

③委託業務を受託者が行った法律上の効果は、どのように帰属するのか

4条と5条は①、すなわち1条で特定されている「販売業務」の具体的な内容として、単に販売行為を行うことのみならず、売上高等について報告等を行い、また顧客から代金を受領し、受領した代金を委託者に入金することを定めています。

2条は②、すなわち委託業務を遂行するにあたっては委託者の名前でこれを行うことを定めています。

3条は③、すなわち委託業務を遂行した結果として、委託者に法律上の効果が帰属することを定めています。

（業務委託の対価）

第6条 本件業務の委託の対価は、本件業務による毎月の売上高の○パーセントの金額とする。

2 甲は、前条第2項に基づき乙から代金が支払われた後、20営業日以内に、乙に対して前項の対価を乙の指定する銀行口座に振り込む方法で支払うものとする。

（費用の負担）

第7条 本件業務を行うために必要な費用は、全て乙の負担とする。

（業務に従事する従業員）

第8条 甲は、本件業務に従事する乙の従業員について、不適任であると認める場合には、乙に対していつでも、本件業務に従事する従業員の変更を求めることができる。

2 乙は、本件業務に従事する乙の従業員に対し、雇用主又は使用者として、労働基準法、労働安全衛生法、労働者災害補償保険法、職業安定法その他従業員に対する法令上の責任を全て負い、責任をもって労務管理し、甲に対して一切責任又は迷惑をかけないものとする。

❹ 業務委託の対価（6条）

業務委託の対価（報酬）を定めています。委任契約の場合、必ずしも業務委託の対価がなければ契約が成立しないというものではなく、民法上も、受任者は特約がなければ、委任者に対して報酬を請求することができないとされています（民法648条1項）。実務的には、対価が発生しない（＝無償の）業務委託契約を締結することは通常は想定されませんので、業務委託の対価を発生させる場合には、契約上も明確にその具体的金額を定めておきましょう。

❺ 費用の負担（7条）

委託業務を受託者が遂行する上で必要となる費用を、いずれの当事者が負担するのかという点を定めています。民法によれば、委任契約において、委任された業務を遂行する上で必要となる費用は、委任者が負担するものとされています（民法649条および650条）。もっとも、実際の業務委託契約においては、受託者側で費用を負担する場合も想定されます。その場合は、この例のように、業務委託契約上、その旨を明確に定めておく必要があります。

（再委託）

❼ 　**第9条**　乙は、あらかじめ甲の書面による承諾を得なければ、本件業務を第三者に
　　再委託することはできない。

❻ 業務に従事する従業員について（8条）

1項では、委託業務に従事する従業員については、委託者側から変更を求めることができると定めています。とりわけ本件のように、委託者の店舗において委託者の商品を販売する業務を委託する場合、委託者としては自身のイメージを損なうような業務遂行が行われることは避けたいと考えるのが通常であり、本規定は有用なものといえます。

2項では、委託業務に従事する従業員については、受託者が自らの責任の下、労務管理を行うことを定めています。この規定はとりわけ、いわゆる「偽装委任」（形式上は「委任」の建付けを採っているものの、実質的には「労働者派遣」等であるようなケース）に該当しないことを明確にしているものです。契約書に規定を置いたからといって、直ちにリスクから逃れることができるわけではありませんが、当事者間での契約上の確認として一定の意味があると考えられます。

❼ 再委託（9条）

受託者が委託を受けた業務を第三者に再委託できるか否かについて定めています。この再委託についても委任契約型か請負契約型かにより取扱いが異なります。委任契約では、やむを得ない場合を除き、委託者の承諾がない限り、再委任はでき

ないとされています（民法644条の2）。一方で、請負契約においては、法律上、再発注を規制する規定はなく、自由であると解されます。この例は、委託者の書面による承諾を得た場合を除き、再委託を禁止する旨を定めています。

ケース別・変更例

**ある特定の第三者（株式会社□□）に対する再委託についてのみ、あらかじ
め許容する場合**

❼を以下のように書き換える。

（再委託）

第9条　乙は、本件業務を株式会社□□に再委託することができる。

2　前項の場合を除き、乙は、あらかじめ甲の書面による承諾を得なければ、本件業務を
　第三者に再委託することはできない。

（解除等）

第10条 甲は、乙に次の各号の一に該当する事由が生じたときは、催告なしに直ちに、本契約を解除することができる。なお、当該解除権の行使は、甲の損害賠償の請求を妨げない。

①本契約の各条項に違反したとき。

②銀行取引停止の状態に陥り、または破産、民事再生手続き、もしくは会社更生手続きの申立てがあったとき。

③仮差押、仮処分、強制執行もしくは競売等の申立てを受け、または公租公課の滞納処分を受けたとき。

④営業につき行政庁から取消、または停止の処分を受けたとき。

⑤経営または財産状態が悪化し、またはその恐れがあると認められるとき。

⑥乙、乙の役員又は乙の従業員が、反社会的勢力であることが明らかになったとき。

2　甲は、本契約の存続中であっても、3カ月の猶予期間をもって書面により乙に通知をすることによって、いつでも本契約の解約を申し入れることができる。この場合、乙は、甲に対して、名目の如何を問わず、金員の請求をすることはできない。

3　乙は、自己に第1項各号の一に該当する事由が生じたときは、甲の催告なしに直ちに、甲に対する全ての債務の期限の利益を失うものとする。

---

❽ 解除等（10条）

1項は、受託者の事由による委託者の解除権を定めています。

2項は、委託者の中途解約権を定めています。委任契約においては、各当事者がいつでも契約を解除できます。ただし、以下の場合は、やむを得ない事由がある場合を除き、相手方の損害を賠償しなければならないとされています（民法651条）。

①相手方に不利な時期に委任を解除したとき

②委任者が受任者の利益をも目的とする委任を解除したとき

ここでは、この規定を合意により委託者に有利に変更しています。

3項は、1項の事由が生じたことによって、受託者が期限の利益を喪失することを定めています。

（監査）

第 11 条　甲は、乙の本件業務の遂行状況に関して、監査をすることができ、事前に乙に連絡の上、乙の事務所の立入調査を実施することができるものとする。

2　甲は、乙に対して、乙の本件業務の遂行状況について、随時、報告を求めることができる。

⑨

（有効期間）

第 12 条　本契約の有効期間は契約締結日から 1 年間とする。但し、本契約の期間満了の 1 カ月前までに、甲又は乙から別段の意思表示がない場合には、自動的に 1 年間更新されるものとし、以後も同様とする。

⑩

---

⑨ 監査（11 条）

委託者が、受託者の委託業務の遂行状況について監査ができることを定めています。その一環として、1 項では受託者の事務所の立入調査ができること、2 項では受託者に対して委託業務の遂行状況の報告を求めることができることを明記しています。このように委託者の監査権限を認める例は、業務委託契約では実務上も多く見られます。

⑩ 有効期間（12 条）

有効期間については、委託業務の内容等に照らして、自動更新するべきかどうかを検討する必要があります。この例では、但書で自動更新を定めています。

ケース別・変更例

［ 契約の更新のためには別途の合意が必要とする場合 ］

⑩を以下のように書き換える。

（有効期間）

第 12 条　本契約の有効期間は契約締結日から 1 年間とする。本契約を更新する場合には、甲乙間で別途協議の上、その旨及び更新条件を決定する。

（譲渡禁止）

第13条　甲及び乙は、本契約に基づく地位又は権利義務を、相手方の事前の書面による承諾なく、第三者に譲渡することはできない。

（秘密保持）

第14条　甲及び乙は、本契約の履行過程において知り又は知りえた相手方の情報に関して互いに第三者に開示又は漏洩してはならず、また本契約の履行の目的以外に使用してはならない。但し、以下のいずれかに該当する情報については、当該開示を受けた当事者につき、上記の秘密保持義務は適用されないものとする。

記

①開示の時点において、既に公知となっていた情報

②開示後において、開示を受けた当事者の責めによらずに公知となった情報

③開示の時点において、開示を受けた当事者が既に保有していた情報

④開示を受けた当事者が法律又は契約に違反することなく第三者から提供若しくは開示された情報

⑤法令又は裁判所若しくは行政庁の命令により開示が要求される情報

（合意管轄裁判所）

第15条　本契約に関連して生ずる甲乙間のすべての紛争については、東京地方裁判所を第一審の専属的な合意管轄裁判所とする。

以上を証するため、甲及び乙は本契約書を2通作成し、それぞれ1通ずつ保有・保管するものとする。

令和○○年○○月○○日

　　　　甲

　　　　乙

⓫ その他一般条項（13条〜15条）

業務委託契約においても、一般条項を設けておくことが通常です。

秘密保持（14条）は、とりわけ業務委託契約において大切な条項です。委託業務の遂行にあたり、委託者は受託者に自己の内部情報等を開示することが必要となる場合は多く想定されます。また、反対に受託者としても、業務遂行に必要な自己のノウハウ等を委託者に開示することが考えられます。このような場合には秘密保持条項を設けておきましょう。

○○○○株式会社が××××株式会社に対して、○○○○株式会社の商品の陸上運送業務を発注し、××××株式会社がこれを請け負う場合（なお、本契約に基づき個別契約を締結することを想定している）

運送委託契約書

　　○○○○株式会社（以下、「甲」という。）と××××株式会社（以下、「乙」という。）とは、次のとおり請負契約を締結する（以下、「本契約」という。）。

（請負）
❶── **第1条**　甲は、甲の商品（以下、「商品」という。）の運送業務（以下、「本件業務」という。）を乙に発注し、乙はこれを請け負う。

❶ 特定の業務を発注することを定める条項（1条）

発注業務の内容を特定し、その業務を委託することを明確に定めています。
この例は、商品の運送業務を発注する内容です（＝運送契約）。運送契約とは、運送人が物品や旅客を一定の場所から他の場所へ移動させること（＝仕事の完成）を約束して、荷送人や旅客がこれに対して代金を支払うことを約束する契約です。この委託内容を前提とすれば、運送契約は請負契約の一種と解されますので、

「…発注し、これを請け負う」という表現を用いています。なお、本件では商法上の運送契約を想定しています。その他、一般的に行われている運送委託契約においては、運送業務の具体的内容によっては、委任契約型の場合もあれば、請負契約型の場合もあります。請負契約型の場合は、それを明確にするために、契約書の表題を「請負契約」等と定めてしまうことも考えられます。

② **（乙の業務）**

第 2 条　乙は、商品を、甲乙別途協議の上決定した日（以下、「納入日」という。）までに、甲の△△店まで、乙所有の○トントラックを使用して運送するものとする。

2　本件業務は、乙が荷受人に対して商品の引渡しをすることをもって、完了するものとする。

3　前項の引渡しが完了したとき、乙は、遅滞なく商品の運送報告書を甲に提出するものとする。

③ **（請負の対価）**

第 3 条　甲は、乙に対し、本件業務の対価として、商品の重量・配送地域別に基づき定められた別表運賃記載の請負代金を、納入日から 1 週間以内に、乙の指定する口座に振り込む方法で支払う。

（注：別表運賃は省略）

② 発注業務の内容（2 条）

1 項では、請負人が行うべき発注業務の詳細を定めています。「別途協議の上決定した日までに」（期限）、「請負人所有の○トントラックを使用して」（手段）、商品を運送しなければならないことを明記しています。

請負人による仕事の完成のための具体的な手段や期限等の条件を設定したい場合には、契約上明記する必要があります。これは請負契約に限らず、他の類型の契約にも共通します。

また、商法上の運送契約については、運送人は、物品を運送の上、引き渡すことまで求められていますので、仕事の完成として引渡しを要する場合には、2 項のように契約上その旨を明記しておきます。3 項では、請負人は運送業務に関する商品の引渡しが完了したら、発注者に対して遅滞なく「運送報告書」を提出する義務を負うと定めています。請負人による仕事の完成を、発注者が確実に認識できるようにするためです。

発注業務の内容によっては、仕事の完成を認めるかどうかは発注者が判断します。例えば、建物の建築請負契約等では、発注者による検査を予定し、それに合格した場合には、仕事の完成を認めるという運用とすることが一般的です。

③ 請負の対価（3 条）

請負契約は、委任契約とは異なり、請負の対価が発生することが当然予定される契約類型です。商法上の運送契約においても、運送費の支払いが予定されており、この例でも請負の対価（報酬）を定めています。なお、運送契約では、実務上商品の重量や配送地域を踏まえ、請負の対価（運送費）が設定されることが一般的です。

❹──**（商品の受け渡し）**
　　第4条　甲は、本件業務に先立ち、商品を、甲の□□工場において、甲乙別途協議
　　　　の上決定した日までに乙に引き渡す。
　　　2　前項の引渡しにあたって、甲は乙に対し、運送状を交付する。

❺──**（指揮命令）**
　　第5条　本件業務の遂行に関する乙の従業員に対する指示、労務管理、安全衛生
　　　　等に関する一切の指揮命令は、乙が行うものとする。

❹ 発注者側の義務を定める事項（4条）

　請負人が発注業務を行うために必要となる発注者の行為について定めています。請負人が運送業務を行うには、あらかじめ発注者から商品の引渡しを受けておくことが不可欠です。1項は、発注者の義務として発注業務に先立ち、特定の場所で、特定の期限までに、請負人に対して商品を引き渡す旨記しています。

　運送契約における荷送人は、運送人の請求により、「送り状」を交付しなければならないと定められています（商法571条）。送り状とは、運送品の種類や容積等、荷造りの種類、荷送人および荷受人の氏名または名称、発送地および到達地といった事項を記載した書面などです。これを踏まえて2項は、発注者の義務として、商品の引渡しのときに、請負人に送り状（運送状）を交付する旨を定めています。

　発注業務の内容に発注者の協力や関与が必要となる場合、とりわけ請負人は、契約上で発注者の義務として明記しておくことを検討しましょう。発注者にとっても、自身が必要な行為を明確にしておくことで、トラブルを回避できる利点があります。

❺ 指揮命令（5条）

　発注業務の遂行にあたり、請負人が請負人の従業員に対する指揮命令を行うことを定めています。この規定はとりわけ、いわゆる「偽装請負」（形式上は「請負」の建付けを採っているものの、実質的には「労働者派遣」等であるようなケース）に該当しないことを明確にしているものです。契約書に規定を置いたからといって、直ちに「偽装請負」のリスクから逃れることができるわけではありませんが、当事者間による契約上の確認として一定の意味があると考えられます。

（通知）

第6条 乙は、本件業務に関し、次の各号の一に該当する事由が生じたときには、直ちに甲に通知してその指示を受けるものとする。

①甲の商品が滅失または毀損し、その他の異常を発見したとき。

②交通事故や天候等により、商品の引渡しが遅延するおそれが生じたとき。

❻ 通知（6条）

請負人が発注業務を遂行するにあたって、所定の事由が生じた場合には、直ちに発注者に通知し、発注者の指示を受けなければならないと定めています。

請負人が行う発注業務は、必ずしも円滑に進むとは限りません。予期せぬ事態が生じ、発注業務を円滑に行うことができない、あるいはできないおそれが生じることもあります。その場合、即座に発注者へ情報を共有して、発注者が対応を検討できるように、請負人の発注者に対する通知義務等を定めるものです。実務上、請負契約においては比較的よく見られる規定です。

具体的な所定の事由については、発注業務の内容や性質を踏まえて想定されるトラブルと、発注者が情報共有をして欲しいトラブルという観点から検討する必要があります。

ここでは運送業務ですから、①運送の対象となる商品に異常が見られた場合と、②交通事故や天候等の外部的事情により引渡しが遅延するおそれが生じた場合の2つに、請負人に上記の義務を課しています。

＋ONE │ さまざまな法規制がある運送契約

運送契約は目的物によって、物品運送、旅客運送、通信運送に分かれます。また、移動場所（空間）によって、陸上運送、海上運送、航空運送に分かれます。運送契約については、商法上で独自の規律が定められているほか、貨物自動車運送事業法、貨物利用運送事業法、鉄道事業法、海上運送法、航空法等、さまざまな特別法が存在するという特徴があります。

この書式例では物品の陸上運送を想定しています。請負人となる一般貨物自動車運送事業者は、貨物自動車運送事業法上、運送約款を定め、国土交通大臣の認可を受ける必要があります。ただし、国土交通大臣が定めた運送約款と同一の運送約款を定めている場合は、その約款について認可を受けたものとみなされます。そこで実務上、同一の運送約款が多く使用されます。その約款の定めを一部改正、あるいは約款に規定のない事項について特約事項として定めるために、運送契約を締結することも想定されます。

❼ ┌ （再発注）
└ **第7条** 乙は、本件業務の全部又は一部を第三者に再発注することができない。

❽

❼ 再発注（7条）

請負人が発注を受けた業務を第三者に再発注することができるか否かについて定めています。この例では、再発注を禁止しています。

再発注については、委任契約型か請負契約型で異なる取扱いとなります。委任契約では、委任者の承諾がない限り、やむを得ない場合を除き、再委任を行うことはできませんが（225ページ）、請負契約においては、法律上、再発注を規制する規定はなく、自由に行えると解されています。

この例は請負契約型ですから、法律上の原則に従えば、請負人は再発注ができることになります。しかし、請負契約でも、発注者は自分の予期しない、あるいは望ましくないと考える第三者に対しての再発注は避けたいこともあります。その場合は、契約上、再発注を制限する規定を定めておく必要があります。規定がない場合は、法律上の原則に従った取り扱いとなります。

┌─ ケース別・変更例 ─┐

［ 法律上の原則どおり、再発注を許容する場合 ］

❽を「本件業務の全部又は一部を第三者に再発注することができる」などとする。

発注者としては請負人の業務遂行状況を確認等できるのが大事です。

（損害賠償）

⑨ **第8条** 乙は、甲に対し、乙が商品の受取り、運送、保管及び引渡しについて注意を怠らなかったことを証明しない限り、商品の滅失、毀損又は延着について損害賠償責任を負う。

（解除）

⑩ **第9条** 甲は、乙に次の各号の一に該当する事由が生じたときには、催告なしに直ちに、本契約を解除することができる。なお、当該解除権の行使は、甲の損害賠償の請求を妨げない。

①本契約の各条項に違反し、本契約を継続することが著しく困難であるとき。

②銀行取引停止の状態に陥り、または破産、民事再生手続き、もしくは会社更生手続きの申立てがあったとき。

③仮差押、仮処分、強制執行もしくは競売等の申立てを受け、または公租公課の滞納処分を受けたとき。

④営業につき行政庁から取消、または停止の処分を受けたとき。

⑤経営または財産状態が悪化し、またはその恐れがあると認められるとき。

⑥乙、乙の役員又は乙の従業員が、反社会的勢力であることが明らかになったとき。

---

⑨ 損害賠償（8条）

請負人の損害賠償責任について定めています。債務不履行に基づく損害賠償責任については、債務者の帰責事由がない場合を除き、発生するという考え方が民法の一般原則です。運送契約については、別途、商法上、損害賠償責任に関する以下の規定が設けられています。

商法575条「運送人の受取から引渡しまでの間にその運送品が滅失し若しくは損傷の原因が生じ、または運送品が延着したときは、これによって生じた損害を賠償する責任を負う。ただし、運送人がその運送品の受取、運送、保管及び引渡しについて注意を怠らなかったことを証明したときは、この限りでない。」

この例ではこの定めに則っています。他方で、契約上の損害賠償責任についても、基本的に契約自由の原則が妥当します。別途、法律上の規制を受けない限りは、当事者間の合意により損害賠償責任を減免することなどは可能です。また、契約上、商品が延着した場合の損害賠償額の上限を定める例も見られます。

234

[**商品が延着した場合の損害賠償額の上限を定める場合**]

❾の後に、以下のとおり追加する。

> 2　商品が延着した場合の損害賠償の額は、第3条の代金を限度とする。ただし、乙の悪
> 意又は重過失によって生じた場合には、この限りでない。

❿ 解除（9条）

発注者の解除権を定めています。運送契約は継続的な性質があることから、この例では、単に契約違反の事実があるだけでは解除事由とはならず、契約違反が契約の継続を著しく困難とするような性質がある場合に解除事由を限定しています。

なお、発注者の中途解約権については特段の定めを置いていませんが、請負契約においては、請負人が仕事を完成しない間は、注文者はいつでも損害を賠償して契約の解除をすることができます（民法641条）。

+ONE **｜ 賠償すべき損害の内容**

❾により請負人が債務不履行に基づき損害賠償責任を負う場合、通常生ずべき損害（通常損害）に加え、当事者が特別の事情を予見すべきであったときは、その特別の事情によって生じた損害（特別損害）の賠償をすべきなのが民法上の原則です。

しかし、運送契約は、大量かつ低廉な運送費により運送業務が行われる性質があるため、運送人の保護の観点から、商法上、民法上の原則とは異なる特則が定められています。商法576条1項より、以下の2つの原則で算定されます。ただし、運送人の故意または重過失により運送品の滅失または損傷が生じた場合にはこの限りでありません。

①運送品の滅失または損傷の場合における損害賠償の額は、その引渡しがされるべき地および時における運送品の市場価格（取引所の相場がある物品については、その相場）によって定める

②市場価格がないときは、その地および時における同種類で同一の品質の物品の正常な価格によって定める

また、商法には高価品特則（577条）、運送人の責任の消滅に関する規定（584条、585条）など、運送契約独自の規律が定められています。

（有効期間）

第 10 条　本契約の有効期間は契約締結日から 1 年間とする。但し、本契約期間満了前 3 カ月前までに、甲又は乙から別段の意思表示がない場合には、自動的に 1 年間更新されるものとし、以後も同様とする。

（譲渡禁止）

第 11 条　甲及び乙は、本契約に基づく地位又は権利義務を、相手方の事前の書面による承諾なく、第三者に譲渡することはできない。

（秘密保持）

第 12 条　甲及び乙は、本契約の履行過程において知り又は知りえた相手方の情報に関して互いに第三者に開示又は漏洩してはならず、また本契約の履行の目的以外に使用してはならない。但し、以下のいずれかに該当する情報については、当該開示を受けた当事者につき、上記の秘密保持義務は適用されないものとする。

記

① 　開示の時点において、既に公知となっていた情報
② 　開示後において、開示を受けた当事者の責めによらずに公知となった情報
③ 　開示の時点において、開示を受けた当事者が既に保有していた情報
④ 　開示を受けた当事者が法律又は契約に違反することなく第三者から提供若しくは開示された情報
⑤ 　法令又は裁判所若しくは行政庁の命令により開示が要求される情報

（合意管轄裁判所）

第 13 条　本契約に関連して生ずる甲乙間のすべての紛争については、東京地方裁判所を第一審の専属的な合意管轄裁判所とする。

　　以上を証するため、甲及び乙は本契約書を 2 通作成し、それぞれ 1 通ずつ保有・保管するものとする。

令和○○年○○月○○日

　　　　　　甲
　　　　　　乙

⓫ 有効期間（10条）

有効期間については、委任契約型の場合と同じように、請負業務の内容等に照らして、自動更新するべきかどうかを検討する必要があります。この例では、運送契約が継続的な性質があることから、但書で自動更新を定めています。

⓬ その他一般条項（11条〜13条）

請負契約においても、一般条項を設けておくことが通常です。

請負契約においても、各ケースに即した内容の一般条項を定めましょう。

システムの製作を委託する契約

システム開発委託契約とは、受託者に、一定のプログラムやソフトウェアなどシステムの製作を委託する契約です。請負型の契約として締結されることも、準委任型の契約として締結されることもあります。

各工程の都度必要な範囲の契約を締結するケースもある

ひとことでシステム開発といっても、案件によりさまざまな進め方がありますが、一般的な工程の一例は以下のとおりです。

システム開発は、発注者がどのような機能が必要なのかを聞き出し、その実装方法を協議しながら進めていくものです。元々発注者が希望していた機能を実現するには大きなコストがかかることがわかった場合など、案件が進むにつれてシステムの機能を変更・削減することはよくあります。最初の段階で契約を締結しても、契約で想定したとおりに進まないことも珍しくありません。

その都度、一度締結した契約書の内容を変更するのは負担が大きいため、案件によっては、工程ごとに契約書を締結し、各工程の都度必要な範囲の契約を締結することもあります。

一般的にシステム開発の工程は「企画・要件定義」「設計」「保守」は準委任契約になじみやすく、「製作」「試験」は請負契約になじみやすいと考えられます。工程ごと契約を締結する場合は、その契約が請負契約に近いのか、準委任契約に近いのかを踏まえ、契約条件を検討するようにしましょう。

📝 システム開発の工程

工程	内容
企画・要件定義	発注者が、どのようなシステムを必要としているかをヒアリングし、これから製造するシステムとして備えるべき機能（要件）を設定する
設計	要件定義を踏まえ、必要な機能が発揮されるシステムの設計図を作成する
製作・試験	設計に基づきシステムを製作する。また、製作したシステムが正しく動作するか試験を行う
保守・メンテナンス	運用開始とともに、システムの保守・メンテナンスが必要となる

A株式会社が、B株式会社にシステムの製作を依頼する場合（前ページの工程における「企画・要件定義」から「製作・試験」を一括で委託することを想定したもので、「保守・メンテナンス」は想定していない）

システム開発委託契約書

　A株式会社（以下、「甲」という）とB株式会社（以下「乙」という）とは、甲の○○○○システムの開発を委託するにあたり、次の通り契約する。

（目　的）
第１条　甲は、○○○○システム（以下「本件システム」という）の開発業務（以下「本件業務」という）を乙に発注し、乙はこれを受託する。

❶ 目的（1 条）

システム開発契約では、どのようなシステムの製作を委託するのかを明確にすることが重要です。

もっとも、「システム」がどのようなものかを言葉で表現することは非常に難しいものです。そのため、システムの中身（仕様）は、仕様書などのより詳細な資料により特定することが通常です。この例では、1条ではシステムの名前を記載するのみとし、具体的なシステムの仕様は2条で本契約書の添付書類である仕様書によって特定する案としています。

システム開発契約に関する契約書を作成する際は、「企画・要件定義」「設計」「製作・試験」「保守・メンテナンス」のどの工程に関する契約なのかを意識しましょう。

（乙の業務）

❷ **第2条** 本件業務の詳細は、別紙の仕様書（以下「本件仕様書」という）に記載のとおりであり、乙は、甲に対し、令和○年○月○日（以下「完成期限」という）までに本件業務を完成させ、本件業務の結果作成されるソフトウェア（以下、「本件成果物」という）を適切な作動が可能な状態で提供しなければならない。

❸ 2 乙は、善良な管理者としての注意をもって、本件業務を遂行しなければならない。

（請負の対価）

❹ **第3条** 甲は、乙に対し、本件業務の対価として金○○○○○○円（税込）を支払う。

2 甲は、前項の代金を本件業務の検収完了後30日以内に乙の指定する口座に振り込む方法により支払うものとする。この場合の振込手数料は、甲の負担とする。

（業務の追加）

❺ **第4条** 甲又は乙は、本件仕様書に記載されたソフトウェアの仕様、又は、本件仕様書に記載された乙の業務について追加又は変更する場合は、その追加又は変更の内容、また、本件業務の対価を変更する場合はその対価を書面により合意するものとする。

---

❷ 乙の業務（2条1項）

受託者が完成期限までに本件業務を完成させ、その結果作成されるソフトウェアを提供する義務を規定しています。業務の内容については、別紙の「本件仕様書」において定めるとしています。

システム開発委託契約の場合、受託者の義務の内容やソフトウェアの仕様を特定するだけでも、相応の分量の資料が必要となるため、このように契約書では詳細な規定を置かず、案件ごとに作成される仕様書を添付して、その仕様書に受託者の行う詳細な業務の内容や成果物となるソフトウェアの仕様を特定することが通常です（仕様書の内容は割愛しています

が、この例でもその想定です）。

契約書に添付された仕様書は、契約書と一体となるもので、そこに記載された事項は契約の一部となり、受託者は仕様書に沿って業務を行い、仕様書に記載された仕様のソフトウェアを製作する義務を負うことになります。仕様書の記載にそぐわないソフトウェアを製作すると、受託者は、債務不履行責任を負います。

仕様書についても契約書そのものと考え、一般的な契約書と同様に「あいまいな記載を避け、第三者でも理解できる明確な記載をする」「案件ごと必要十分な事項を記載する」ことを心がけてください。

❸ 乙の善管注意義務（2 条 2 項）

この契約は「企画・要件定義」や「設計」など、準委任型になじむ工程も含まれていることから、受託者が善管注意義務を負うことを確認する規定を置いています。後出の8条で請負型になじむ「製作・試験」の工程を含み、9条で契約不適合責任に関する規定も置いており、どちらかというと請負契約に近いといえますが、このような請負契約に近い契約でも善管注意義務を規定するケースは実務的にも見られます。

❹ 対価に関する規定（3 条）

受託者が本件業務を実施し、本件成果物を納入することに対して委託者が受託者に支払う対価を定めた規定です。業務の対価を、一定の条件（ある工程が完了したタイミングや一定の時期）で分割払いするケースも実務上見られます。

❺ 業務の追加に関する規定（4 条）

システム開発契約は、システムを開発する中で、当初想定していなかった機能の追加や変更をされることが多くあります。そのような場合に備え、仕様書に記載されたソフトウェアの仕様または委託業務について、追加や変更する場合は書面による合意が必要とした規定です。

当事者間で共通認識がない場合、その追加・変更が本来の契約の範囲内かどうか、費用が発生するかどうか等の紛争が生じやすいため、委託者と受託者でよく協議し、書面で合意することが望まれます。もともとの契約に含まれない業務の追加を委託者から依頼された場合に、書面などでその対価を合意せずに、受託者がその追加の業務を行った場合、追加の代金の支払い義務の有無を巡って、委託者と受託者で紛争になるケースがあります。例えば、委託者側は、当然、当初の契約に含まれていると思っていたが、受託者側は追加で対価がもらえると思っていたというような行き違いが生じてしまう事例がよく見られます。当初の契約に含まれない業務を追加する場合には、委託者・受託者ともに、そのような行き違いが生じないように注意が必要です。

（完成期限の変更）

第5条　以下の各号の一つに該当する場合には、乙は甲に対して状況を報告した上で、甲に対し本件業務の完成期限の変更を求めることができる。

(1) 甲より提供された本件業務に関する資料その他本件業務遂行に必要な資料、情報、機器等の提供の懈怠、遅延、誤りのため本件業務の進捗に支障が生じたとき

(2) 前条に基づく追加又は変更があったとき

(3) 天災その他不可抗力により完成期限までに本件業務を完成することが困難になったとき

（資料の貸与）

第6条　甲は、乙に対し、本件仕様書に定める乙が本件業務を遂行する上で必要となる資料を、本件仕様書に定める期限までに無償で貸与しなければならない。

2　乙は、前項に基づき甲から貸与を受けた資料を、本件業務の完成時点又は本契約の失効時点のいずれか早い時期に、直ちに甲に返還する。

---

❻ 完成期限の変更（5条）

受託者から、完成期限を遅くすることを求めることができる規定です。その事由として3つを挙げています。いずれも、受託者である乙にとって完成期限を延長してもやむを得ない事由と考えられます。

①委託者から必要な協力が得られないとき（1号）

②前条に基づく追加変更があったとき（2号）

③不可抗力により業務を完成することが困難になったとき（3号）

---

❼ 資料の貸与に関する規定（6条）

委託者から必要な資料の貸与を定める規定です。例えば、委託者の社内で利用するシステムを開発する場合には、受託者は委託者の社内の事情を把握したり、既存の社内システムと連携したりが必要となることもあります。多くの場合、このように委託者からの情報提供がなければ、システム開発ができません。そのため、1項のように委託者が資料を無償貸与するという規定を置いています。

(再委託)

❽　**第7条**　乙は、本件業務の全部又は一部を甲に通知した上で、第三者に再発注することができる。

(検収)

第8条　甲は、乙による本件成果物の受領後、10日以内に、動作確認その他必要な検査を実施し、その結果を乙に通知しなければならない。

❾　2　前項の検査に合格した場合、検査完了日をもって、本件成果物の検収が完了したものとする。ただし、検査に合格したことは、甲の乙に対する契約不適合責任の責任追及を妨げるものではない。

3　前項の検査に合格しない場合、甲は乙に対して不合格となった具体的な理由を示したうえで、本件成果物の修正を求めるものとし、以後、乙が検査に合格するまで同様とする。

4　完成期限までに本件成果物が検収されない場合、乙は甲に生じた損害を賠償する責任を負う。

❽ 再委託に関する規定（7条）

受託者がシステム開発の全部または一部を再委託するケースもあります。案件ごとに再委託の可否や手続きに関する定めをおくことが一般的です。この例では、受託者から委託者へ通知をした上で、第三者への再発注を可能としています。

❾ 検収（8条）

いつまでに成果物が提供される必要があるかを明確にし、受領時にどのような手続きで検査を実施し、どのような状態となれば、受託者がすべての業務を完了したといえるのか規定することが一般的です。

1項で、成果物受領後の委託者による検査の期限を定めています。結果が不合格の場合は、委託者は受託者に具体的な理由を示して成果物の修正を求め、合格まで検査を繰り返すことになります（3項）。さらに4項では、完成期限までに合格しなかった場合の受託者の損害賠償責任を定めており、2項但書では、検査に合格した場合も9条に定める契約不適合責任を免れないと定めています。

（契約不適合責任）

第9条 本件成果物について、契約不適合があったときは、甲は、甲の選択により、乙に対して、本件成果物の修補、代替品の納入若しくは不足分の納入等の方法による履行の追完、代金の全部又は一部の減額若しくは返還その他の必要な措置を行う事を求めることが出来る。また、甲は、これら措置に代え、または、これら措置とともに、損害賠償請求をすることが出来る。

2 前項について契約不適合が甲の指示に起因するときは、甲は、前項の請求をすることができない。ただし、乙が、甲の指示が不適切であることを知り、知ることが出来たにもかかわらず、これを告げなかった場合はこの限りでない。

（第三者ソフトウェア）

第10条 乙が、本件業務において、本件成果物の作成のため、甲又は乙以外の第三者が権利を有するソフトウェア（フリーソフトウェア及びオープンソースソフトウェアを含む。以下「第三者ソフトウェア」という）を利用するには、甲の承諾を得なければならない。

2 前項に基づき甲が第三者ソフトウェアの利用を承諾した場合、乙は、乙の費用と責任において、第三者ソフトウェアの権利者との間でライセンス契約を締結する等第三者ソフトウェアを本件業務に使用するために必要な措置を講じなければならない。

⑩ 契約不適合責任（9条）

納入された成果物に契約不適合があった場合の受託者の責任を定める規定です。ソフトウェアを製作する工程が含まれる契約では、請負契約型として契約不適合の定めを置くことが多くあります。

⑪ 第三者ソフトウェア（10条）

システム開発では、フリーソフトウェアやオープンソースソフトウェアをはじめとした第三者が権利を持つソフトウェアが利用されることがあります。その場合に、適切に第三者ソフトウェアを利用する権限を取得しないとその第三者から権利を主張され、本件成果物の利用の妨げになるおそれがあります。

1項では、第三者ソフトウェアを利用する際は委託者の許可が必要であること、2項では、その利用のために必要な措置を受託者が自己の費用と負担で行うことを規定しています。

（第三者の知的財産権に関する保証等）

第 11 条 乙は本件成果物が第三者の著作権その他のいかなる権利をも侵害していないことを保証する。また、本件成果物に関して、甲又は乙と第三者との間で、著作権その他の権利侵害を理由として紛争が生じた場合には、乙の費用負担によりこれを解決するものとし、当該紛争により甲が損害を被った場合は、乙に損害賠償請求をすることが出来る。

⑫

（知的財産の取扱い）

第 12 条 本件成果物を含む、本件業務の遂行の過程で生じた知的財産及び知的財産権（発明、特許を受ける権利、著作権、ノウハウその他全ての知的財産及び知的財産権を含み、本件成果物に含まれるものも当然に含まれるが、これに限らない。また、著作権法第 27 条および 28 条に規定する権利を含む）について、検収日をもって、乙は、甲にその全てを譲渡するものとする。また、乙は、本件成果物又は本件業務の遂行の過程で生じた著作物について、著作者人格権が生じた場合も、これを行使しない。

2　前項の譲渡及び不行使の対価は、本件業務の対価に含まれるものであることを確認する。

⑬

---

⑫ 第三者の知的財産権に関する補償（11 条）

受託者が作成したソフトウェアが第三者の知的財産権を侵害している場合、権利者から差し止めや損害賠償請求を受け、ソフトウェアの使用ができなくなることが考えられます。そのため、受託者にソフトウェアが第三者の知的財産権を侵害しないことを保証させる規定を置き、万が一そのような事態となった場合には、受託者が責任を負うことを定めることが考えられます。

⑬ 知的財産の取扱い（12 条）

製作されたソフトウェアについては著作権をはじめとした知的財産が発生することになりますので、それが誰に帰属するか明確にしておく必要があります。この例では、知的財産権は委託者に帰属することとし、その対価は本件業務の対価に含まれることを明確にしています。他方で、上記の例と異なり、知的財産権は委託者ではなく、受託者が保有し、委託者は、受託者から、ソフトウェアを使用する権利を許諾してもらう形をとるケースなどもあります。

245

（損害賠償）

第13条　甲及び乙は、相手方が本契約に定める義務に違反した場合は、相手方に対して損害賠償請求をすることができる。

2　本契約に基づき乙が負う損害賠償の上限は、第3条に定める本件業務の対価の金額（第4条に基づき本件業務の対価が変更された場合は変更後の金額）とする。

（解　除）

第14条　甲又は乙は、相手方に次の各号に掲げる事由の一つが生じたときには、何らの催告なく直ちに本契約を解除することができる。

(1) 本契約に定める義務に違反し、相当期間を定めた催告にかかわらず、是正されないとき

(2) 差押・仮差押・仮処分・強制執行・競売・破産・民事再生・会社更生の申立を受けたときもしくは自ら申立をなしたとき、または滞納処分を受けたとき。

(3) その他財産状態が悪化し、またはそのおそれあると認められる相当の事由があるとき。

2　前項に該当した場合、甲又は乙は本契約に基づく債務について期限の利益を当然に喪失する。

（権利義務の譲渡の禁止）

第15条　甲及び乙は、この契約によって生ずる一切の権利または義務を第三者に譲渡し、または担保の目的に供してはならない。

（秘密保持）

第16条　甲及び乙は、本契約の締結の事実及び本契約の履行の過程において知り又は知りえた相手方の情報に関して互いに第三者に開示又は漏洩してはならず、また本契約の履行の目的以外に使用してはならない。

（合意管轄裁判所）

第17条　本契約に関連して生ずる甲乙間のすべての紛争については、東京地方裁判所を専属的な第一審の管轄裁判所とする。

　以上を証するため、甲及び乙は本契約書を2通作成し、それぞれ1通ずつ保有・保管するものとする。

令和○○年○○月○○日

　　　　　甲
　　　　　乙

⓮ 損害賠償の上限（13条）

当事者が本契約の定めに違反した場合の損害賠償に関する規定を定めています。特に、2項では、受託者に有利な規定として、損害賠償の上限額を定める規定を置いています。

システム開発委託契約を締結する場合には、受託者の損害賠償額の上限を、契約上の対価の金額とすることが一般的です。委託者が受託者に、損害賠償額の上限の定めを置かないように求めても、このような要請には応じてくれない受託者が多いと思われます。

ケース別・変更例

［ 損害賠償の範囲を直接損害に限定する場合（受託者に有利な規定）］

⑮の後に「この場合の損害賠償は、直接かつ現実に生じた通常の損害（間接損害・逸失利益等を除く）に限るものとする。」などと追加する。

［ 損害賠償の上限額の定めを受託者に故意・重過失がある場合は適用しない旨を明記する場合（委託者に有利な規定）］

⑯を以下のとおり書き換える。

> 2　本契約に基づき乙が負う損害賠償の上限は、乙に故意・重過失がある場合を除き、第3条に定める本件業務の対価の金額（第4条に基づき本件業務の対価が変更された場合は変更後の金額）とする。

⓱ 解除条項、一般条項、後文

一般的な契約と同様、解除条項や一般条項、後文を設けるのが一般的です。

システムは企業活動に不可欠となりつつあり、受託者のミスでシステム障害が起こると、委託者の事業に大きな影響を与えます。システム開発契約に関わる損害賠償は損害額が大きくなる傾向があるため、損害賠償規定の置き方は重要です。

契約書式例集

5

業務委託契約書（請負契約・委任契約）

雇用契約書

目的	使用者と労働者が雇用条件を決めるため
当事者	報酬の支払いを対価として労働力を得たい法人や個人と報酬を得るために労働に従事したい個人
合意内容	雇用（報酬など）の条件
締結時期・契約期間	労働者が労働に従事する前に締結するのが一般的
必要となる主なケース	・個人が会社に雇われて労働に従事する場合 ・個人商店が店員を雇う場合　など

雇用契約とは

雇用契約の特徴

　雇用契約とは、一方の当事者（A）が他方の当事者（B）に対して労働に従事することを約束し、それに対して他方の当事者（B）が一方の当事者（A）にその報酬を与えることを約束することによって効力が生じる契約をいいます（民法623条）。このとき、Aは労働者、Bは使用者と呼ばれます。

　労働者は、原則として約束した労働を終えた後でなければ、使用者に対して報酬を請求することができません（民法624条1項）。また、期間によって報酬を定めた場合はその期間が経過した後に請求ができます（同条2項）。

　ただし、労働者は、使用者の責めに帰することができない事由で労働に従事することができなくなった場合と、雇用が履行の途中で終了した場合は、すでに労働した割合に応じて報酬を請求することができます（民法624条の2）。

　ただし、これらの民法上のルールは、当事者間で別途の約束がない場合の報酬の支払時期を定めたものであるため、当事者間で約束があれば、それに従うこととなります。

　また、民法上、労働の種類については特段の制限が設けられていません。したがって、例えば、雇用契約上約束した仕事は肉体労働である場合や精神労働である場合もあり、提供すべき労務の具体的内容は当事者間の約束で決まるという点も雇用契約の特徴です。

🖎 雇用契約

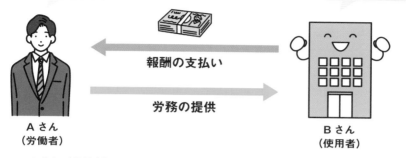

約束した仕事をします

給与を払います

報酬の支払い

労務の提供

A さん
（労働者）

B さん
（使用者）

　A さん（労働者）が B さん（使用者）に対して労働に従事することを
約束し、それに対して B さん（使用者）が A さん（労働者）にその報
酬を与えることを約束することによって効力が生じる

雇用契約は私たちにとって
身近な契約といえますね。

＋ONE ｜ 雇用契約における一身専属的な権利

雇用契約における権利は、一身専属的な性質であるという特徴があります。一
般原則では、権利者は、法令上の特別の定めなどがない限りは、自己の持つ権
利を第三者へ自由に譲り渡すことができます。しかし、民法の決まりで、使用
者は労働者の承諾を得なければ、労働に従事させる権利を第三者に譲り渡すこ
とができませんし、労働者もまた、使用者の承諾を得なければ、自己に代わっ
て第三者を労働に従事させることができません。

労働関係法令による規制について

民法では、契約類型ごとに規定が定められています。私的自治、契約自由の原則の下においては、強行規定を除けば、民法の定めにかかわらず、当事者間の合意により契約条件を決定することができるのが原則です。

しかし、雇用契約は使用者の指揮命令の下で労働者が労働に従事するという関係にあります。これまでの歴史においては、労働条件の決定権が使用者に偏在し、労働者が弱い立場に置かれていたという背景があり、労働者保護の観点等から、多くの労働関係法令が定められています。代表的なものとしては、労働基準法や労働契約法、労働組合法等が挙げられます。

これらの中には強行規定も多くあり、雇用契約の契約条件を考えるにあたっては、特に使用者は右ページ表に挙げたものをはじめとする関係法令に留意する必要があります。例えば、労働基準法は、強行規定として労働条件や使用者が行うべき措置等の最低基準を罰則付きで定めています。

就業規則等の社内規程について

ある契約を締結する場合、具体的な契約条件については、契約書で一元的に定めるのが一般的です。しかし、使用者が定める就業規則には、法律上、最低基準効などが認められています。そのため、就業規則等により各労働者に共通する契約条件を詳細かつ具体的に定め、個別の労働者との間で特別に定めるべき労働条件については個別の契約で定めるという対応が実務上一般的です。この点も雇用契約特有の取扱いといえます。ただし、就業規則等で強行規定に反する規定を置いたとしても、やはり強行規定が優先的に適用されます。

なお、社内規程については、各社の特色やニーズを踏まえ、使用者によって定められることになります。一般的には、就業規則のほか、例えば賃金規程、退職金規程、人事考課規程、休職規程などテーマごとに作成されることが多いようです。

Keyword **最低基準効** 就業規則の基準に達しない労働条件を定める労働契約の部分を無効とし（強行的効力）、また、無効となった部分を就業規則で定める基準によって補う効力（直律的効力）のこと。

✏️ 主な労働関係法令

法令名	概要
労働基準法	労働条件に関する最低基準を定めた法律
労働契約法	紛争の未然防止や労働者の保護を図るため、労働契約についての基本的なルールをわかりやすく明らかにした法律
労働組合法	労働三権（憲法 28 条）を保障するため、労働組合に対して使用者との間で労働協約を締結する権能を認めるとともに、使用者が労働組合及び労働組合員に対して不利益な取扱いをすること等（不当労働行為）を禁止する法律
労働者災害補償保険法	業務上の事由または通勤による労働者の負傷、疾病、障害、死亡等に対して必要な保険給付等を行うことを目的とした法律
短時間労働者及び有期雇用労働者の雇用管理の改善等に関する法律（パートタイム労働法）	正社員とパートタイム労働者、有期雇用労働者との不合理な待遇差を禁止する等、パート・アルバイト・契約社員として働く労働者の環境をよくするための法律
労働安全衛生法	危険防止基準の確立、責任体制の明確化および自主的活動の促進等により、職場における労働者の安全と健康を確保するとともに、快適な職場環境の形成を促進することを目的とした法律
最低賃金法	賃金の最低額を定める法律
職業安定法	公共職業安定所やその他の職業安定機関、職業安定機関以外の者が職業紹介事業等を行うにあたっての諸規制等を定める法律
労働者派遣事業の適正な運営の確保及び派遣労働者の保護等に関する法律（労働者派遣法）	労働者派遣事業や労働者派遣事業における派遣元・派遣先に係る諸規制等を定める法律

法令上、さまざまな観点から労働者保護が図られています。

○○○○株式会社と××××が、○○○○株式会社を使用者、××××を労働者として、○○
○○株式会社本社で事務職に従事させるため、雇用期間の定めのない雇用契約を締結する場
合。なお、○○○○株式会社には、就業規則をはじめとする各種社内規程が整備されている

雇用契約書 ❶

　○○○○株式会社（以下、「使用者」という。）と××××（以下、「労働者」という。）
は、使用者が労働者を雇用するにあたって、次のとおり雇用契約を締結する（以下、
「本契約」という。）。

（雇用）
第 1 条　使用者は、労働者を本契約に定める労働条件に従って雇用し、労働者は本
　　　　契約の他、使用者の就業規則等の社内規程や指揮命令に従って勤務する。

❷ ┌ **（雇用期間）**
　 └ **第 2 条**　本契約は、雇用期間の定めのない契約とする。

❶ 労働条件の明示について

労働基準法上、使用者は、労働契約の締
結に際して、労働者に対し、所定の労働
条件を、一定の事項については所定の方
法で、明示しなければならないとされて
います（15条）。この規定を受け、労働
基準法施行規則で詳細が定められており、
右ページに挙げた14の事項の明示が求
められています（5条）。2024年4月1
日以降に契約の締結・更新をする場合に
は、改正労働基準法施行規則5条が適用
され、明示すべき事項が追加されます。
なお、②に該当しない場合、また、⑦〜
⑭の事項について該当する事項を定めな
い場合には、これらの条件を明示する必

要はありません。また、①〜⑥の事項に
ついては、原則書面等の方法で明示する
必要があります。
労働基準法が求めるところにより、上記
のように書面等で行うことが求められて
いる事項もありますが、労働条件を明示
するにあたっては必ずしも「雇用契約
書」という形式でこれを行う必要はあり
ません。実務的には、例えば「労働条件
通知書」を交付する方法で、使用者が労
働者に対して労働条件を明示する場合も
多く見られます。
また、使用者が就業規則等の社内規程を
設けて周知しているような場合には、各

種社内規程を労働者に示し、労働者に適用がある部分を明確にした上、それらを交付する方法を採用（併用）することで、雇用契約書等の記載をより簡易的なものとする場合も多く見られます。

●**労働者に明示すべき労働条件**（労働基準法施行規則 5 条）

①労働契約の期間に関する事項

②期間の定めのある労働契約を更新する場合の基準に関する事項

③就業の場所および従事すべき業務に関する事項

④始業および終業の時刻、所定労働時間を超える労働の有無、休憩時間、休日、休暇並びに労働者を二組以上に分けて就業させる場合における就業時転換に関する事項

⑤賃金（退職手当および⑧に規定する賃金を除く。）の決定、計算および支払の方法、賃金の締切りおよび支払の時期並びに昇給に関する事項

⑥退職に関する事項（解雇の事由を含む。）

⑦退職手当の定めが適用される労働者の範囲、退職手当の決定、計算および支払の方法並びに退職手当の支払の時期に関する事項

⑧臨時に支払われる賃金（退職手当を除く。）、賞与および労働基準法施行規則第8条各号に掲げる賃金並びに最低賃金額に関する事項

⑨労働者に負担させるべき食費、作業用品その他に関する事項

⑩安全および衛生に関する事項

⑪職業訓練に関する事項

⑫災害補償および業務外の傷病扶助に関する事項

⑬表彰および制裁に関する事項

⑭休職に関する事項

❷ 雇用期間（2 条）

上記の「①労働契約の期間に関する事項」を定めています。この例では、雇用期間の定めのない雇用契約であることを想定しています。雇用期間の定めのある雇用契約を締結する場合には、契約の更新の有無、および、契約を更新する場合または更新しない場合の判断基準（上の②の事項）を明示する必要があります。

改正労働基準法施行規則 5 条は、期間の定めのある労働契約に関し、追加的な明示事項を定めています。

（業務内容等）

第3条 労働者が従事する業務内容及び就業場所は以下のとおりとする。

①業務内容

事務及びこれに付随する業務

②就業場所

本社（所在：●●）

2　使用者は、業務上の必要がある場合、以下の範囲で前項の業務内容や就業場所を変更することができる。

①業務内容

使用者の定める業務

②就業場所

本社、○○支社及び△△支社

❸

（就業・休憩時間）

第4条 労働者の就業時間及び休憩時間は以下のとおりとする。

①就業時間

9時から18時まで

②休憩時間

12時から13時まで（1時間）

2　使用者は、業務上の必要がある場合、前項の就業時間や休憩時間を変更し、また、所定時間外労働を命ずることができる。

❹

---

❸ 業務内容等（3条）

前述の「③就業の場所および従事すべき業務に関する事項」を定めています。なお、労働基準法の定めとの関係では、雇用契約締結直後に予定している就業の場所および従事すべき業務を記載すれば足ります。ただし、2024年4月1日以降は、就業場所・業務の変更の範囲も明示する必要があるので、それ以前に契約を締結する場合でも、これを記載しておくことが考えられます。

また、この例では、使用者は、業務上の必要がある場合、労働者の就業の場所や従事すべき業務の内容を変更できる旨明記しています。

❹ 就業・休憩時間（4条）

前述の④のうち、「始業および終業の時刻、所定労働時間を超える労働の有無、休憩時間に関する事項」を定めています。具体的な条件を記載しましょう。また、この例では、使用者が、所定時間外労働を命じることができることに加え、就業時間・休憩時間の変更に係る業務命令権を持つことも明記しています。

（勤務日・休日）

第5条 労働者の休日は以下のとおりとする。

　①土曜日、日曜日

　②国民の祝日

2　使用者は、業務上の必要がある場合、前項の休日に労働者を臨時就業させ、また、前項の休日をあらかじめ他の日に振り替えることができる。

3　年次有給休暇その他の休暇については、使用者の就業規則第●条で定めるところによる。

❺

（賃金）

第6条 労働者の賃金は月給制とし、以下のとおりとする。

　①基本給　金●円

　②通勤手当　金●円

　③所定時間外勤務手当　法定超　月60時間以内　25％

　　　　　　　　　　　　　　　　月60時間超　50％

　④休日手当　法定休日　35％

　⑤深夜勤務手当　25％

　⑥賞与　使用者の就業規則第●条に基づき毎年6月に支給する。

　⑦退職金　使用者の退職金規程第●条に基づき支給する。

2　賃金の締日は毎月末日、支払日は毎月25日とする。

3　第1項第1号の基本給に関する昇給は、毎年7月1日をもって決定する。

❻

---

❺ 勤務日・休日（5条）

前述の④のうち、「休日、休暇に関する事項」を定めています。所定の休日については曜日や日を特定して記載しましょう。なお、とりわけ④については、取り決める労働条件の内容によっては、明示すべき事項が膨大なものとなる場合があります。この場合、所定時間外労働の有無以外の事項については、雇用契約書上はおおまかな考え方のみを記載するとともに、労働者に適用される社内規程の該当条文を引用する方法も考えられます。

---

❻ 賃金（6条）

前述の⑤、⑦、⑧に関する事項を定めています。これらの事項については、それぞれ具体的な金額を明記しましょう。ただし、例えば基本給等について、社内規程に規定されている賃金等級等によって賃金額を確定できる場合には、当該等級等を明確に示す方法で特定することも考えられます。

（解雇）

第7条 使用者は、労働者が以下の各号のいずれかに該当するときは、30日前に予告し、または30日分の平均賃金を支払って解雇することができる。

①精神上または身体の障害のために業務に耐えられないとき。

②著しい勤怠不良が認められ、改善の見込みがないとき。

③労働能率が著しく劣り、向上の見込みがないと認められたとき。

④事業の縮小その他やむを得ない事由により解雇の必要が生じたとき。

⑤その他前各号に準じるやむを得ない事由があるとき。

（退職）

第8条 労働者は、以下の各号のいずれかに該当するときは、退職とする。

①退職を願い出て、使用者がこれを承認したとき。

②退職を届け出て、2週間が経過したとき。

③無断欠勤が連続30日に及んだとき。

④定年（満65歳）に達したとき。

⑤死亡したとき。

---

⑦ 解雇（7条）

前述の「⑥退職に関する事項」のうち、解雇の事由を定めています。解雇の事由に該当する場合には、労働者の意思にかかわらず、使用者が雇用契約を終了させ得るという重要な意義を持つため、雇用契約書上、解雇の事由を列挙しておくことも考えられます。一方で、解雇の事由について、明示すべき事項の内容が膨大なものとなる場合には、労働者に適用される社内規程上の関係条項を示す方法で特定することも考えられます。

⑧ 退職（8条）

前述の「⑥退職に関する事項」のうち、退職の事由および手続を定めています。解雇事由と同じく、当事者間で後々どのような場合に労働者が退職することとなるのかについてトラブルが生じるのを避けるため、双方で共通認識を持つべく、あらかじめ明記しておくことも考えられます。一方で、明示すべき事項の内容が膨大なものとなる場合には、該当の労働者に適用される社内規程上の関係条項を示す方法で特定することが考えられます。

（懲戒）

❾ **第9条**　使用者は、使用者の懲戒規程第●条〜第●条に定めるところにより、労働者を懲戒処分に処することがある。

（その他の取扱い）

❿ **第10条**　本契約に定めのない事項は使用者の就業規則等の社内規程によるものとする。

2　前項の他、本契約及び使用者の社内規程のいずれにも定めのない事項は使用者・労働者の協議により決定する。

　　以上を証するため、使用者及び労働者は本契約書を2通作成し、それぞれ1通ずつ保有・保管するものとする。

　　令和○○年○○月○○日

　　　　　　　使用者　　　　東京都千代田区丸の内○―○―○

　　　　　　　　　　　　　　○　○　○　○　株　式　会　社

　　　　　　　　　　　　　　代表取締役　×　×　×　×　　　　印

　　　　　　　労働者　　　　東京都港区赤坂×―×―×

　　　　　　　　　　　　　　　　×　×　×　×　　　　印

❾ 懲戒（9条）

前述の「⑬表彰および制裁に関する事項」のうち、制裁（懲戒）に関する事項を定めています。この例では、労働者に適用される、使用者の懲戒規程の関係条文を示す方法を採っています。

❿ その他の取扱い（10条）

雇用契約書に定めのない事項については、使用者が定める社内規程による旨明記するとともに（1項）、使用者の社内規程にも定めのない事項については、使用者と労働者の協議の上決定するものとする（2項）旨の取扱いを定めています。各項とも、必ずしも契約書上明記しなくとも、通常は同様の取扱いとなるものと考えられますが、実務上は当事者間で共通認識を持つために明記しておくことが多いです。

和解契約書

目的	紛争が生じた当事者同士で一定の条件のもと紛争を解決させること
当事者	会社と会社、会社と個人、個人と個人など、さまざまなケースが想定される
合意内容	紛争を解決するための条件
締結時期・契約期間	紛争を解決するための条件が整ったタイミングで締結する。契約期間は設けないことが多い
必要となる主なケース	裁判外で、法的紛争（交通事故、相続、身分関係、会社間の紛争などあらゆる紛争）を解決する場合

和解契約とは

互譲により紛争を終了させる契約

　和解契約とは、双方で紛争が生じた場合に、お互いが譲り合うこと（これを「互譲」といいます）によって、その紛争を解決する契約をいいます。

　和解契約では、上記のとおり互譲が前提とされており、双方が譲歩をすることで紛争が解決されます。通常、民事事件に関する紛争が生じた場合は、民事訴訟を提起して、勝訴判決を得て、さらに必要であれば裁判所を通じて強制執行を行い、ようやく自らの権利を実現できることになります。

　訴訟は年単位で時間がかかるもので、その結果が必ず勝訴かもわかりません。強制執行もうまくいくとは限りません。しかし、和解契約であれば、互いに譲るため自身も一定の痛みを伴うものの、紛争を早期かつ柔軟に解決することが期待できます。

　和解契約書の表題は単に和解契約書とすることもありますが、示談書とすることもあります。

Keyword　**示談書**　事件や事故といった、加害者、被害者が存在するような場合に和解をすることを「示談」と呼び、その場合には和解契約書の表題を「示談書」にすることが多い。

和解契約に記載する主な項目

紛争内容が何か	どのような紛争が生じていたのかを明らかにする（どの紛争を解決するのかは、清算条項の適用される範囲を明確にするためにも重要となる場合がある）
紛争を解決するための条件	紛争を解決するために、それぞれが有する権利や義務を確認する（例えば、所有権が誰にあるか、解決金をいくら支払うのか、また、秘密保持義務を負うのかなど）
清算条項	債権債務関係がないことを確認する規定。清算条項を置くことにより、和解契約締結以後は、新たな請求をすることはできなくなる。和解契約の本質ともいえる非常に重要な規定

和解契約のイメージ（例）

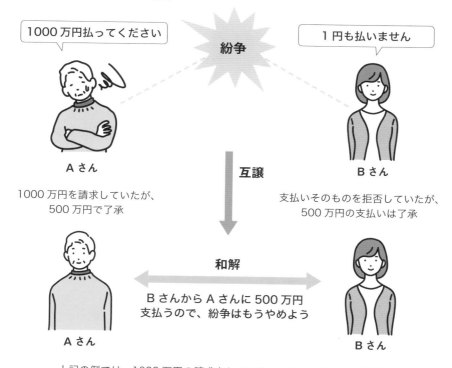

上記の例では、1000万円の請求をしていたAさんに対して、全額支払を拒絶していたBさんとの間の紛争について、Aさんは500万円の請求を諦め、Bさんは500万円の支払を認める点で、それぞれ「互譲」をしている

和解契約における合意内容

和解契約で合意できる内容について制限はありません。

紛争とは関係ない事項を互譲の材料としてもよく、複数の紛争がある場合には、別の紛争を互譲の材料としてもよいとされます。ただし、強行法規に反する内容を和解契約の内容とすることはできないので注意が必要です。

民事訴訟で判決を得る場合には、その紛争について原告の請求がどの程度認められるかどうかという点しか判断されず、判決の内容は硬直的とならざるを得ません。その点、金銭請求について分割払いすることができるなど和解契約はフレキシブルな解決が可能です。

調停や裁判上の和解

裁判所で行う民事調停という手続きでは、裁判官を含む調停員という専門家が紛争当事者双方の話を聞きながら、和解による紛争の解決を目指します。また、民事訴訟においても、必ず判決をするわけではなく、途中で裁判官から和解を勧められることがあります。このように裁判所が関与する場合は、当事者同士で和解契約書を作成するの

ではなく、裁判所が、調停調書や和解調書という和解契約に代わる書面を作成します（内容自体は和解契約書に似通ったものです）。これらは、確定判決と同一の効力を有するものとして扱われ、それらに基づき強制執行することも可能です。これは訴訟・調停によらず当事者同士で作成した和解契約書では、得られない効果です。

刑事事件における和解契約・示談の利用

民事上の紛争（交通事故、離婚、相続、その他会社間の紛争）以外に、刑事事件でも、和解契約が締結されることがあります（刑事事件では特に「示談」と呼ばれることが多い）。

主に加害者である被疑者・被告人が被害者に示談をし、被害弁償や慰謝料として示談金を支払うことがあります。被害者も示談金を受け取る代わりに

「刑事処罰を求めない」「被害届や告訴を取り下げる」と記載することもあります。

刑事事件において示談が成立していると、刑事裁判にかけるために起訴するかどうか、あるいは有罪判決が下される場合の刑の重さといった判断において、被疑者・被告人には有利に働きます。

🖊 民事事件の和解に向けての主な活動

①当事者間の直接交渉
当事者間での交渉。民事訴訟の提起や民事調停の申し立ての前には、まず直接交渉が行われることが多い。話し合いがまとまれば、当事者により和解契約書が作成される

直接交渉

A　　　　　　　　　　　　　　　B

②民事調停
裁判所の選ぶ調停委員会（裁判官1名と専門家などで構成）が、紛争当時者のそれぞれの話を聞きながら、話し合いによる和解の成立を目指す手続き。調停委員会は、民事裁判の判決のように、どちらの勝ち負けを判断することはせず、あくまで話し合いによる解決を目指す。第三者が間に入り、双方の言い分を整理したり、意見を述べることで話が進みやすい。話し合いがまとまれば、裁判所において調停調書が作成される

調停委員会

調停委員会が間に入って話し合い

A　　　　　　　　　　　　　　　B

③民事訴訟における和解
民事裁判は、判決を目指し、原告の請求が認められるかどうかを判断する手続きだが（話し合いによる解決を目指す手続きではない）、訴訟の過程で裁判所から判決よりも早期かつ柔軟な解決のために和解を勧められることがある。裁判所からは、当事者に心証を示され説得されることもあり、判決を見据えた内容の和解が締結されやすい。話し合いがまとまれば、裁判所において和解調書が作成される

1000万円払ってください

裁判所

原告の請求が認められるかを判断

A（原告）　　　　　　　　　　　　　　　B（被告）

Aは、Bに1000万円を貸し付けたとして、Bに対してその返還を求めたが、AとBの間では金銭消費貸借契約書が作成されておらず、Bは、1000万円はAが自分に贈与したものだとして返還を拒んだ。その後、BがAに対して500万円を支払うことで和解をすることに合意し、和解契約を締結した事例

和解契約書

❶ A(以下「甲」という)とB(以下「乙」という)とは、甲が乙 に対して●年●月●日に1000万円を貸付けたとしてその返還を乙に求めている件(以下、「本件」という)について、次のとおり和解契約を締結する。 **❷**

(和解金)
❸ **第1条** 乙は、甲に対し、本件に関する解決金として、合計金500万円の支払義務があることを認める。

(和解金の支払)
第2条 乙は、前条の金500万円の解決金を、令和□□年△△月末日限り、下記の銀行口座宛に振り込む方法で支払う。但し、振込手数料は乙の負担とする。

記

・・・・銀行　　・・・・支店
・・口座
口座番号　　111111
口座名義　　○○　○○(・・・・)

❶「本件」の特定（前文）

前文で紛争の内容を記載し、最後にこれを「本件」と定義しています。紛争内容の特定は、契約書内の別の条文の効果の範囲を画定するケースも多くあり重要です。例えば、清算条項が「本件」の範囲内しか及ばないなどと定められる場合もあります。

この例ではAが主張している内容を元に「本件」の内容を記載していますが、よ

り事実関係がはっきりとした事案では、事実情報をもう少し盛り込んだ記載にすることが考えらえます。

相手方と生じている紛争をすべて解決する場合であれば、「甲乙間に生じている一切の紛争」などといった概括的な文言で記載をすることもありますが、可能な限り具体的に特定することが望ましいと考えられます。

各ケースに応じて、和解契約の前文を以下のような条項とする。

［交通事故に関する和解契約の場合］

❷を「●年●月●日、住所●●の路上において、甲の運転する自動車が乙の運転する自動車に追突した件（以下、「本件」という）」などとする。

［労働災害に関する和解契約の場合］

❷を「乙に勤務する甲が、乙の●●工場内で、●年●月●日就業中に、転倒し怪我を負い、●年●月●日労災認定を受けた件（以下、「本件労災事件」という）」などとする。

［製造委託物に生じた契約不適合責任に関する和解契約の場合］

❷を「乙が、甲乙間の●年●月●日付製造物委託契約に基づき、甲が乙に納入した●●製品において、▲▲という不具合が生じた件（以下、「本件」という）」などとする。

❸ 和解の条件の明示（1条・2条）

和解契約では、紛争を解決するために、和解の条件となる互譲の内容を明確にすることが重要です。和解の結果、それぞれがどのような権利を有し、どのような義務を負うかです。典型的な条件としては、「金銭を支払う」「モノを引き渡す」「一定の行為を行う（不具合や契約不適合を補修するなど）」「今後一定の行為を行わないことを約束する（違反した場合のペナルティを定める）」「謝罪の意を表明する」「刑事処罰を求めないことを表明し、被害届を取り下げる」などが挙げられます。上記以外にも、案件に応じてさまざまなものが考えられ、適宜これらを組み合わ

せることも可能です。重要なのは、客観的に見て何が和解の条件なのかがわかるように明確な記載を行うことです。条件が不明確だと、和解契約で定める義務が履行されたかを巡ってさらなる紛争が生じ、せっかく和解契約を締結した意味が失われかねません。

この例では、BのAに対する金銭（解決金）の支払いを和解の条件としています。この場合、解決金の金額や支払期限、支払方法を明確にすることが重要です。そのため、まず1条で解決金の金額を明確にし、2条で解決金の支払い期限や支払方法を合意しています。

（秘密保持等）

第3条　甲及び乙は、本和解契約書を締結した事実及びその内容について、一切第三者に口外しない。

　　　　また甲及び乙は、本件に関して、互いに相手方の信用又は名誉を毀損するような言動を、今後一切行わない。

❹

（清算条項）

第4条　甲及び乙は、本件に関し、甲乙間には、本和解契約書に定める他一切の債権債務関係が存在しないことを相互に確認する。

❺

　　　以上を証するため、甲及び乙は本契約書を2通作成し、それぞれ1通ずつ保有・保管するものとする。

　　　令和○○年○○月○○日

　　　　　　　甲

　　　　　　　乙

❹ 秘密保持条項等（3条）

和解契約では、秘密保持義務を課すことがあり、本件でも双方が、本件および本和解契約書に関して秘密保持義務を負うという、簡易な秘密保持に関する条項を加えています。

また、和解契約の場合は、上記のように、相互に信用や名誉を毀損するような言動（誹謗中傷等を想定したもの）をしないといった文言を加えることもあります。

＋ONE ｜ 和解契約における金銭の名目

和解において支払われる金銭には、「解決金」「和解金」「損害賠償金」などさまざまな名目が用いられ、どの名目を使わなければならないという決まりはありません。もっとも、相手方の請求を認めたわけではないが早期解決のため金銭を支払うとする場合には、「損害賠償金」等の名目では、損害賠償責任を認めたかのように読めてしまうため、「解決金」「和解金」という表現を使うことが多いです。

❺ 清算条項（4条）

清算条項とは、和解契約に定めるほかには当事者間に何の紛争も生じておらず、債権も債務も存在していないことを確認する条項です。和解契約においてもっとも重要な条項で、この条項があってこそ締結する意味があるといっても過言ではありません。

清算条項では「本和解契約に定めるほかに、債権債務関係が存在しないことを相互に確認する」と記載することが基本です。これにより、当事者間に債権債務が存在しないことが確認されます。その結果、この場合なら例えば、Aが同じ貸金を返還せよとか、Bが支払った解決金を返せなどと後から要求することが制限されます。

清算条項を締結した場合は、和解契約書に記載した権利や義務以外は消滅してしまうことに注意してください。この例では「本件に関し」清算条項が締結されたので、本件に関する債権債務は、和解契約で定めたものを除き、すべて消滅することになります。

(ケース別・変更例)

[本件に限定せず、甲乙間のすべての法律関係に清算条項を及ぼす場合]

❺を以下のように書き換える。

（清算条項）

第4条 甲及び乙は、甲乙間には、本和解契約書に定める他一切の債権債務関係が存在しないことを相互に確認する。

＋ONE ┃ 清算条項の範囲は慎重に検討する

清算条項にある「本件に関し」という部分を削除して和解契約を締結することも考えられます。その場合、清算条項は「本件」のみならず、甲及び乙の間のあらゆる法律関係に生じると解釈される可能性があります。すると、甲と乙の間に実は本件とは別の取引関係があり、債権債務（本件とは別にBがAに対して売掛代金債権を有している場合など）が存在する場合にまで、清算条項により権利が消滅してしまう可能性があります。紛争が生じている事案以外にも当事者間で債権債務関係がないかを確認した上で、どの範囲で清算条項を発効させるかを慎重に検討することが重要です。

ライセンス契約書

目的	ライセンサーがライセンシーに権利・ノウハウ・技術等の「使用・改変・実施等」を許諾すること
当事者	会社と会社、会社と個人、個人と個人など、さまざまなケースが想定される
合意内容	ライセンス
締結時期・契約期間	「使用・改変・実施等」を開始する前に締結することが一般的
必要となる主なケース	・特許発明の実施権を許諾する場合 ・著作物の利用を許諾する場合 ・登録商標の使用権を許諾する場合　など

ライセンス契約とは

種類豊富なライセンス契約

　ライセンス契約とは、ある権利・ノウハウ・技術等について使用・改変・実施等の権限を持つ者が、特定の相手方に対しその権利等の使用・改変・実施等を許諾する契約です。以下では「ライセンス」と「許諾」を同義の用語として使用します。権利等を許諾する者をライセンサー、権利等の許諾を受ける者をライセンシーといいます。

　ライセンスの対象としては、①特許権・実用新案権・意匠権、②著作権、③商標権、④技術・キャラクター、⑤ノウハウ・営業秘密、⑥（情報）システムなど、さまざまなものがあります。

　現代社会では、特許発明の実施権やノウハウの使用権を許諾する契約を見かけることが多く、本書でも具体例で特許権実施許諾契約を取り扱います。

　なお、実際には「ライセンス契約書」や「許諾契約書」というタイトルでないものも多く、フランチャイズ契約書、販売代理店契約書、共同研究開発契約書など、権利等の使用・改変・実施等の許諾の要素を含む契約書は多種多様に存在します。契約の性質を理解するには、タイトルといった形式面だけではなく、契約内容という実質面に目を向けることが大切だといえます。

✏ ライセンス契約とは

使用・改変・実施等を許諾する

ライセンシー

ライセンサー

ライセンス料を支払う

ライセンシー

> 一般的にはライセンス料が支払われることが多いですが、ライセンス契約において不可欠の要素ではありません。

✏ ライセンス契約に規定する主な内容

ライセンスの対象となる権利等	ライセンスの対象となる権利等を特定してライセンスすることを定める
ライセンスの内容	ライセンスの範囲を定める
ライセンスの対価	ライセンシーが支払うライセンスの対価を定める

ライセンサーに必要な権限とは？

　ライセンサーに間違いなく必要な権限は、ライセンスを行う権限です。ライセンス契約の目的である、ライセンシーへの「使用・改変・実施等」の許諾を行うためには、この権限が必要不可欠です。ライセンサーがこの権限を有していなかったとしても、ライセンス契約それ自体が無効となるわけではありませんが、その場合、ライセンシーは実際に使用・改変・実施等を行えず、困ってしまうからです。

ライセンスの内容をいかに設定するかが重要！

　ライセンス契約では、2つの要素を合意しておく必要があります。独占的か非独占的か、そしてライセンスの範囲です。

　まず、独占的か非独占的かの設定には、次の2つの方法があります。

①知的財産法によって定められている実施権の別を利用する方法

②契約によって定める方法

　例えば、特許法・実用新案法・意匠法は、特許権・実用新案権・意匠権について、それぞれ専用実施権（権利自体、独占的に実施する権利）と通常実施権（権利自体、非独占的に実施する権利）を定めています。専用実施権を設定した場合には、それだけで独占的ライセンスをライセンシーに付与したことになります。

　一方、通常実施権を設定した場合は、非独占的ライセンスを付与したに過ぎません。もっとも②の方法で「他の第三者に許諾しない」旨を合意すれば、契約上は独占的ライセンスを付与したことになるのです。これを独占的通常実施権といいます。

　①の専用実施権の設定には登録が必要で手間がかかることから、独占的ライセンスを付与するにあたっては、独占的通常実施権を設定することが一般的です。

　なお、「独占的」については、「ライセンサー自身が実施等するか否か」という視点もあり、専用実施権を設定した場合には、ライセンサー自身も実施等できないのに対し、独占的通常実施権を設定した場合には、契約においてライセンサー自身の実施等を定めることができます。

　もう1つの要素、ライセンスの範囲については、右ページ上図のA）〜C）の範囲を明確に定めることが重要です。

✏️ ライセンス内容に関する2つの要素

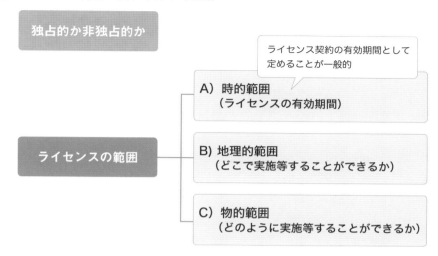

独占的か非独占的か

ライセンスの範囲

ライセンス契約の有効期間として
定めることが一般的

A) 時的範囲
（ライセンスの有効期間）

B) 地理的範囲
（どこで実施等することができるか）

C) 物的範囲
（どのように実施等することができるか）

◈ 独占禁止法への抵触可能性がある場合

独占禁止法は、市場における競争を減殺させる行為などを規制している。ライセンス契約において、技術を利用させないようにする行為または技術を利用できる範囲を限定する行為は、この技術の市場またはこの技術を用いた製品の市場における競争に影響を及ぼすという観点から、ライセンサーがライセンシーに対して次のような行為を行った場合、独占禁止法への抵触が問題となりうるとされている

1. 当該技術を利用して製造する製品の最低製造数量または技術の最低使用回数を制限すること

2. 原材料・部品その他ライセンス技術を用いて製品を供給する際に必要なものの品質または購入先を制限すること

3. ライセンス技術を用いた製品（プログラム著作物の複製物を含む。）の販売に関し、販売地域、販売数量、販売先、商標使用等を制限すること

4. ライセンス技術を用いた製品に関し、販売価格または再販売価格を制限すること

5. ライセンサーの競争品を製造・販売することまたはライセンサーの競争者から競争技術のライセンスを受けることを制限すること

6. ライセンス技術に係る権利の有効性について争わない義務（不争義務）を課すこと　　　　　　　　　　　　　　　　　　　　　　　　　　　　など

「知的財産の利用に関する独占禁止法上の指針」（平成19年9月28日・公正取引委員会）（以下「知的財産ガイドライン」）より

株式会社甲が乙株式会社に対し、自己の有する特許権の非独占的通常実施権を許諾し、乙株式
会社が株式会社甲にその対価として実施料を支払う場合

特許権実施許諾契約書

　　株式会社甲（以下「甲」という）及び乙株式会社（以下「乙」という）は、甲が有する
特許権の実施権を乙に許諾することに関して、次のとおり特許権実施許諾契約（以
下「本契約」という）を締結する。

（定義）
第1条　本契約において使用する用語の定義は、以下のとおりとする。
　　(1)「本件特許権」とは、甲が有する以下の特許権をいう。
　　　　特許番号：第●●号
　　　　発明の名称：「●●●」
　　(2)「本件製品」とは、本件特許権に基づき製造された製品をいう。

❶ 定義（1条）

特許権実施許諾契約において使用する用語の定義を定める規定です。ライセンス契約やM&Aに関する契約においては、このように冒頭に定義規定を設ける形で目的物の特定を行う場合が多いです。具体的には、1号でライセンスの対象となる特許権を、特許番号と発明の名称により特定しています。2号では、1号の特許権に基づき製造された製品を「本件製品」と定義しています。

特許権については、特許庁に出願し、特許庁の登録原簿に登録されることによって権利が発生します。そこで出願時や登録時に付される「番号」によって特定するのが通常です。不動産賃貸借契約において、不動産登記簿上の表示方法により賃貸目的物の特定が行われるのに似ています。

技術や営業秘密といった特別の特定方法がない権利等の特定はなかなか困難で、適当な特定方法を検討する必要があります。例えば、技術や営業秘密の具体的内容を示した文書等を引用することが実務上は考えられます。

（実施許諾）

第２条　甲は、乙に対して、本契約の有効期間中、本件特許権につき、日本国内で本件製品を製造及び販売する非独占的通常実施権（以下「本件通常実施権」という）を許諾する。

2　乙は、本件通常実施権について、甲の事前の書面による承諾を得ない限り、第三者に対し再実施許諾を行う権利を有しない。

❷ 実施許諾（2条）

ライセンサーがライセンシーに対し、1条で特定した特許権の実施を許諾し、その実施権の内容を定める規定です。次のように実施許諾の内容を定める条項の基本的な形式に沿っています。

・甲が［誰が］
・乙に対して［誰に対して］
・本件特許権（第1条で定義）につき［●●という権利に基づいて］
・日本国内で本件製品（第1条で定義）を製造及び販売することを［●●を行うことを］
・許諾する

特に留意して規定すべきは、268ページで説明した「独占的か非独占的か」「ライセンスの範囲」の2つの要素で、明確に合意しておく必要があります。

「独占的か非独占的か」について、この例では、1項で「非独占的通常実施権」で

あり、ライセンサー自身が実施等できる旨を定めています。またライセンスの範囲は同じく1項で「B）地理的範囲」が「日本国内」で「C）物的範囲」が「本件製品を製造及び販売する」ことと定めています。なお「A）時的範囲」については、後出の13条1項に定めています。

2項は、ライセンシーによる第三者への再実施許諾についての規定です。専用実施権者であっても、第三者に通常実施権を許諾するにあたって特許権者の承諾が必要とされていることを踏まえれば（特許法77条4項）、特段の定めがない限り第三者への再実施許諾は認められないと解するのが自然ですが、この点も議論となり得ます。いずれにせよ紛争予防の観点からは明確に定めておくことが望ましいです。

契約書式例集

8

ライセンス契約書

商標使用許諾契約においては、商標権の登録番号、商標の内容、指定商品・指定役務の内容などを定めて商標権を特定するのが一般的です。

（対価）

第3条 乙は、甲に対し、本件通常実施権の対価として、以下の各号に定める実施料を、甲の指定する銀行口座に振り込む方法により支払うものとする。なお、振込手数料は乙の負担とする。

(1) イニシャルフィー

　　○○年○○月○○日限り、金○○○円（消費税別）

(2) ランニングフィー

　　毎年4月30日限り、前年4月1日から当年3月31日までに販売した本件製品の売上（乙の第三者に対する本件製品の総販売価格から、当該販売に関して乙が負担した梱包費用、運送費用及び消費税を控除したものをいう。）の総額の○％相当額（消費税別）

2　いかなる場合においても、甲は、乙に対し、本契約に基づき既に支払われた対価を返還しない。

❸ 対価（3条）

通常実施権の対価たる実施料について定める規定です。

ライセンス契約の本質は単に「許諾する」だけで、売買契約や賃貸借契約のように法律上対価を支払うことは本質的な内容となっていません。もっとも、実際はほとんどの場合でライセンスの対価が支払われるため、この例でも規定しています。

ライセンスの対価は、一般に「イニシャルフィー（一時金払い）」「ランニングフィー（売上額等実績に応じた出来高払い）」の2つの形式で定めることが多く、この例では2つを組み合わせています。

実務上は、契約を締結した最初の段階での一括払い、実績に応じて算定した金額を都度支払う出来高払いを、それぞれ単体でとる場合もあります。投下資本の回収可能性、支払い総額の予測可能性等の観点でそれぞれメリット・デメリットがあるため、当事者間でよく協議した上で定める必要があります。

2項は、対価の不返還について定めています。特許権実施許諾契約においては一般によく見られる条項で、例えば、特許権があとから無効となった場合等を想定しています。特許法125条本文は「特許を無効にすべき旨の審決が確定したときは、特許権は、初めから存在しなかったものとみなす」と定めています。仮に契約後に、実施権を許諾した特許権について特許無効審決が確定した場合、すでに支払った対価は本来支払わなくてよいもので、ライセンシーに返還すべきではないかとの議論が生じます。ライセンサーとしては、その場合も返還しない旨を明確に定めておくことが望ましいです。

独占禁止法との関係

269ページにおいて説明した、独占禁止法への抵触可能性がある場合とは別に、ライセンスフィーの設定に際しても、以下のとおり独占禁止法との関係を考慮する必要があります。以下のような行為は不公正な取引と評価される場合がありますので注意しましょう（知的財産ガイドラインより）。

1. 技術の利用と無関係なライセンス料の設定

ライセンサーがライセンス技術の利用と関係ない基準に基づいてライセンス料を設定する行為、例えば、ライセンス技術を用いない製品の製造数量または販売数量に応じてライセンス料の支払義務を課すことは、ライセンシーが競争品または競争技術を利用することを妨げる効果を有することがある。したがって、このような行為は、公正競争阻害性を有する場合には、不公正な取引方法に該当する（一般指定第11項、第12項）。

なお、当該技術が製造工程の一部に使用される場合または部品に係るものである場合に、計算等の便宜上、当該技術または部品を使用した最終製品の製造・販売数量または額、原材料、部品等の使用数量をライセンス料の算定基礎とすること等、算定方法に合理性が認められる場合は、原則として不公正な取引方法に該当しない。

2. 権利消滅後の制限

ライセンサーがライセンシーに対して、技術に係る権利が消滅した後においても、当該技術を利用することを制限する行為、またはライセンス料の支払義務を課す行為は、一般に技術の自由な利用を阻害するものであり、公正競争阻害性を有する場合には、不公正な取引方法に該当する（一般指定第12項）。

ただし、ライセンス料の支払義務については、ライセンス料の分割払いまたは延べ払いと認められる範囲内であれば、ライセンシーの事業活動を不当に拘束するものではないと考えられる。

裁判例において、3条2項のような不返還条項も有効と解されています。

（実施報告）

第4条 乙は、毎年4月1日から翌年3月31日までに販売した本件製品の1個あたりの販売価格、販売数量、売上、支払いが予定されている実施料を、同年4月15日までに甲に書面で報告するものとする。

2 乙は、本契約の有効期間中及び本契約終了後○年間、前項の書面、会計帳簿その他の関係書類を保管するものとし、甲又は甲の指定する会計士は、当該関係書類を閲覧、複写及び検査することができ、乙はこれに協力する。

❹ 実施報告（4条）

1項では、ライセンシーに対し、毎年の実施状況（本件製品1個あたりの販売価格・販売数量・売上・支払いが予定されている実施料）の報告を義務づけています。2項は、ライセンシーに関係書類の保管を義務づけるとともに、ライセンサーまたはその指定する会計士の検査権を定める規定です。

この例のように、実績に応じたランニングフィーが支払われる場合には、ライセンサーとしては、その算定の基礎となる実施状況をライセンシーから報告させる必要があります。また、その報告が真正か確認できるように、ライセンシーに根拠資料となる会計帳簿その他の関係書類を作成・保管させたり、ライセンサーやその指定する者が閲覧・複写・検査できる権利規定を置くことが望ましいです。さらにこの例のように、ライセンシーの協力義務をも規定できればなおよいでしょう。

このほか、仮にライセンシーによる虚偽報告が発覚し、支払われたライセンスフィーに不足があった場合には、不足額＋α（例えば、不足額の2倍など）の支払義務を負わせる規定を定めることも考えられます。

＋ONE｜特許情報プラットフォーム（J-PlatPat）とは？

特許情報プラットフォーム（J-PlatPat）とは、独立行政法人工業所有権情報・研修館が提供する無料の検索サービスであり、特許、実用新案、意匠、商標、審決に関する公報情報や、手続や審査経過等の法的状態情報などを検索・閲覧できる媒体です。番号照会や分類検索、テキスト検索などを行うことができ、さまざまな観点で知的財産権に係る情報を検索・閲覧できるという優れものです。

（非保証）

第5条 甲は、本件特許権に無効事由が存在しないこと、及び本件製品の製造及び販売が第三者の権利を侵害しないことを保証せず、本件製品から生ずる乙及び第三者のいかなる損害についても何ら責任を負わない。

❺ 非保証（5条）

ライセンサーは、ライセンス対象である特許権に無効事由が存在しないこと、およびその特許権に基づく製品の製造・販売が第三者の権利を侵害しないことを何ら保証しない旨を定める規定です。ライセンサーに有利な条項です。

一般的に、ライセンス契約は「不戦条約」といわれ、ライセンサーがライセンスの対象となる権利を有効かつ適切に保有していなかったとしても、契約自体が無効となるものではありません。もっとも、ライセンス契約でも民法上の売買に関する規定が準用されることにより、ライセンサーがライセンスの対象となる権利を有効かつ適切に保有していない場合は、契約不適合としてライセンサーの義務違反になるという議論がなされています。このためライセンサーとしては、非保証条項を規定することに大きな意味があります。

一方、ライセンシーからすれば、ライセンサーがライセンスの対象となる権利を有効かつ適切に保有していない場合はライセンスの対価を支払う理由も必要もないと考えるのはごく自然なことで、一定の保証を望むでしょう。このため、ライセンサーがライセンス対象となる権利についてどの程度の保証をするのか、あるいはしないのか、非常によく議論されます。最終的には、当事者間の力関係によって取扱いが決まります。

ケース別・変更例

［ ライセンサーの保証義務を定める場合 ］

❺を以下の規定とする。

（保証義務）

第5条 甲は、乙に対し、次に掲げる事項を保証する。

(1) 本件特許権に無効事由が存在しないこと

(2) 本件製品の製造及び販売が第三者の権利を侵害しないこと

(3) 本件特許権に係る発明に乙が指定する技術的効果があること

❻ ―
（侵害の排除）
第6条 甲及び乙は、本件特許権が第三者より侵害され又は侵害されるおそれのある事実を知ったときは、直ちにその旨を相手方に通知し、当該侵害への対応策について協議するものとする。

❼ ―
（不争義務）
第7条 甲は、乙が自ら又は第三者をして、本件特許権の有効性を争った場合、本契約を直ちに解除することができる。

❽ ―
（改良発明等）
第8条 乙が、本契約の有効期間中に、本件特許権を改良し、本件特許権に基づき新たな発明、考案又は意匠の創作（以下「改良発明等」という）をしたときは、直ちにその旨を甲に通知するものとする。
2　前項の場合において、甲から当該改良発明等の実施許諾の要求があったときは、乙は甲に対し、甲が合理的な実施料を支払うことを条件に、当該改良発明等に係る権利について非独占的通常実施権を許諾するものとする。

❾ ―
（表示）
第9条 乙は、乙が製造及び販売する本件製品に本件特許権の実施許諾を受けている旨の表示を行う場合は、甲の事前の書面による承諾を得なければならない。

❻ 侵害の排除（6条）

ライセンサーおよびライセンシーが、ライセンスの対象となる特許権が第三者により侵害されたり、侵害されるおそれがある事実を知ったときは、双方に通知と対応策に関する協議を義務づける規定です。ライセンシーとしては、第三者による特許権侵害により、自己が許諾を受けて製造および販売している製品の売上が減少するおそれがあるため侵害者を排除したいと考えるはずですが、通常実施権者が自ら差止請求を行うことはできません。このため、ライセンサーに対し、第三者による特許権侵害を排除する義務を負わせることが考えられます。

ケース別・変更例

[**ライセンサーの侵害排除義務を規定する場合**]

❻を「甲は、本件特許権が第三者より侵害され又は侵害されるおそれのある事実を知った場合、又は、乙から当該侵害の排除を求められた場合、当該侵害の排除に必要かつ適切な措置をとるものとする。」などと規定する。

❼ 不争義務（7条）

ライセンシーが自らまたは第三者を使って、ライセンスの対象となる特許権の有効性を争った場合に契約の解除権をライセンサーに認める規定です。ライセンサーがライセンシーに対して不争義務（ライセンス技術に係る権利の有効性について争わない義務）を課すものです。

不争義務を課す行為は、それによって無効にされるべき権利が存続し、その権利に係る技術の利用が制限されるため、公正競争阻害性があるとして不公正な取引方法に該当する場合もある（一般指定第12項）とされています。

もっとも、円滑な技術取引を通じ競争の促進に資する面が認められ、かつ直接的には競争を減殺するおそれは小さいと考えられています。この例のようにライセンシーが権利、有効性を争った場合にライセンス契約を解除する旨定めることは、原則として不公正な取引方法に該当せず、独占禁止法に抵触するまでには至らないものと解釈されており、実務上も定められることの多い条項です。

❽ 改良発明等（8条）

ライセンス対象となる特許権に基づき、ライセンシーが新たな発明（改良発明等）を行った場合の取扱いについて定める規定です。ライセンス契約においてはライセンシーが改良発明などを行うことが通常想定されるため、規定されることの多い条項です。

前提として、ライセンシーが改良発明等を行った場合、それに係る権利はライセンシーに帰属するのが原則です。もっとも、ライセンサーとしては、その改良発明等が自らの特許権に基づいて生じたものである以上、これを利用したいと考えます。この例では、その場合はまずライセンサーに通知させます（1項）。その上で、ライセンサーが要求した場合は、その改良発明等に係る権利について合理的な実施料で、ライセンサーに非独占的通常実施権を許諾するようライセンシーに義務づけています（2項）。

ライセンサーとしては、上記では足りず「改良発明等に係る権利を自らに譲渡させたい」「改良発明等に係る権利について独占的実施権の許諾を受けたい」と考えることもあると思いますが、そのような定めを置いた場合、独占禁止法上の問題が生じうることに注意が必要です（知的財産ガイドライン第4・5（8）アおよびイ）。

❾ 表示（9条）

ライセンシーが実施許諾を受けている旨の表示を行う場合に、ライセンサーの事前の書面による承諾を要するとする規定です。

（秘密保持）

第 10 条　甲及び乙は、本契約の内容並びに本契約の締結及び履行にあたり相手方から受領した相手方の営業上、技術上の情報（以下「秘密情報」という）を秘密に保持し、相手方の事前の書面による承諾なしに第三者に開示してはならず、また、本契約を履行する目的以外に使用してはならない。

（譲渡禁止）

第 11 条　甲及び乙は、本契約上の地位並びに本契約に基づく権利及び義務の全部又は一部を、相手方の事前の書面による承諾なしに第三者に譲渡し、又は担保に供してはならない。

（解除）

第 12 条　甲及び乙は、相手方が次の各号の一に該当するときは、何等の催告なくして、本契約を解除することができる。

(1) 本契約に違反し、催告後○日以内に当該違反が是正されないとき。

(2) 支払停止又は支払不能の状態に陥ったとき、又は手形若しくは小切手が不渡りとなったとき。

(3) 差押、仮差押、仮処分、若しくは競売の申立て、又は公租公課の滞納処分を受けたとき。

(4) 破産手続開始、民事再生手続開始、会社更生手続開始、特別清算開始の申立てを受け、又は自ら申し立てたとき。

(5) 監督官庁より、営業許可の取消し、停止等の処分を受けたとき。

(6) 解散、会社分割、本件特許権に関係する事業譲渡又は合併の決議をしたとき。

(7) 資産又は信用状態に重大な変化が生じ、本契約に基づく債務の履行が困難になるおそれがあると認められるとき。

(8) その他前各号に準じる事由が生じたとき。

（有効期間）

第 13 条　本契約の有効期間は、本契約締結日から 2 年間とする。但し、期間満了の○か月前までに甲乙いずれからも終了する旨の申し出がない場合、さらに本契約と同一条件で 1 年間延長されるものとし、以降も同様とする。

2　前項の規定にかかわらず、本契約終了後においても、第 3 条第 2 項、第 5 条、第 8 条、第 10 条、第 11 条、本項及び第 14 条の規定は、なお有効に存続する。

⑩ 秘密保持・譲渡禁止・解除・有効期間・協議・合意管轄（10 〜 13、15、16 条）

特許権実施許諾契約においても、10 条〜13 条、15 条、16 条のような一般条項を定めることが通常です。

（契約終了後の措置）

⑪ **第 14 条**　乙は、期間満了、解除、その他理由の如何を問わず本契約が終了したときは、本件製品の製造及び販売を直ちに中止し、本契約終了時点で乙が有する本件製品及びその仕掛品を乙の費用で廃棄するとともに、本契約に基づき甲から受領した秘密情報及び乙によって作成されたその複製物の全てを甲に返還する。 ⑫

（協議）

第 15 条　本契約の解釈に疑義が生じたとき、又は本契約に定めのない事項が生じたときは、甲乙誠実に協議の上、これを解決する

⑩ **（合意管轄）**

第 16 条　本契約に関する紛争については、東京地方裁判所を第一審の専属的合意管轄裁判所とする。

---

⑪ 契約終了後の措置（14 条）

契約終了後の取扱いについて定める規定です。ライセンス契約においては、その他の契約と異なり、契約終了後にいかなる取扱いをするのかについて明確に定めておくことが重要で一般的です。

この例では、理由の如何を問わず契約が終了したとき、ライセンシーは製品の製造および販売を直ちに中止し、その時点で有する製品および仕掛品のすべてを自己の費用で廃棄しなければならない旨を定めています。実施権がなくなる以上、当然の帰結といえます。

もっとも、ライセンシーとしては、自らがコントロールできない可能性のある契約終了によって、販売できない在庫品を抱えて売上を得られないばかりか、廃棄の費用まで負担させられるのは受け入れがたいでしょう。そこで、少なくとも契約終了時点で完成している製品については、一定期間販売を継続できる規定とするよう求めることが考えられます。一方、ライセンサーとしては、それを認めるとしても、ライセンシーの債務不履行による契約終了の場合は在庫品の販売を認めないことや、対価の支払規定と実施報告の規定を存続させて、在庫品の販売分も対価の算定に含めることなどの検討を忘れないように留意する必要があります。

ケース別・変更例

［ 契約終了時点で完成している製品を販売できる規定とする場合 ］

⑫を「本契約終了時点で乙が有する本件製品の仕掛品を乙の費用で廃棄するとともに、本契約に基づき甲から受領した秘密情報及び乙によって作成されたその複製物の全てを甲に返還する。但し、乙は、本契約終了までに製造済みの本件製品の在庫品に限り、本契約終了後●か月間、販売することができる。」などとする。

8
契約書式例集
ライセンス契約書

秘密保持契約書

目的	秘密情報について、第三者への開示の禁止及び目的外使用の禁止を課すこと
当事者	会社と会社、会社と個人
合意内容	秘密保持
締結時期・契約期間	・秘密情報を提供および受領する前に締結することが一般的 ・決まりはないが、1年〜3年程度が多い
必要となる主なケース	・取引に際し、自己の情報を提供するとき ・取引に際し、相手方の情報を受領するとき ・従業員が競合先等に転職するとき　　　　　　など

秘密保持契約とは

一般的には「NDA」と呼ばれることが多い

　秘密保持契約とは、当事者間で「秘密情報」として定義された情報について、秘密を保持すること（より具体的には、第三者への開示や目的外使用を行わないこと）を合意する契約です。

　一般に、「NDA」（Non-Disclosure Agreement）と呼ばれることもあります。

　もしも、秘密保持契約を締結することなく自らの情報を開示した場合には、相手方によって第三者へ開示されたり目的外使用されたりするリスクが生じ得ます。秘密保持の具体的内容やこれに違反した場合の損害賠償を定めた秘密保持契約を締結しておけば、相手方に対する抑止力となるだけでなく、仮に相手方がこれに違反したことで自らに損害が生じたときは、相手方に損害賠償を請求することが可能になります。このように、秘密保持契約を締結することで自らを守ることができるというわけです。

　秘密保持に係る合意の形式としては、①秘密保持契約書を単体で締結する場合、②他の契約書の別紙として秘密保持契約書を締結する場合、③他の契約書の一般条項として秘密保持条項を定める場合など、さまざまなケースが存在します。

✐ 秘密保持契約に規定する主な項目

「秘密情報」の定義	法律上の定義があるものではなく、当事者間で定義
秘密保持の具体的内容	第三者への開示の禁止および目的外使用の禁止
秘密保持の担保	秘密保持に違反した場合の損害賠償責任
有効期間	秘密保持契約が有効に存続する期間

✐ 秘密保持義務を負うのが片方の場合と双方の場合

NDA には片務型と双務型の 2 種類がある。片務型の場合、片方のみ秘密保持義務を負うが、双務型の場合、おたがいに秘密保持義務を負う

✐ 契約期間と秘密保持期間の違い

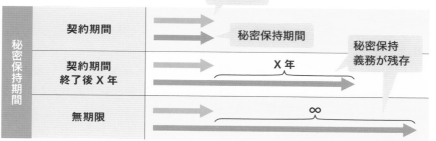

厳密には、契約期間と秘密保持期間は異なるものである。存続条項を規定することにより、契約期間終了後も秘密保持期間を存続させることが可能となる（289 ページ）

民法上の規定はなく、当事者間の契約内容がすべて

売買契約や賃貸借契約と異なり、「秘密保持契約」は民法上規定されていません。つまり、具体的に何をするかについては、当事者間で締結した「秘密保持契約書」に定められた内容がすべて、ということになります。

会社間の契約においては役職員に関する対応策が必要

会社間で秘密保持契約書が締結された場合、当然のことながら、その役職員は契約当事者になりません。しかしながら、実際に秘密情報を取り扱うのは「会社」ではなく「役職員」であるため、当該役職員にこそ秘密保持義務を負わせる必要があるはずです。こう した場合の対応策としては、右ページ上図の2つの方法が考えられます。

秘密保持を徹底するには、②の方法を採ることが望ましいですが、現実的でないということもあり、実務においては、①の方法を採るに留まっていることがほとんどです。

秘密保持契約における秘密情報と営業秘密は別物？

不正競争防止法は、右ページ下図の要件を満たす「営業秘密」が不正に取得、使用および開示された場合、一定の要件を満たすことで、侵害者に対し、損害賠償請求のみならず、侵害の停止や予防の請求を行うことをも認めています。悪質な侵害に対しては刑事罰を課しています。

秘密保持契約における「秘密情報」は、当事者間で「この秘密を保持しましょう」と合意するものに過ぎず、不正競争防止法とはまったく無関係です。必ずしも不正競争防止法上の「営業秘密」に限られず、そもそも「営業秘密」を含む必要すらありません。このため、 秘密保持契約における「秘密情報」にあたるだけで、不正競争防止法上の「営業秘密」として保護を受けることができるわけではありません。しかし、相手方に開示した情報が「営業秘密」として不正競争防止法上の保護を受けるためには、秘密管理性および非公知性との関係で、少なくとも秘密保持契約を締結する必要があるといえます。また反対に、不正競争防止法上の「営業秘密」に該当しないものについて、契約を根拠として法的保護を受けるために、秘密保持契約を締結しておくことが望ましいという観点もあります。

会社間の秘密保持契約における役職員に関する対応策

A社 B社

秘密保持契約

①会社間の秘密保持契約において、会社の義務として、「役職員に対し、秘密保持義務を課すこと」を定める
②相手方の役職員との間で秘密保持契約を締結する（または相手方の役職員に秘密保持を約束させる）

不正競争防止法における「営業秘密」

● 「営業秘密」の要件

・秘密として管理されていること（秘密管理性）
・事業活動に有用な技術上または営業上の情報であること（有用性）
・公然と知られていないこと（非公知性）

秘密管理性
営業秘密保有企業の秘密管理意思が、秘密管理措置によって従業員等に対して明確に示され、当該秘密管理意思に対する従業員等の認識可能性が確保されること

有用性
当該情報自体が客観的に事業活動に利用されていたり、利用されることによって、経費の節約、経営効率の改善等に役立つものであること

非公知性
保有者の管理下以外では一般に入手できないこと

出典：経産省「営業秘密 ~ 営業秘密を守り活用する ~」
https://www.meti.go.jp/policy/economy/chizai/chiteki/trade-secret.html をもとに作成

株式会社△△△△と□□□□株式会社が、共同開発のための準備を行うとともに、共同開発を実施するにあたり、お互いに情報を開示または提供する場合

秘密保持契約書

❶ 株式会社△△△△（以下、「甲」という）と□□□□株式会社（以下、「乙」という）は、○○○○に関する○○○○を利用した○○○○の製品を共同で開発する（以下、「本件共同開発」という）ための準備を行うとともに、本件共同開発を実施するにあたり、秘密情報の取り扱いについて次のとおり契約（以下、「本契約」という）を締結する。

（秘密情報）

❷ **第1条** 本契約において「秘密情報」とは、本件共同開発のために甲又は乙から相手方に対し開示又は提供された一切の情報をいう。但し、次の各号に該当する ❸ ものはこの限りではない。
①開示又は提供された時点で、既に公知となっていた情報
②開示又は提供された時点で、既に自己が有していた情報
③開示又は提供された後で、自己の責めに帰すべき事由によらずに公知となった情報
④正当な権利を有する第三者から守秘義務を負うことなく開示又は提供された情報

❶ 目的（前文）

前文は必要的記載事項ではないですが、以下のような利点があるため、前文や1条で情報の開示または提供の目的を規定することが多いです。

1. 当事者間で当該目的に係る認識の齟齬が生じることを未然に防止するこ

とができる。

2. 秘密保持の具体的内容として目的外使用の禁止を規定した場合に「目的」として引用することができる。

3. 関連する取引との関係性を明らかにすることができる。

❷ 秘密情報（1 条）

「秘密情報」を定義する規定で、秘密保持契約書において必要不可欠な条項です。秘密保持の対象として保護すべき情報の画定を行う重要な役割を担います。定義を定めるにあたっては、まず情報開示の流れを確認する必要があります。

開示主体

この例では、当事者双方が情報を開示する（当事者双方が秘密保持義務を負う）ケースを想定しています。当事者の一方のみが情報を開示する（もう一方のみが秘密保持義務を負う）ケースも存在します。

開示方法

開示方法にも着目する必要があります。「秘密情報」を（ア）相手方から開示または提供された一切の情報とする、（イ）そのうち一定の絞りをかけた情報とする、という2つの場合に大別されます。
（ア）のように、あまりに広範な情報が定義に含まれうると、何が「秘密情報」なのかが当事者間でわからなくなってしまい、秘密保持契約を遵守させることが困難となるおそれがあります。このため近年では、（イ）のように一定の絞りをかけた定義とすることが多いです。

例外

定義にあてはまる情報であっても、要保護性がないものや秘密保持義務を課すことが不当であるものについては例外として規定され、秘密保持の対象から外されることが多いです。この例で規定したもの以外にも、「開示ないし提供された情報によることなく独自に開発した情報」や「開示ないし提供する当事者が書面により承諾した情報」などが例外として考えられます。

ケース別・変更例

［ 一方のみが秘密情報を開示する場合 ］

❸を「甲から乙に対して開示又は提供された一切の情報」などとする。

［ 一定の絞りをかける場合 ］

❸を「甲又は乙から相手方に対し開示又は提供された情報のうち、秘密である旨が明示されたもの」などとする。

（秘密情報の保持）

第2条 　甲及び乙は、本契約における「秘密情報」を、当該情報を開示又は提供した相手方の書面による事前の承諾を得ることなく、第三者に対して開示又は提供してはならない。但し、法令又は裁判所、監督官庁、金融商品取引所その他規制権限を有する公的機関の裁判、規則若しくは命令に従い開示又は提供することはできる。**⑤**

2 　甲及び乙は、本契約における「秘密情報」を善良な管理者の注意をもって保管及び管理するものとし、当該情報を開示又は提供した相手方の書面による事前の承諾を得ることなく、本件共同開発以外の目的に使用してはならない。

❹ 秘密情報の保持（2条）

第三者への開示等の禁止（1項）

秘密情報が無断で第三者に開示・提供されることのないよう、秘密保持の具体的内容として、第三者への開示等の禁止を規定しておくべきです。例外的に秘密保持義務が解除されるケースとして、この例で規定したもの以外にも、親会社や子会社、自己の役職員、外部アドバイザーなど、必要な開示先が具体的に想定されるのであれば、ここで規定しておくとよいでしょう。

目的外使用の禁止（2項）

秘密情報が自らのまったく意図しないところで使用されることのないよう、秘密保持の具体的内容として、目的外使用の禁止を規定しておくべきです。

目的を規定するにあたっては留意が必要です。広く定め過ぎると、情報受領者があまりに自由に秘密情報を使用することができてしまい、秘密保持契約を遵守させることが困難となります。一方、狭く定め過ぎると、当事者間の想定範囲における使用にもかかわらず契約違反となり、秘密保持契約の実効性がなくなってしまう懸念があります。

また、関連する取引があり、その取引も目的に含める場合には、その取引との関係性を明らかにした上で、目的に含まれる旨明確に規定する必要があります。

ケース別・変更例

［ 法令等に従い開示・提供するに際し、事前にその旨通知させる場合 ］

⑤に続けて「この場合、事前に情報開示者にその旨を通知するものとする。」などと規定する。

（秘密情報の複製）

第3条　甲及び乙は、本契約における「秘密情報」を、当該情報を開示又は提供した相手方の書面による事前の承諾を得ることなく、複製してはならない。なお、相手方の承諾を得て複製された複製物は、本契約における「秘密情報」として取り扱うものとする。

⑥

（第三者等に秘密情報を開示・提供した場合）

第4条　甲及び乙は、相手方の書面による事前の承諾を得て「秘密情報」を第三者に開示又は提供した場合には、当該第三者に対し、本契約に定めるのと同等の秘密保持義務を課すものとする。甲及び乙が、その取締役、監査役、従業員、弁護士、税理士又は公認会計士（以下、「取締役等」という）に「秘密情報」を開示又は提供した場合も同様とする。

⑦

---

⑥ 秘密情報の複製 (3 条)

秘密情報の複製により、漏えいのリスクが増大することのないよう、秘密情報の複製を制限することが考えられます。
この例では、相手方の書面による事前の承諾を得なければ複製できない定めになっていますが、場合により、「本件共同開発のために合理的に必要な範囲に限り複製することができる」といったように制限の程度を下げることも可能です。

⑦ 第三者等に秘密情報を開示・提供した場合 (4 条)

相手方から開示された情報を使用するにあたっては、通常、自己の役職員や外部アドバイザーに開示することが想定されますが、役職員や外部アドバイザーへの開示を認めるとしても、無限定に開示されることは防ぐべきです。この例のように、情報受領者に対して、その義務と同等の義務を当該第三者に課すことを求めるのが一般的です。

3条後段のとおり、複製物についても「秘密情報」として取り扱う旨定めることが一般的です。

（秘密情報の返還又は廃棄）

⑧ 第5条　本契約が失効した場合又は「秘密情報」を開示又は提供した相手方から請求があった場合には、甲又は乙は、相手方の指示に従って、「秘密情報」を遅滞なく相手方に返還し、又は廃棄しなければならない。
⑨

（損害賠償）

⑩ 第6条　甲又は乙は、本契約に違反したことにより相手方に損害を生じさせた場合には、その損害を賠償する。なお、甲又は乙が第4条に基づき第三者又は取締役等に「秘密情報」を開示又は提供した場合において、当該第三者又は取締役等が秘密保持義務に違反した場合も同様とする。

---

⑧ 秘密情報の返還・廃棄（5条）

必要な期限および範囲を超えて秘密情報の保有を認めることは、情報管理や漏えいリスク低減の観点から不適切です。そこで情報開示者としては、一定の場合に秘密情報の返還や廃棄を請求できるようにしておくべきです。

ケース別・変更例

［ 情報受領者に対し、返還や廃棄を行ったときの証明を求める場合 ］

⑨に続けて「この場合において、情報開示者から要求があったときは、情報受領者は情報開示者に対し、返還又は廃棄を証する書面を提出する。」などと規定する。

---

⑩ 損害賠償（6条）

情報受領者は、秘密保持義務に違反したことによって情報開示者に損害を生じさせた場合、損害賠償の責めを負うことになります。

最初の文は、民法と異なる内容を定めるものではありませんが、弁護士費用等の債務不履行に基づく損害賠償の範囲（民法416条）に含まれるか明らかでない費目についてはあえて「（合理的範囲の弁護士費用を含む）」と規定することも考えられます。

2番目の文は、秘密保持契約において特徴的な規定です。第三者や会社内で実際に秘密情報を取り扱う役職員が、これらに課した秘密保持義務に違反した場合にも、契約当事者である会社が損害賠償義務を負うことを定めています。

（有効期間）

第7条　本契約の有効期間は、本契約締結日から3年間とする。

　以上を証するため、甲及び乙は本契約書を2通作成し、それぞれ1通ずつ保有・保管するものとする。

〇〇年〇〇月〇〇日

　　　　　　甲

　　　　　　乙

⑪ 有効期間（7条）

当事者間において、秘密情報が陳腐化・劣化して利用価値がなくなるまでの期間を折衝し、有効期間として規定することになります。従前は有効期間を定めないものも多く見られましたが、近年では1年〜3年程度の有効期間を定めることが一般的です。あまりに長い有効期間を定めても遵守されない可能性が高いことから、遵守を促して実効的な救済を得るための方策といえます。有効期間を定めた場合、その期間終了後もいくつかの規定の効力を存続させるため、存続条項を規定することが考えられます。

ケース別・変更例

[存続条項を規定する場合]

⑪に続けて「但し、第2条、第6条及び本条の規定は、本契約終了後も●年間効力を有するものとする。」などと規定する。

索引

参考文献

内田貴著 (2008)『**民法Ⅰ [第4版] 総則・物権総論**』東京大学出版会

内田貴著 (2011)『**民法Ⅱ [第3版] 債権各論**』東京大学出版会

内田貴著 (2020)『**民法Ⅲ [第4版] 債権総論・担保物権**』東京大学出版会

佐久間毅著 (2020)『**民法の基礎1総則 [第5版]**』有斐閣

佐久間毅著 (2023)『**民法の基礎2物権 [第3版]**』有斐閣

潮見佳男・窪田充見・中込一洋・増田勝久・水野紀子・山田攝子編著 (2019)『**Before/ After民法改正 [第2版]**』弘文堂

潮見佳男・北居功・高須順一・赫高規・中込一洋・松岡久和編著 (2021)『**Before/After 民法改正 [第2版]**』弘文堂

潮見佳男著 (2022)『**基本講義債権各論Ⅰ契約法・事務管理・不当利得第4版**』新世社

潮見佳男 (2022)『**詳解相続法 [第2版]**』弘文堂

中田裕康著 (2020)『**債権総論第四版**』岩波書店

中田裕康著 (2021)『**契約法新版**』有斐閣

松岡久和・松本恒雄・鹿野菜穂子・中井康之編 (2020)『**改正債権法コンメンタール**』法律 文化社

我妻榮・有泉亨・清水誠・田山輝明著 (2022)『**我妻・有泉コンメンタール民法 [第8版] 総 則・物権・債権**』日本評論社

など

◆編著者紹介

太田大三（おおた　たいぞう）

丸の内総合法律事務所。1996年東京大学経済学部経済学科卒業、同年司法試験合格、1997年東京大学経済学部経営学科卒業、1999年司法修習終了（51期）、同年弁護士登録（第二東京弁護士会）。企業法務、知的財産法務等を主に取り扱う。著作に、『職務発明規程の実務ハンドブック』（商事法務　2005年）、『人事・総務部員のための契約書作成の基礎から実務』（政経研究所　2008年）、『一問一答　金融機関のための事業承継の手引き』（共著、経済法令研究会　2018年）他多数。2023年から雑誌『NBL』（商事法務）にて「契約書の一般条項のチェックポイント」連載中。

◆著者紹介

堀口佐耶香（ほりぐち　さやか）

丸の内総合法律事務所。2013年慶應義塾大学法学部法律学科卒業、2015年慶應義塾大学法科大学院卒業、2017年司法試験合格、2018年司法修習終了（71期）、同年弁護士登録（第二東京弁護士会）。一般企業法務等を主に取り扱う。2021年から2023年には民間企業へ出向し、契約法務等に従事。著作に、『バンクビジネス』NO.979「総特集　改正相続法に対応した相続アドバイス～対策への関心を高める声かけ＆情報提供　PART1　改正相続法の内容と相続対策への影響⑤～⑩」（共著、近代セールス社　2018年）など。

尾臺知弘（おだい　ともひろ）

丸の内総合法律事務所。2016年中央大学法学部卒業、2017年中央大学法科大学院中退。同年司法試験合格、2018年司法修習終了（71期）、同年弁護士登録（第二東京弁護士会）。一般企業法務等を主に取り扱う。著作に、『旬刊経理情報』1602号「リモートワーク浸透でどうなる？企業の情報セキュリティをめぐる法務Q&A」（共著、中央経済社　2021年）など。

高橋香菜（たかはし　かな）

丸の内総合法律事務所。2017年東北大学法学部卒業、2019年東北大学法科大学院卒業、同年司法試験合格、2020年司法修習終了（73期）、同年弁護士登録（第二東京弁護士会）。一般企業法務等を主に取り扱う。著作に、『労務事情』1430号「Q&A女性活躍推進にかかわる実務対応」（共著、産労総合研究所2021年）など。

■ 装丁　　　　　井上新八
■ 本文DTP　　　ハタ・メディア工房株式会社
■ 本文イラスト　こつじゆい
■ 担当　　　　　和田規
■ 編集　　　　　株式会社エディポック

図解即戦力

契約書の読み方と作成が
これ1冊でしっかりわかる本

2024年2月9日　初版　第1刷発行
2024年4月16日　初版　第2刷発行

編著者　　太田大三
著　者　　堀口佐耶香、尾臺知弘、高橋香菜
発行者　　片岡　巌
発行所　　株式会社技術評論社
　　　　　東京都新宿区市谷左内町 21-13
　　　　　電話　　03-3513-6150　販売促進部
　　　　　　　　　03-3513-6185　書籍編集部
印刷／製本　株式会社加藤文明社

©2024　太田大三、堀口佐耶香、尾臺知弘、高橋香菜

ISBN978-4-297-13897-4　C0034　　　　　　　Printed in Japan

◆ お問い合わせについて

・ご質問は本書に記載されている内容に関するもののみに限定させていただきます。本書の内容と関係のないご質問には一切お答えできませんので、あらかじめご了承ください。

・電話でのご質問は一切受け付けておりませんので、FAXまたは書面にて下記問い合わせ先までお送りください。また、ご質問の際には書名と該当ページ、返信先を明記してくださいますようお願いいたします。

・お送りいただいたご質問には、できる限り迅速にお答えできるよう努力いたしておりますが、お答えするまでに時間がかかる場合がございます。また、回答の期日をご指定いただいた場合でも、ご希望にお応えできるとは限りませんので、あらかじめご了承ください。

・ご質問の際に記載された個人情報は、ご質問への回答以外の目的には使用しません。また、回答後は速やかに破棄いたします。

◆ お問い合せ先

〒162-0846
東京都新宿区市谷左内町 21-13
株式会社技術評論社　書籍編集部
「図解即戦力
契約書の読み方と作成が
これ1冊でしっかりわかる本」係

FAX：03-3513-6181

技術評論社ホームページ
https://book.gihyo.jp/116
またはQRコードよりアクセス